PUBLICATIONS
DU CONSTITUTIONNEL

HISTOIRE DE LA TURQUIE

PAR

A. DE LAMARTINE

HUIT VOLUMES

DONNÉS

GRATUITEMENT AUX ABONNÉS DU CONSTITUTIONNEL

VOLUME VII

PARIS
AUX BUREAUX DU CONSTITUTIONNEL
RUE DE VALOIS, 10, PALAIS-ROYAL

1855

HISTOIRE
DE
LA TURQUIE

—

TOME VII

Paris. — Typographie Morris et Cie, rue Amelot, 64.

HISTOIRE

DE

LA TURQUIE

PAR

A. DE LAMARTINE

TOME SEPTIÈME

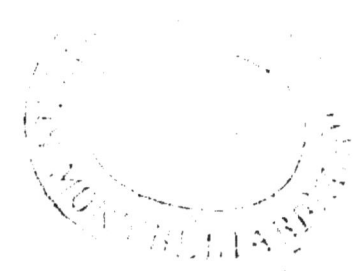

PARIS

LIBRAIRIE DU CONSTITUTIONNEL

10, RUE DE VALOIS, 10

1855

L'auteur et les éditeurs de cet ouvrage se réservent le droit de le traduire ou de le faire traduire en toutes les langues.

LIVRE VINGT-NEUVIÈME.

I

La France venait de sauver la Turquie en pesant à propos du poids de quatre cent mille hommes sur le Rhin contre la maison d'Autriche. Mais en la sauvant, elle ne l'avait pas régénérée encore.

Avant d'entrer dans le récit de ces règnes courts et précipités de décadence, qui firent reculer les Turcs de toute la distance qui sépare Vienne d'Andrinople, et le fond du golfe Adriatique de l'embouchure des Dardanelles, l'esprit de l'historien cherche involontairement à se rendre compte des causes de cette infériorité militaire subite qui étonne, et qui déconcerte tout à coup les Ottomans. Un coup d'œil suffit à les lui révéler, un mot suffit à les indiquer au philosophe politique : l'art militaire s'était perfectionné en Europe, il était resté stationnaire en Orient. Les puissances occidentales avaient des armées régulières et disciplinées, dans lesquelles cent mille bras étaient mus par une seule âme avec la rapidité, l'uniformité et l'intensité d'action de la tête sur les membres; la Turquie n'avait que des hordes héroïques, mais incohérentes et insubordonnées, qui formaient des masses et jamais un ensemble. L'Europe, de plus, avait des généraux élevés, dès leur enfance, dans le métier et dans l'art de la guerre, connus de leurs troupes, responsables de la victoire ou des revers devant leur gouvernement ou leur nation; les Turcs n'avaient que des grands vizirs choisis, souvent au hasard, par le caprice d'un sultan ou par la faveur d'une sultane, inconnus la veille de l'empire et des soldats, croyant recevoir avec le sceau de l'État le génie inné des batailles, et sentant derrière eux, pour toute responsabilité, le cordon, s'ils étaient malheureux; le paradis, s'ils mouraient bravement dans la mêlée. Un despote, épié par un bourreau, tel était le grand vizir, général absolu des Ottomans.

Enfin, cet art de la guerre, né en Europe des guerres civiles de l'Italie, perfectionné en Espagne, accompli en France, importé en Allemagne, propagé en Hongrie, en Pologne, en Suède, en Russie, avait formé dans Montécuculli, dans Vétérani, dans Condé, dans Turenne, dans le duc de Lorraine, dans l'électeur Auguste de Saxe, dans Sobieski, dans Charles XII de Suède, dans Pierre le Grand de Russie, enfin, dans le prince Eugène de Savoie, les généraux les plus consommés qui eussent jamais paru à la fois dans le même siècle sur la scène du monde. Le génie conservateur de l'Europe, en les faisant naître presque simultanément à l'époque de la dernière invasion ottomane à Vienne, semblait avoir proportionné les défenseurs de l'Occident à ses dangers. La providence de l'Allemagne venait de lui susciter le plus redoutable de tous ces hommes de guerre, dans le prince Eugène de Savoie, ce second Sobieski de l'Occident.

II

Le prince Eugène de Savoie était un de ces hommes prédestinés de l'histoire, à qui une vocation invincible trace de bonne heure la route qu'ils doivent parcourir malgré la nature et la société. Petit-fils du duc régnant de Savoie, fils du comte de Soissons, prince de cette maison nationalisée en France, la belle Olympe Mancini, nièce du cardinal Mazarin, était sa mère. La comtesse de Soissons, impliquée par légèreté plus que par crime dans les procès pour empoisonnements qui avaient flétri la cour de Louis XIV, s'était réfugiée à Bruxelles contre les poursuites juridiques, dont son rang et sa beauté ne la garantissaient pas.

Son fils, disgracié par la nature, difforme d'épaules, grêle de taille, maladif de tempérament, mais éblouissant de physionomie et précoce d'intelligence, était destiné à l'église comme incapable ou indigne des armes ; son caractère martial et sa passion pour la gloire protestaient contre cette vie retirée du sacerdoce. Tous ses rêves et toutes ses études tendaient à l'imitation des héros dont Plutarque lui retraçait les exploits. Quoiqu'on lui donnât déjà à la cour le titre d'abbé de Savoie, présage de sa destination ecclésiastique, il sollicita avec ardeur de Louis XIV la faveur de commander un régiment dans ses armées. Soit dédain du roi pour un extérieur qui jurait avec les armes, soit ombrage de Louvois, ministre de la guerre, contre un prince de la maison de Savoie, dangereux à trop grandir en France, le prince Eugène fut durement méconnu et repoussé du service du roi. Il conçut de ce refus un ressentiment amer qui ne s'effaça jamais de son âme, et jura, comme Coriolan, d'être pour Louis XIV un ennemi aussi implacable qu'il avait été un serviteur dédaigné. La haine et la vengeance furent, après l'amour de la gloire, les deux mobiles de son ambition. Il y a des hommes sur lesquels on ne doit pas impunément se tromper : tel était le jeune abbé de Savoie.

Il partit pour Vienne, où l'empereur Léopold, son parent aussi, l'accueillit dans sa cour et dans son armée. Volontaire intrépide et remarqué dans la campagne contre les Turcs, sous le duc de Lorraine et Sobieski, son ardeur et son coup d'œil lui valurent pour récompense, après la délivrance de Vienne, le commandement d'un régiment de dragons. Son nom, grandissant dans les campagnes suivantes en Hongrie, l'éleva au rang de général des armées de l'empire. Louvois, pour le punir de sa gloire, l'humilia du titre de transfuge, et fit prononcer par Louis XIV la peine d'un éternel exil contre les généraux, nés Français, qui commandaient les armées étrangères.

« Il aura beau faire, » s'écria le prince Eugène, « je rentrerai en France malgré lui, et j'y rentrerai « redoutable à ceux qui m'ont méconnu. »

Les événements et l'invasion du Dauphiné par les Piémontais alliés de Léopold, et commandés par leur jeune compatriote, devaient justifier bientôt ce présage de son orgueil. Il devint, pour le malheur de Louis XIV, généralissime de l'empire, égala Condé en ardeur, Turenne en prudence, Montecuculli en tactique, Sobieski en constance, résumant en lui, en Hongrie, sur le Rhin, en France, en Espagne, sur le Danube, pendant une vie qui ne fut qu'une succession de campagnes et un catalogue de victoires, Annibal, César et Frédéric II. Sobieski avait été le bouclier de la chrétienté ; le prince Eugène de Savoie allait être le fléau des Ottomans. On ne sait pas assez ce qu'un homme de plus ou de moins, né ou mort à propos, pèse dans la destinée des empires. Le prince Eugène allait l'apprendre à la fois aux Français, aux Espagnols et aux Ottomans.

III

Les premiers jours du règne de Soliman III ne furent que le règne impérieux et versatile des janissaires qui l'avaient couronné. Ils nommèrent et massacrèrent tour à tour plusieurs agas et plusieurs vizirs, intruments et victimes de leur férocité. Ils forcèrent le sultan à exiler le seul homme capable de dominer, par la pensée et l'énergie, ces convulsions, le caïmakam Kiuperli. L'exil le conserva ainsi à son maître et à sa patrie. Aussitôt que l'indignation du peuple et des oulémas contre les attentats des troupes eut laissé respirer le sérail, un vieillard, Ismaïl Pacha, reçut les sceaux de grand vizir. Mohammed, fils d'un corroyeur, fut élevé au poste de muphti. Le dernier aga des janissaires fut décapité devant ses soldats terrifiés par les bourreaux soutenus du peuple; les meurtriers de Siawousch-Pacha, les janissaires qui avaient violé et mutilé sa femme et sa fille furent pendus sur l'Atméïdan ; la terreur rentra un moment dans les casernes d'où la révolution venait de sortir.

Pendant ces renversements, ces couronnements, ces exécutions alternatives, les Vénitiens achevaient presque sans obstacle la conquête et l'occupation de la Grèce et de l'Archipel. La Hongrie, la Bosnie, la Dalmatie, la Thessalie échappaient par lambeaux à l'empire; l'Anatolie elle-même se révoltait ; le grand vizir, incapable par son âge de soutenir le trône d'une main, de relever les frontières de l'autre, céda la place, après soixante jours de pouvoir, à Moustafa, pacha de Rodosto, autrefois favori, puis bourreau volontaire, à Belgrade, de Kara-Moustafa, son bienfaiteur. Ce nouveau vizir rappela de l'exil Kiuperli, et l'envoya à Candie rétablir la subordination dans l'armée qui venait de massacrer Soulfikar-Pacha, son serdar et ses principaux généraux.

A Témeswar, l'armée ottomane venait également de massacrer son pacha pour un retard de solde. Yegen-Pacha, un des chefs de la révolte de l'armée du Danube, marchait avec ses régiments sur Belgrade même pour y renverser le sérasker (généralissime) nommé par le divan, et le destituait insolemment par l'omnipotence de ses janissaires. Ces anarchies de l'armée du Danube firent tomber Belgrade sous l'assaut des Impériaux; le prince Eugène de Savoie reçut à cet assaut sa première blessure. Au même moment, les Russes, sous le commandement du prince Galitzin, refoulaient jusqu'à Pérécop quarante mille Tartares qui infestaient la Volhynie.

Le sultan, consterné de la chute de Belgrade, se rendit à Andrinople pour surveiller les frontières d'Europe de plus près. L'armée, composée de nouvelles levées, le suivit. Le khan de Crimée, le plus constant et le plus puissant allié de l'empire, fut appelé à Andrinople; Soliman III lui confia la répression de Keduk Mohammed-Pacha, qui prolongeait, en Asie-Mineure, la rébellion des janissaires, et la vengeance contre Yegen-Pacha, qui entretenait, des bords du Danube, une alliance séditieuse avec Keduk.

IV

La paix avec l'Autriche devenait une nécessité dans une telle conflagration de l'empire en Europe et en Asie. Soliman III en confia la négociation à deux hommes éminents, que leurs longues relations avec les ambassadeurs de France et d'Angleterre avaient initiés à la politique de l'Europe, Soulfikar-Effendi et le grec Maurocordato, drogman ou interprète de la Porte. Arrivés à Vienne, ces deux plénipotentiaires ne s'étonnèrent point des exigences démesurées de la cour d'Autriche. L'ambassadeur de France, M. de Guilleragues, les avait avertis que Louis XIV allait faire passer le Rhin à deux cent mille hommes pour abaisser la maison d'Autriche. Ils savaient que cette puissance allait avoir à porter ses principales armées loin du Danube. Les demandes de l'Autriche consistaient dans la renonciation absolue, par la Porte, de la Hongrie, de l'Esclavonie, de la Bosnie, de la Servie, de la Transylvanie, de la Valachie, de la Moldavie, de la petite Tartarie, enfin de la Grèce et de la Dalmatie au profit de Venise, depuis Corfou jusqu'à Corinthe.

Ces restitutions imposées à la Porte semblèrent, par leur exagération, rendre son antique énergie au peuple ottoman. Constantinople retentit d'un cri de honte, les provinces coururent aux armes, le sultan déclara qu'il allait, à l'exemple de ses ancêtres, marcher lui-même pour être ou le vengeur ou le martyr de sa foi. Louis XIV fomenta ce mouvement de patriotisme, en promettant au divan, pour prix de la guerre soutenue avec constance, la possession de toute la Hongrie. Le sultan, décidé à la lutte par cette alliance, s'avança d'Andrinople à Sophia, et, donnant là le commandement général de son armée à Redjeb-Pacha, le lança témérairement en Hongrie, sur la foi des astrologues qui lui promettaient la victoire. Pour raviver dans le cœur des Hongrois le souvenir et l'image de l'indépendance nationale, Soliman III avait arraché l'infirme Tékéli de son exil à Nicomédie, et le faisait suivre l'armée dans un chariot découvert, entouré d'une escorte de Hongrois qui rendaient à leur ancien prince les respects dus à la royauté. Tékéli, usé et podagre, se flattait de recouvrer un royaume pour ses enfants.

L'illusion fut courte. L'armée impériale, commandée par le prince de Bade, sortit de Belgrade et attendit sur la Morava, antique théâtre de tant de défaites pour les chrétiens, l'inhabile général ottoman. Nissa vit cette fois leur triomphe. Dix mille Turcs périrent en quelques heures sur les rives de la Morava, sous le canon des Autrichiens. Les vainqueurs entrèrent sur les pas des fuyards à Nissa, boulevard fortifié de la Bulgarie. Soliman, à leur approche, sortit de Sophia, déjà insulté par leur cavalerie, et sacrifiant Redjeb-Pacha à sa superstition pour la destinée, le punit de sa défaite par la mort.

V

L'urgence de faire face aux Français sur le Rhin et dans le Palatinat, empêcha la cour d'Autriche de poursuivre plus loin les débris des quatre-vingt mille Ottomans vaincus à Nissa. Cette cour avait besoin de la paix autant que la Porte elle-même. Les Tartares contenaient héroïquement deux cent mille Russes sur la ligne étroite et insurmontable de Pérécop; les Polonais, plus capables de vaincre que de profiter jamais de la victoire, consumaient leur héroïsme contre eux-mêmes dans des factions intérieures; l'Autriche n'avait plus rien à espérer de ses alliés du Nord. Soliman III, inspiré par l'extrémité du péril, fit revenir de Candie le seul ministre capable de rappeler aux Ottomans leurs jours de fortune.

Le troisième Kiuperli était enfin nommé grand vizir. Le nom, ce pressentiment des hommes dignes de leur race, la vertu, le talent, la politique, le courage, l'expérience acquise dans les convulsions de sa patrie, l'éloquence, enfin le génie inné de la guerre, signalaient Kiuperli au patriotisme des Ottomans. Sa première harangue au divan fut le tocsin de la foi et de la patrie. Toute la politique des hommes d'État appelés dans des circonstances aussi extrêmes, est de ne pas désespérer du salut public; le plus confiant est le plus habile. Il promit le salut, et le salut naquit de sa promesse. Cinquante mille hommes, élite des vieilles troupes de l'empire, appelés par lui en peu de jours à Constantinople, partirent avec lui pour reconquérir Nissa et la Bulgarie. Vingt jours de siége arrachèrent cette porte de l'empire au comte de Stahremberg, le défenseur de Vienne.

Kiuperli parut huit jours après devant Belgrade. Une bombe, en allumant le magasin de poudre, ébranla la ville entière et fit écrouler un pan du rempart. Kiuperli s'y élança à la tête de ses colonnes; il trouva la ville ensevelie à moitié sous ses propres décombres, et les Impériaux épouvantés cherchant dans les flots de la Save le salut contre le sabre des Turcs. Huit mille morts jonchaient la place. Kiuperli profita de l'effroi des Autrichiens pour passer le fleuve et conduire des renforts et des munitions dans Témeswar. Cinq cents janissaires, conduisant chacun un cheval chargé de sacs de farine, allèrent rendre la vie aux trois mille soldats affamés dans cette forteresse. La faim était si dévorante, que les assiégés se jetaient sur le convoi, déchiraient les sacs et collaient leurs lèvres sur la farine avant qu'elle fût pétrie et cuite dans les fours de l'armée.

Toutes les îles du Danube, Essek elle-même, rentrèrent sous la domination du vizir. Tékéli, de son côté, suivi de son ancien peuple et fortifié de seize mille janissaires, écrasait, dans les défilés de Témeswar, le général autrichien Heusler, le faisait prisonnier et reprenait un moment la supériorité en Transylvanie. Kiuperli, proclamé le vengeur de l'empire, rentrait à Andrinople pour se préparer à une seconde invasion de Hongrie, quand la mort de Soliman III suspendit dans l'empire toute action à l'extérieur.

Il mourut en saint comme il avait vécu, prince plus fait pour conquérir le ciel que pour relever le trône. Le seul mérite de son règne fut d'avoir discerné le grand ministre qu'il laissait après lui à la monarchie. Achmet II lui succéda sans crise dans le sérail.

Achmet, frère du sultan décédé, était un de ces princes que la Providence, dans les empires héréditaires, semble donner en dérision aux monarchies. Incapable de pensée, de volonté, de parole, instrument passif dans les mains de ses favoris, de ses femmes, de ses ministres, il se bornait, dans le divan ou dans les solennités publiques, à répondre à tout par une sorte de balbutiement banal accompagné d'un hochement de tête où l'on croyait distinguer les mots de *kosch! kosch!* (c'est bon! c'est bon!) réponse invariable dans sa bouche, qui approuvait, sans les comprendre, le bien et le mal dont il avait à peine le discernement.

VI

Quelques jours avant le départ de Kiuperli pour le Danube, les favoris obscurs du sultan et son kislaraga, jaloux de l'ascendant du grand vizir sur l'armée qui attendait de lui de nouvelles gloires, insinuèrent à leur maître que Kiuperli méditait de le détrôner et de couronner à sa place Mustapha, fils de Mahomet IV. Le crédule sultan donna son assentiment ordinaire aux calomniateurs de son vizir; il ordonna au kislaraga de l'appeler au sérail sous prétexte d'affaires urgentes et de l'immoler au moment où il franchirait le seuil du palais. Un muet de l'appartement intérieur, caché derrière les rideaux de la porte, étonné du long entretien du kislaraga et de son maître, entr'ouvrit les rideaux et comprit, aux gestes et aux paroles, qu'il s'agissait de l'exécution du grand vizir. Dévoué secrètement à Kiuperli, le muet courut au palais du vizir et l'avertit par signes de l'attentat concerté contre sa vie.

Kiuperli, déjà à cheval pour se rendre au sérail, en descendit aux signes du muet, répondit au sultan que les affaires de l'armée le retenait dans son divan, et convoquant à l'instant chez lui l'aga des janissaires et les généraux, leur révéla la conspiration de cour contre sa vie et leur demanda avec résignation « s'il devait livrer sa tête à la jalousie d'un fa-
« vori sans mérite, ou la conserver au salut du trône,
« à l'armée et à l'empire. »

Un cri d'indignation générale contre le kislaraga lui répondit; sa vie était la victoire et le gouvernement dans un seul homme. L'armée, instruite de ce crime prémédité contre son généralissime, se contint à peine sous la main du grand vizir. Kiuperli s'excusa plusieurs jours encore de paraître au sérail, sous prétexte d'apaiser ces mouvements périlleux pour le sultan. Le kislaraga, trahi par le muet, sentit que les troupes n'hésiteraient pas entre lui et Kiuperli, et que sa propre tête, sacrifiée par Achmet II à la nécessité, tomberait aux pieds du vizir qu'il avait voulu assassiner par la main de son maître ; il s'enfuit, pendant la nuit, du sérail, emportant ses trésors au fond de l'Égypte, sa patrie.

VII

Cent mille hommes animés de la certitude de vaincre suivirent le grand vizir à Belgrade. Le prince de Bade, appuyé par soixante et dix mille hommes sur la forteresse de Peterwardein, dans la plaine ouverte du Danube, s'avança en hésitant jusqu'à Semlin. Il trouva la ville déjà occupée par l'armée ottomane et se replia sur Salenkemen, château ruiné sur les rives du fleuve. Kiuperli l'y suivit et intercepta impunément sous ses yeux les renforts qui sortaient de Peterwardein pour le rejoindre. Cinq mille Impériaux tombèrent sous le sabre des spahis. Mais au moment où l'intrépide vizir chargeait lui-même, le sabre à la main, à la tête des janissaires, des retranchements du prince de Bade, sur les étages du château de Salenkemen, une balle dans la tempe lui enleva à la fois la victoire et la vie.

Sa chute de cheval, à la vue de ses soldats, répandit la consternation, le découragement et la fuite parmi les Ottomans déjà vainqueurs; l'âme parut avoir abandonné ce grand corps d'armée, les Turcs se replièrent en désordre d'eux-mêmes dans les prairies fangeuses qui bordaient le Danube, comme impatients de le repasser. Vingt mille janissaires, foudroyés d'en haut par l'artillerie autrichienne ou noyés dans le courant du Danube, expièrent, le soir, par leur mort la victoire du matin. Cent cinquante pièces de canon, dix mille tentes, le trésor de l'armée, des drapeaux et des étendards de toutes les provinces d'Asie et d'Europe, tombèrent aux mains des vainqueurs et décorèrent jusqu'à nos jours les voûtes triomphales de Carlsruhe, capitale du prince de Bade.

Mais dix mille Allemands jonchèrent aussi de leurs cadavres les retranchements de Salenkemen, et cette victoire ne coûta et ne rendit que du sang aux deux empires. La Turquie entière pleura Kiuperli comme le héros de la patrie et le martyr de la foi. Après lui, la confiance des Ottomans ne désignait aucun sauveur au trône et à l'armée. Le harem disposa de la place du grand vizir. Les favorites et les eunuques d'Achmet II imposèrent d'abord à son choix Arabadji-Pacha, fils d'un conducteur d'*arabas*, charrettes qui promenaient les femmes du harem. Il fut remplacé après quelques jours par Ali-Tarposchi, *brodeur de bonnets de femmes*, parvenu, on ignore comment, au rang de pacha de Damas.

VIII

La guerre mollissait sur le Danube, attirée tout entière sur le Rhin par les armées de Louis XIV. L'ambassadeur de France empêchait seul Ali-Tarposchi de conclure la paix avec l'Autriche. Le patriotisme, rallumé par le dernier des Kiuperli, s'indignait, dans les provinces d'Asie, de l'affaissement qui avait suivi sa mort. Un molla de Brousse, nommé Missri-Effendi, leva de lui-même des milliers de fanatiques de la foi et de la patrie, vêtus en derviches, et, traversant avec eux le canal des Dardanelles, marcha sur Andrinople en prêchant, comme Pierre-l'Hermite, une croisade de mendiants dans toute la Thrace. Campés sous les portiques de la magnifique mosquée de Sélim II, à Andrinople, bâtie sur les ruines du palais d'Adrien, ces derviches reprochaient au sultan et à ses ministres leur lâche immobilité devant les chrétiens; ils demandaient des armes pour aller venger, au nom du prophète, la Hongrie conquise et les Musulmans immolés.

Les prophéties menaçantes du molla agitant le

peuple, le grand vizir parvint avec peine à l'éloigner d'Andrinople et à le faire reconduire à Brousse où la crainte d'attenter aux jours d'un derviche protégea longtemps encore sa vie et ses prédications. Il prêchait la guerre, mais non l'intolérance, car, lié d'amitié avec l'archevêque chrétien de Brousse, il lui parlait avec vénération de l'Évangile, cette source du Coran. « Conserve ce livre, » disait-il à l'archevêque, « aussi précieusement que « ta vie, car tu le tiens aussi de Dieu ; l'Évan- « gile et Jésus viennent de Dieu. Je suis toujours « en esprit avec Jésus ; Jésus et Missri s'accordent en « secret dans leur doctrine ! »

Le grand vizir, ébranlé par cette sédition de fanatiques, avait fait place à Moustafa-Biikli. Après une courte et vaine incursion en Transylvanie, Biikli fut remplacé à son tour par Sourmeli-Ali-Tarabouli-Pacha. L'île délicieuse de Chio retomba, sous ce vizir, aux mains des Vénitiens appelés par les Latins de Chio contre les Grecs. La caravane de pèlerins qui se rend chaque année à la Mecque fut attaquée et rançonnée en Mésopotamie par les Arabes. Ce sacrilége, plus sensible aux Ottomans que la perte d'une île de l'Archipel, consterna l'empire. Achmet II expira dans la douleur et dans le mépris sans avoir régné.

IX

La dissension pour le trône agita le divan. Le grand vizir, accoutumé à l'imbécillité du sultan qui laissait régner à sa place, voulait continuer à régner par l'imbécillité d'un enfant. Il convoqua le muphti, les pachas, les chefs des janissaires qui lui étaient affidés, et leur insinua que l'élévation au trône d'Ibrahim, fils encore au berceau d'Achmet II, consoliderait leur ascendant sur l'empire. « Cet en-« fant, » leur dit-il, « fils d'un sultan mort sur le « trône, doit prévaloir sur le prince Mustapha, fils « d'un sultan, il est vrai, mais d'un sultan déposé « par la nation et ne pouvant transmettre des titres « à l'empire qu'il n'avait plus. »

Ces arguments et ces insinuations intéressées allaient l'emporter sur les lois héréditaires de la monarchie, quand le prince Mustapha, averti par le chef des eunuques noirs de la mort d'Achmet II, sortit inopinément de sa prison dans les jardins, et se présentant dans la cour du sérail devant les pages, les janissaires et le peuple, surprit le trône en paraissant le premier aux yeux de la cour. Une longue acclamation, s'élevant du palais et des jardins, apprit aux conspirateurs qu'ils étaient prévenus, et ne leur laissa que le choix entre le prosternement ou la mort. Ils affectèrent d'accourir d'eux-mêmes dans la salle du trône sur lequel Mustapha II était déjà assis, pour lui apporter publiquement l'empire qu'ils venaient de lui arracher en secret. Le seul aspect de Mustapha suffisait pour lui conquérir les yeux, les cœurs et les bras des Ottomans.

X

Ce prince était dans la fleur et dans la force de ses années, sa beauté rappelait dans des traits virils la beauté grecque de l'esclave de Retimo, la sultane (dont les lèvres buvaient *la rosée du printemps*) sa mère ; un feu, amorti par la douceur, jaillissait de ses regards. Sa taille était élancée, ses mouvements harmonieux et nobles, la bienveillance de son cœur parlait de loin dans ses gestes, il portait sa tête avec la majesté martiale d'un héros plus que d'un monarque ; sa longue captivité dans les jardins du sérail depuis la déposition de Mahomet IV, son malheureux père, ajoutait à tant de séductions une ombre de pitié. Les vétérans, qui l'avaient vu, enfant, suivre dans les camps le cheval de son père, retrouvaient avec larmes ses traits mûris et accomplis par les années. La douceur de sa captivité, pendant les règnes successifs de ses oncles, lui avait permis de cultiver jusque dans les jardins du sérail, le cheval, les armes, les études militaires pour lesquelles il était né. Il maniait son coursier et son sabre comme un fils libre d'Othman. Il respirait la guerre avec l'air de la liberté.

Son premier mot au divan, aux troupes, au peuple fut un cri de guerre aux ennemis de l'empire. Il déposa, le lendemain de son couronnement à Andrinople, le grand vizir, le muphti et le kislaraga de son prédécesseur, créatures de la sultane Fathmé, qui régnait et vendait l'empire sous le nom de ce prince. La sultane, dont l'opulence enfouie égalait les richesses du trésor impérial, reçut l'option entre la mort et la révélation de ses trésors. On y trouva vingt millions de piastres et des bijoux d'une valeur incalculable. Soixante jeunes vierges, esclaves inutiles de l'eunuque noir, mais luxe domestique de ces courtisans mutilés, furent arrachées de son harem et revendues aux officiers de la cour. L'eunuque affidé, qui avait donné l'empire à Mustapha II par le premier avis de la mort d'Achmet II, fut récompensé de son zèle périlleux par le poste de kislaraga, ministre d'intérieur et de confiance qui l'emportait souvent sur le crédit des grands vizirs.

La dignité de muphti fut donnée à Feizoullah-effendi, favori et ancien précepteur du sultan, aussi cher que funeste bientôt à son maître. Le grand vizir Sourmeli, après quelques jours de dissimulation du sultan, fut étranglé pour une faute légère; son vrai crime, passé sous silence, était d'avoir hésité entre les deux prétendants à l'empire. Elmas, pacha de Bosnie, ancien favori de Mahomet IV père de Mustapha, le plus beau des Ottomans, et surnommé Elmas, ou le diamant du sérail, fut rappelé de son gouvernement et nommé grand vizir. Ce jeune ministre, sans posséder le génie politique des Kiuperli, avait la fidélité d'un esclave, l'intrépidité d'un soldat, la justice d'un musulman. La mer et la terre demandaient également de pareils serviteurs à l'islamisme. Mustapha II les invoquait de tous ses vœux. Le hasard lui en présenta un dans un pirate de Tunis, Mezzomorto, surnommé ainsi des cicatrices qui couvraient ses membres mutilés dans vingt combats de mer.

Mezzomorto, déjà célèbre dans la flotte ottomane sous les ordres de capitans-pachas ignorants ou timides, sollicitait des ministres le commandement de quelques vaisseaux, et promettait de reconquérir sur les Vénitiens l'île de Chio. Un jour que le sultan, caché derrière la fenêtre grillée du divan, écoutait, invisible, les plans du pirate et les refus des ministres, il fut ému de l'accent d'énergie et de confiance qui vibrait dans la voix du Tunisien ; il ouvrit le rideau, et ordonna au divan de lui accorder l'épreuve téméraire qu'il proposait avec tant d'assurance. Chio, abordée pendant la nuit par les corsaires de Mezzomorto, d'intelligence avec les Grecs habitants de l'île, aida elle-même les Turcs à précipiter les Vénitiens et les Latins dans le canal. Mezzomorto rentra à Constantinople avec des milliers d'esclaves catholiques latins enchaînés sur ses ponts. Le sultan nomma capitan-pacha l'heureux libérateur de Chio, et lui donna toute autorité sur la mer.

XI

Pendant que Mezzomorto réorganisait la marine, le sultan et le grand vizir Elmas traversaient déjà le Danube à la tête de cinquante mille hommes, prenaient d'assaut la forteresse de Lippa et offraient la bataille aux armées de l'Autriche, commandées par Vétérani et par l'électeur Frédéric-Auguste de Saxe, surnommé par les Turcs, à cause de sa force prodigieuse de corps, « celui qui brise dans sa main « les fers de cheval. »

Les Allemands, formés, selon leur tactique dans

leurs guerres avec les Turcs en bataillons carrés, pour rompre par ce bloc solide l'impétuosité des spahis, repoussèrent en effet comme un écueil les premières charges des Ottomans. Le découragement et la fuite s'emparaient déjà de l'armée de Mustapha II, quand ce prince, le sabre à la main, s'élança lui-même au milieu de la mêlée, et frappant ses propres soldats au visage pour les faire retourner à l'assaut des Autrichiens, précipita ses janissaires dans les vides laissés entre les carrés, et bientôt, cerné lui-même par le fer et le feu, ne put s'ouvrir le retour que par la victoire.

Elle hésita pendant une longue confusion des deux armées acharnées l'une contre l'autre et enveloppées d'un nuage épais de fumée. Les plus intrépides pachas de Mustapha commençaient à se replier vers leur camp ; Schahin-Pacha manœuvrait lui-même pour ramener ses troupes débandées hors du carnage ; le sultan seul s'obstinait à mourir ou à vaincre. « Où fuis-tu, Schahin ? » criait-il avec une amère indignation à son général. « On t'a nommé « Schahin parce qu'on te croyait un intrépide « faucon. Le fier faucon frappe son ennemi à la « tête ! Tu n'es qu'une grue qui donne l'exemple « de la fuite à d'autres grues aussi timides que « toi. »

Ces reproches ramenèrent au combat Schahin et les janissaires, honteux de vivre quand leur sultan voulait mourir. Vétérani, le Turenne de l'Allemagne, tomba frappé d'un coup de feu; ses soldats le couchèrent sur un chariot, d'où il commandait et combattait encore; sa retraite, forcée par sa blessure, fut une manœuvre plus qu'une déroute, mais elle laissa avec la gloire le champ de bataille à Mustapha II, et le malheureux Vétérani, tombé au pouvoir de l'ennemi, fut achevé d'un coup de sabre. Dix mille Ottomans restaient confondus sur la plaine avec les cadavres des Autrichiens ; le sultan, heureux d'avoir éprouvé son bras et tenté la fortune, revint par la Valachie triompher à Andrinople et recruter des armées plus dignes de ses grands desseins.

XII

Au printemps de l'année suivante, 1696, il rentra en Hongrie avec cent mille combattants. Le vieux Tékéli le suivait pour mendier un trône qui le fuyait sans cesse et pour lui conseiller la tactique des chrétiens. A l'exemple des Romains de César, les Turcs, fortifiés de position en position dans des camps retranchés et palissadés, attendaient l'heure opportune pour le combat et s'assuraient des retraites dans les revers.

Frédéric-Auguste de Saxe fut contraint de leur donner l'assaut dans leur camp sur les bruyères d'Olasch. Il avait franchi les fossés et les palissades, et galopait, à la tête de dix mille hussards à travers les tentes, prêt à pénétrer dans celle de Mustapha II, quand le sultan, le grand vizir Elmas et l'aga des janissaires, fondant à leur tour sur les Allemands égarés dans ces avenues de tentes et de cordes, en égorgèrent huit mille sur leurs propres brèches, et refoulèrent le reste dans la bruyère couverte de leurs débris. Les canons du camp autrichien et des milliers de prisonniers furent les dépouilles de la victoire d'Olasch. Frédéric-Auguste, impatient d'aller briguer le trône de Pologne vacant par la mort de Sobieski, laissa Mustapha II sans armée en campagne devant lui. Le comte Caprara, qui lui succéda, reçut de son gouvernement l'ordre de s'enfermer dans les places fortes et de se borner à surveiller les frontières.

Constantinople, cette fois, reçut dans Mustapha II son sultan et son triomphateur. Son cortége rappelait ceux de Soliman le Grand. Les canons d'Olasch et les soldats prisonniers suivaient, enchaînés, le cheval de guerre du sultan. Vainqueur, à trente ans, des deux plus grands capitaines de l'Allemagne, vainqueur à Chio et dans les mers de la Morée par ses flottes, sans ennemi sur le Danube, délivré par la mort de Sobieski et par les orages d'une élection sanglante de toute préoccupation du côté de la Pologne, adoré des Ottomans comme une Providence qui venait suspendre leur déclin, appuyé encore sur l'alliance efficace de la France à peine désarmée par le traité de Riswick, sollicité lui-même à la paix par l'Angleterre et la Hollande qui lui proposaient leur médiation avec l'Allemagne, il tenait dans sa main tous les gages d'un grand règne. Son ivresse l'éblouit ; un homme que nous avons déjà nommé, mais dont il savait à peine le nom, le prince Eugène de Savoie, changea cette fortune en revers.

XIII

Mustapha II n'était venu à Constantinople que pour y ceindre le sabre d'Othman dans la mosquée d'Aïoub, et pour se montrer à sa capitale. Il en sortit bientôt à la tête de cent cinquante mille hommes, et traversa le Danube avec le vieux Tékéli, traîné dans un chariot à sa suite.

Le prince Eugène, successeur de Vétérani dans

le commandement de l'armée, l'attendait vers Segzedin. Ce général consommé avant le temps se replia avec une apparente timidité sur la Theiss à l'approche de Mustapha II, comme inégal en nombre. Mais son génie l'égalait à cette multitude. L'armée ottomane campait à Zenta, sur les bords de la Theiss. Ses avant-postes, trop exposés au delà du fleuve, furent si complétement enveloppés par les hussards du prince Eugène, que de seize mille Turcs de cette avant-garde, il n'en échappa qu'un seul pour accourir au camp annoncer le désastre au grand vizir. Elmas-Pacha, tremblant d'avoir encouru la disgrâce ou la mort, imposa par la mort silence au messager, et cacha sa faute et son revers à son maître.

Cependant le sultan, dans l'ignorance de l'anéantissement de son corps d'armée avancé, pressait la construction d'un pont sur la Theiss, pour porter ses cent mille hommes sur l'autre bord. Elmas retardait ce passage par mille lenteurs et par mille obstacles d'exécution inintelligibles à Mustapha. A la fin un pont insuffisant et qui ne livrait passage qu'à quatre hommes de front, fut ouvert à l'armée; le sultan voulut y passer le premier, et quand Elmas s'approcha de lui pour lui tenir l'étrier, il le repoussa avec reproche et lui ordonna, sur sa tête, de faire suivre immédiatement toute l'armée.

Il fallait deux jours et deux nuits pour qu'une telle multitude pût atteindre par ce seul pont la rive où Mustapha II l'avait devancée. A peine le sultan avait-il dressé ses tentes hors de vue de son corps d'armée principale, qu'Elmas-Pacha, prévoyant trop sciemment une déroute, et résolu de mourir, en désobéissant, pour sauver au moins une moitié de l'armée en la fortifiant dans son camp derrière la Theiss, défendit aux généraux et aux janissaires de suivre le sultan sur l'autre bord. Mustapha, voyant de loin ce passage du pont interrompu, et étonné de l'immobilité de son vizir, envoyait message sur message à Elmas, pour le presser d'obéir. « J'aime mieux, » répondit Elmas, « mourir ici en « soldat, les armes à la main, que de mourir sur « l'autre rive, sous le cordon, comme un vil es- « clave ! »

Le prince Eugène, qui observait du sommet d'une colline cette inexplicable hésitation de l'armée ottomane, coupée en deux par un fleuve, attendit que le pont, écrasé à demi par les canons de Mustapha II, ne fut plus qu'un sentier étroit et chancelant d'un bord à l'autre ; il se déploya sur les derrières du camp fortifié d'Elmas, et dressant une batterie de canon contre le pont pour en écraser sous ses boulets les débris, il s'élança à l'assaut des retranchements, et y précipita avec une irrésistible impétuosité ses colonnes. Le camp forcé ne fut bientôt plus qu'une boucherie d'hommes parqués pour la mort dans leur propre enceinte ; les janissaires désespérés et reconnaissant enfin la trahison dans leur chef, immolèrent le grand vizir à leur vengeance avant de périr. En trois heures, ils tombèrent jusqu'au dernier sous le feu des batteries du prince Eugène, ne laissant que leurs cadavres en dépouille aux vainqueurs.

Le seul pacha des Albanais, monté sur un cheval accoutumé à fendre les vagues de la mer, se précipita tout armé dans la Theiss débordée et parvint à l'autre bord. Le sultan, témoin désespéré de l'anéantissement de son armée, disparut à la chute du jour dans les marais qui bordent la route de Temeswar. Égaré par ses guides dans des champs de roseaux que recouvrait l'inondation, il abandonna ses chariots, ses tentes, ses bagages, et il erra toute la nuit presque seul dans les marais. Au lever du soleil, il reconnut tristement le champ de bataille où il avait poursuivi, l'année précédente, le prince Auguste de Saxe, vaincu et fugitif comme lui ; il se dépouilla de ses habits impériaux qu'il changea contre les vêtements d'un pasteur hongrois, et défendant à ses serviteurs de le suivre, il s'éloigna seul, à pied, pour gagner les portes de Temeswar, seul abri où il put échapper aux hussards qui le poursuivaient dans la campagne.

Humilié de son désastre, il défendit au pacha de Temeswar d'ouvrir la ville à ceux de ses soldats qui se réfugiaient sous le canon de la place, et demeura trois jours enfermé dans l'ombre d'une salle obscure, sans prendre de nourriture et sans oser se montrer à la lumière du jour.

Pendant ce deuil de son armée, les troupes qui avaient passé le pont avec lui et que la Theïss débordée avait protégées contre le canon du prince Eugène, se ralliaient sous les murs de Temeswar, pleurant leur sultan disparu et cherchant son cadavre dans les joncs du fleuve où l'on supposait qu'il avait trouvé la mort; d'autres le disaient prisonnier dans le camp du vainqueur. Quand le troisième jour il se décida enfin à se découvrir à ses troupes, les acclamations de joie des soldats compensèrent un peu pour lui tant de peines; il n'avait perdu qu'une armée, mais il avait conservé la source des armées et des trésors, le cœur de son peuple. Nul ne l'accusait d'un revers qu'il n'avait mérité ni par lâcheté, ni par imprudence, mais que le désespoir d'un grand vizir avait attiré sur les Ottomans. Il reprit sous cette escorte la route maintenant solitaire de Belgrade et d'Andrinople.

XIV

La bataille de Zenta vengea, par l'épée du prince Eugène de Savoie, deux siècles de défaites subies par les chrétiens en Occident. Son nom retentit du Danube à la Seine et au Tibre, comme celui d'un nouveau Godefroy de Bouillon. L'heureux et habile vainqueur de Zenta devint le nom populaire dans les chants des poëtes comme dans les entretiens des chaumières. Aux yeux des populations chrétiennes, Zenta fut plus qu'une victoire politique, c'était la victoire décisive du Christ sur Mahomet. Les hommes de guerre qui font triompher de telles causes ne sont plus des héros, ce sont des incarnations de la Providence aux yeux des cultes reconnaissants.

Les dépouilles furent fabuleuses comme la valeur; deux cent soixante pièces de canon, des bagages et des provisions capables de nourrir un peuple entier pendant une longue campagne, dix mille chariots attelés de quatre chevaux, de bœufs et de buffles, soixante mille chameaux amenés du fond de l'Asie ou de la Tartarie, pour étonner l'Europe de la forme et des mugissements de ces animaux inconnus, un trésor monnayé contenant la solde de deux cent mille hommes, les voitures dorées du sultan et de son harem, portant dix de ses femmes favorites, enfin le sceau de l'empire ramassé, pour la première fois, sur le corps d'un grand vizir, trouvé mort sous des monceaux de janissaires, devinrent les trophées du prince Eugène et du trésor impérial de Vienne.

Ce fut à la fatalité plus qu'à l'inhabileté ou au défaut de courage que Mustapha II dut son revers. L'armée aurait été sauvée, et peut-être la campagne tout entière, si la désobéissance du grand vizir n'avait laissé son maître à moitié engagé de l'autre côté du fleuve, tandis que lui-même arrêtait le passage de la Theïss à l'insu de Mustapha, pour attendre dans ses retranchements le prince Eugène, dont les drapeaux apparaissaient sur son flanc gauche au sommet des collines. Le sultan et son vizir avaient un motif également plausible pour persister, l'un dans le passage de la Theïss, l'autre dans l'immobilité; le malheur fut, pour l'un comme pour l'autre, de ne pas achever librement leur pensée. L'infaillible coup d'œil et la foudroyante promptitude du prince Eugène la coupa en deux, comme la Theïss coupa leur armée. Les attributions presque souveraines de l'autorité du grand vizir égalaient, en campagne, l'autorité du sultan lui-même. Elmas-Pacha opposa résolûment volonté à volonté ; il acceptait, en agissant ainsi, le cordon, plutôt que d'accepter la responsabilité d'une manœuvre de l'armée qu'il jugeait fatale. Mais il était trop tard pour désobéir, après que la moitié de l'armée avait suivi le sultan, trop tard aussi pour obéir après l'apparition de l'avant-garde du prince Eugène derrière lui. Il désobéit en patriote, il combattit en lion, il mourut en héros, et le nom d'Elmas (le diamant), quoique fatal aux Ottomans, ne leur rappela qu'un ministre malheureux, mais jamais un traître.

XV

Amoudjazadé-Pacha, c'est-à-dire *le fils de l'oncle*, lui succéda dans le vizirat. C'était un neveu d'Ahmed Kiuperli, élevé par ce grand vizir comme son propre fils, et qui avait adopté ce surnom comme symbole de sa reconnaissance filiale. Les grands désastres de l'empire reportaient toujours la pensée des peuples et des sultans sur le nom de salut qui avait déjà trois fois relevé le déclin de leur race.

Le jeune Amoudjazadé, corrompu dans sa jeunesse par la prospérité et par la fortune de sa maison, ne s'était signalé, jusqu'à la dernière guerre, que par la passion du plaisir et l'élégance licencieuse de ses mœurs. Les périls de la patrie l'avaient mûri tout à coup après le siége de Vienne ; il avait voulu racheter les égarements de sa jeunesse par les services de sa maturité ; le nom des Kiuperli lui paraissait imposer la vertu. Successivement gouverneur de Schehrzor en Mésopotamie, pacha à Tchardak en Asie-Mineure, commandant des forts des Dardanelles, enfin capitan-pacha pour reconquérir l'île de Chio, puis vizir de la Coupole, deux fois caïmakam de Constantinople, enfin chargé de la défense de Belgrade, il avait reconquis, par la parole, par le sabre et par la faveur des sultans, la considération attachée au nom et aux services de sa famille.

En peu de semaines, il retrouva une armée sur la surface d'un vaste empire où tout musulman était soldat. Sa main, heureuse dans le choix des généraux destinés à remplacer les dix-sept pachas morts dans les retranchements de Zenta, assigna à chacun son poste offensif sur les frontières de Bosnie, de Dalmatie et de Bulgarie.

XVI

Pendant qu'il préparait la guerre, il continuait à négocier la paix à Vienne; sa sagacité politique lui faisait assez comprendre que la France, retirée désormais du champ de bataille occidental et abandonnant la Turquie à ses propres forces, les armées de l'Autriche longtemps occupées sur le Rhin reflueraient avec une irrésistible impétuosité sur le Danube. Amoudjazadé se confia, comme c'était l'habitude des Ottomans, dans ses rapports avec les puissances européennes, à ce génie supérieur des négociations dont la nature semble avoir doué la race grecque. Le grec Maurocordato, interprète de la Porte, qui attendait déjà dans une honorable captivité à Vienne l'issue de la guerre, reçut ordre de renouer les conférences. La cour de Vienne accepta la médiation officieuse des ambassadeurs d'Angleterre et de Hollande. Les envoyés de la Pologne, de Venise et de Russie participèrent aux discussions et aux résolutions de la conférence. Maurocordato aplanit et trancha tout par son génie à la fois insinuant et obstiné sous l'apparence de la souplesse.

La ville de Carlowitz, voisine de Belgrade et du Danube, fut choisie pour ce nouveau traité de Riswick de l'Orient. Pour simplifier l'étiquette et pour désintéresser les prétentions de préséances entre la fierté des Ottomans et la susceptibilité de l'Allemagne, Maurocordato fit construire, à Carlowitz, une rotonde percée d'autant de portes qu'il y avait de représentants des puissances accréditées à la conférence, et par lesquelles ils entraient tous à la fois dans le congrès. Une table ronde aussi réunissait, sans possibilité d'assigner les rangs égaux autour du tapis, les négociateurs.

Deux mois de conférences fastidieuses à retracer, autrement que par les résultats, aboutirent enfin, le 26 janvier 1699, au traité de Carlowitz.

« Ce jour-là, disent les annalistes du congrès, à dix heures du matin, tous les plénipotentiaires, à l'exception de celui de Venise, se rendirent solennellement au lieu habituel des séances. Ceux de l'empereur étaient précédés de cent cuirassiers en grande tenue, et suivis de leurs voitures de gala et de leurs chevaux de main; les plénipotentiaires turcs étaient escortés par un corps de janissaires et de spahis. Lorsqu'on fut arrivé à la salle des conférences, on donna lecture des traités conclus avec l'Autriche, la Pologne et Venise; mais on attendit pour la signature jusqu'à onze heures trois quarts, par déférence pour le reïs-effendi Rami, auquel ses calculs avaient appris que depuis longtemps il n'y avait pas eu une conjonction d'astres aussi heureuse que celle qui devait avoir lieu à cette heure du jour, qui était un lundi. On signa, montre en main, les trois minutes des traités ; puis on ouvrit les quatre portes de la salle, afin que tout le monde pût se convaincre que la paix était définitivement conclue, et répandre au dehors cette heureuse nouvelle. Aussitôt, des courriers partirent pour Vienne, l'Angleterre, la Pologne et Venise, et les ambassadeurs se donnèrent mutuellement le baiser de paix. Une triple salve d'artillerie, répétée par les canons de Peterwardein et de Belgrade, annonça aux peuples, fatigués d'une si longue guerre, que le moment était arrivé où ils allaient enfin jouir de quelque repos. »

XVII

Maurocordato avait valu plus que dix batailles pour la restauration des frontières de sa patrie adoptive. Il n'abandonnait aux Autrichiens, aux Polonais et aux Vénitiens que ce qu'ils possédaient déjà de fait avant la guerre, mais ces puissances restituaient sans guerre à l'empire ottoman la plus grande partie des provinces, des îles et des citadelles que le malheur des temps avait enlevées aux trois derniers règnes. La Hongrie, la Transylvanie et l'Esclavonie, depuis si longtemps disputées et indécises, étaient dévolues à l'Autriche, à l'exception de Témeswar et de son bannat. La Theïss, la Save, l'Unna délimitaient par leurs cours sinueux les deux terres ; Venise rendait toutes ses conquêtes insulaires; elle conservait le littoral de la Morée et quelques châteaux en Dalmatie.

Les Polonais, consolidés de l'Ukraine et de la Podolie, signèrent une paix de vingt-cinq ans, comme l'Autriche ; la Russie la signait de deux ans, en reconnaissant les limites actuelles entre le czar, les Tartares et le sultan. L'abandon de la cause de Tékéli, ce roi vassal de la Porte si longtemps bercé par la fortune, et rejeté enfin comme un transfuge à la pitié de ses protecteurs, était la seule condition humiliante pour la Porte. Mais elle refusa avec énergie et loyauté de livrer l'infortuné prince à ses ennemis, et elle entoura de respect sa déchéance à Nicomédie.

« Hélas ! » s'écria quelque temps après le vieux guerrier en s'entretenant dans son jardin d'Asie, avec une autre victime de la fortune comme lui, le prince tartare Cantimir, ennemi des Russes, « à « quels maîtres, mon frère, Dieu nous a-t-il assu- « jettis? Que sont devenues leurs promesses ? Le

« croissant qu'ils portent sur leurs drapeaux est
« l'emblème de leurs vicissitudes, sa puissance
« mobile a les phases alternatives de l'astre des
« nuits. »

Mais pendant que l'empire se pacifiait au dehors en recouvrant, par la politique, les provinces et les îles qu'il avait perdues par la guerre, il recommençait à s'agiter au dedans. Ce qu'il y a de plus difficile à faire pour un souverain, ce n'est pas la guerre, c'est la paix. Les peuples pardonnent moins à leur maître un traité qu'une défaite. Les plus lâches sur un champ de bataille sont les plus exigeants pour les conditions de la paix. Mustapha II ne tarda pas à éprouver le ressentiment de son peuple contre les nécessités et les humiliations du congrès de Carlowitz. Tout traité qui bornait l'empire paraissait injure à des conquérants.

XVIII

Ce ressentiment des Turcs, exploité par l'envie contre le grand vizir Kiuperli-Amoudjazadé, força le sultan de lui retirer les sceaux et de les remettre à Daltaban, pacha de Bosnie, créature de Feizoullah, ancien khodja du sultan et de plus en plus influent sur ce prince. On a vu qu'à son avénement au trône,

Mustapha II avait élevé Feizoullah, son précepteur, aux fonctions de confiance de muphti. L'autorité religieuse du nouveau muphti avait consolidé son ascendant politique. Après le traité de Carlowitz, Feizoullah, qui flattait les préjugés populaires de la multitude contre les négociateurs de la paix, avait persuadé au sultan son élève de confier l'empire à Daltaban.

Ce surnom de Daltaban, qui signifie *l'homme qui marche pieds nus*, avait été donné à ce pacha zélé pour la police des rues à Constantinople, parce qu'étant jadis aga des janissaires, il parcourait la nuit les rues de la capitale, sans chaussures, pour amortir le bruit de ses pas en épiant les malfaiteurs. Disgracié depuis longtemps et réfugié dans un village obscur de Bosnie, lieu de sa naissance, il y vivait, oublié, du travail de ses mains, quand la défaite de Zenta, et les ravages des troupes vénitiennes en Dalmatie, firent courir la Bosnie aux armes. Les soldats et les habitants, sans chef, se souvinrent de l'ancien aga des janissaires, le nommèrent d'eux-mêmes sérasker ou général de l'Anatolie. A la tête de ces levées confuses et de ces débris de Zenta, Daltaban avait soutenu vaillamment, dans les montagnes, les assauts impuissants des détachements du prince Eugène. Le sultan avait confirmé le choix du peuple, et l'avait envoyé pacifier l'Arabie.

Pendant qu'il amortissait la révolte en Arabie, un messager du divan était venu lui demander sa tête ; Daltaban, sans la refuser, avait promené le porteur du cordon dans une avenue de trente-deux milles têtes de rebelles, coupées la veille par son armée. « Va maintenant, » avait-il dit à son bourreau, « et dis au sultan ce que tu as vu ! » Ce bourreau était Battas-Ottoman, jadis serviteur de celui dont il venait provoquer le supplice. Il respecta son ancien maître, et revint à Constantinople, apportant au lieu de la tête du pacha, un présent de cent mille ducats à Feizoullah. Feizoullah, se croyant sûr du dévouement d'un homme qu'il rachetait du supplice par la faveur suprême, lui avait fait envoyer les sceaux de l'empire à la place du cordon. Emblème frappant des vicissitudes du sort sous le despotisme !

XIX

A peine arrivé à Constantinople, la faveur des troupes pour Daltaban fit repentir le muphti du choix fait par son maître. On lui rapportait de toutes parts que le grand vizir, ingrat et perfide, déclamait plus haut que lui contre la paix de Carlowitz, et l'accusait d'y avoir trempé autant que Rami-Effendi et Maurocordato, jetant leurs noms ensemble à l'exécration des bons Musulmans; on ajoutait que le grand vizir devait le faire massacrer à sa table, dans un repas auquel il l'avait convié avec les deux négociateurs du congrès. Le crédule ou défiant muphti court au palais, et, révélant à Mustapha II les sinistres projets du grand vizir, il obtient de son ancien pupille l'arrêt de mort de Daltaban.

Appelé au sérail, où les muets l'attendaient déjà pour l'étrangler, le grand vizir, à qui les chambellans redemandent le sceau de l'empire, refuse de le rendre à d'autres qu'au sultan. Mustapha II renouvelle, sans le voir, l'ordre de lui trancher la tête. On le charge de chaînes et on le conduit dans la cour du palais pour que son sang ne souille que la poussière.

« Qu'as-tu à dire au sultan ? » lui demanda, avant de frapper, le chef des bostandjis.

« Je ne me rappelle pas, » dit le condamné, « d'a-
« voir jamais marché au combat sans avoir fait ma
« prière et sans avoir purifié mon âme et mon corps, et
« pas une seule heure de ma vie ne s'est écoulée sans
« que j'aie tourné mon cœur à Dieu avec un acte de
« repentir. Ce que j'ai à dire au sultan, je ne dois et

« ne veux le dire qu'à lui-même, quelque effort
« qu'il m'en coûte pour regarder sans horreur un
« prince assez faible pour se laisser fasciner les
« yeux par des fourbes, et assez lâche pour donner
« la mort à ceux qui l'ont toujours fidèlement servi.
« La justice divine apportera le remède au mal ; le
« sultan apprendra, quand je ne serai plus, si c'est
« un crime de manquer à ses devoirs de prince et
« de musulman, et si c'est une erreur longtemps
« impunie que de croire de perfides conseils qui lui
« seront aussi funestes à lui-même qu'à l'empire. »

Ces paroles, qui suspendirent une seconde fois l'exécution, ne firent pas révoquer l'arrêt de mort. Le grand vizir expia de sa tête les injustes soupçons inspirés à son maître par l'envieux muphti. L'opinion publique, jusque-là favorable à Mustapha II, éclata en reproches contre le meurtrier du héros de Bosnie et d'Arabie.

« Fuyons, ma plume ! prenons l'essor loin de
« cette terre de crime, » chantèrent les poëtes populaires dans les cafés de Constantinople et d'Andrinople : « la paix, l'honneur, la gloire de Dieu, la
« sainteté du nom ottoman l'ont quittée pour jamais
« avec l'âme du dernier de ses héros. »

« Le vizir Rami, » disaient les scheiks dans les mosquées, « le muphti Feizoullah et tous les minis-

« tres sont des traîtres; ils sont les auteurs de la
« mort de Daltaban, le vainqueur des Arabes, notre
« bouclier contre les Impériaux : c'est son mérite
« qui a armé contre lui leur basse jalousie. S'il
« était coupable de quelques fautes ou de quelques
« erreurs, il suffisait de le bannir, et, dans l'occa-
« sion, on l'aurait retrouvé pour l'opposer à nos
« ennemis. C'était pour commettre ce lâche atten-
« tat, » ajoutaient les uns, « qu'ils retenaient le sul-
« tan à Andrinople; il y passe les journées dans les
« forêts, et Constantinople est réduite à la misère. »
« On nous laisse, » disaient les autres, « pour nous
« gouverner, un caïmakam de dix-huit ans; tout le
« mérite de ce jeune homme est de porter le nom
« de Kiuperli, et d'être gendre du muphti Feizoul-
« lah. Et cet homme lui-même, quel est-il? le pre-
« mier ennemi de l'empire. Tous les postes de
« mollas sont remplis par ses enfants ou par ceux
« qui sont assez riches pour les acheter; sa maison
« est un gouffre où s'engloutissent les trésors de
« l'empire; c'est un marché public où la justice et
« les dignités sont vendues au plus offrant. »

Cette liberté des discours, plus communicative
que celle des écrits, que la religion et les mœurs
laissent comme le contre-poids du despotisme aux
monarchies théocratiques et militaires, souleva, en

peu de jours, les oulémas, les djebedjis, les janissaires de Constantinople, contre un gouvernement qui semblait s'enfouir à Andrinople, et qui ne se révélait à la véritable capitale que par le retentissement sinistre de ses exécutions. Le jeune caïmakam de la famille des Kiuperli, âgé de dix-huit ans, gouvernait seul la ville avec la rigueur, mais avec l'inexpérience de ses années. Assiégé dans son palais, menacé de mort, destitué par une assemblée de révoltés, remplacé tumultuairement par Hassan-Ferari-Pacha, homme agréable à la multitude, il était impuissant à réprimer un soulèvement qui changeait d'heure en heure le murmure unanime en révolution. Le peuple et les soldats proclamaient sous ses yeux un grand vizir, Ahmed-Pacha, et un muphti, Mohammed-Effendi, en défi au grand vizir et au muphti d'Andrinople. Les portes de la ville, fermées par ordre de ce gouvernement populaire, interdisaient toute communication avec Andrinople.

XX

Cependant, Mustapha II, dont les négociateurs, repoussés des portes de sa capitale, se retiraient sans avoir pu se faire entendre, tremblait dans

Andrinople. Une armée de cinquante mille rebelles, sortie en peu de jours de Constantinople, s'avançait menaçante sur Andrinople. Parvenue à Hafssa, station voisine de cette ville, l'armée s'arrêta d'elle-même comme intimidée de l'attentat qu'elle allait commettre, et envoya des députés au sultan.

« Ce n'est point contre notre padischah que nous « nous sommes levés, » dirent les députés à Mustapha, « c'est contre les ministres odieux qui abusent « de son autorité qu'il leur prête, pour décimer « les meilleurs serviteurs de la foi! Qu'on nous li- « vre les têtes du vizir et du muphti, et nous rentre- « rons sous l'obéissance due au successeur des « khalifes! »

Mustapha II, après avoir laissé si longtemps gronder la révolte, espérant qu'elle s'éteindrait d'elle-même, fit sortir trop tard l'armée d'Andrinople, déjà ébranlée, pour anéantir les rebelles d'Hafssa. Soit timidité, soit dédain pour cette populace ameutée, il ne sortit pas de son sérail avec ses défenseurs. Son absence abandonna son armée à la contagion de la révolte. Le muphti des factieux, s'avançant hardiment entre les deux lignes de musulmans prêts à s'entre-tuer, éleva le Coran au-dessus de sa tête et s'adressant aux soldats de Mustapha II :

« Où courez-vous? » leur dit-il, « et contre qui
« tirez-vous vos sabres! frères égarés, ne sommes-
« nous pas tous du même sang, de la même reli-
« gion, soumis aux mêmes lois ? Le peuple n'a pas
« pris les armes par un coupable esprit de révolte ;
« nous ne voulons que la punition des parjures et
« des infidèles, qui ont foulé aux pieds les préceptes
« sacrés de ce Coran que nous adorons comme vous:
« toute résistance est un crime ; ne devenez pas
« leurs complices ; Dieu et notre saint Prophète
« combattraient pour nous, et ce sont eux qui
« vous puniraient. »

A ces mots, les deux lignes se confondent, les
armes tombent des mains des Ottomans, et les
deux armées, réconciliées dans la même indignation contre la cour, entrent ensemble à Andrinople.

XXI

Le grand vizir Rami-Pacha et le muphti Feizoullah n'avaient pas attendu cette rentrée des troupes
pour s'enfuir, l'un à Varna, l'autre par des sentiers
détournés à Constantinople. Mais Mustapha II, prévoyant qu'il aurait à sauver sa propre tête en
livrant les têtes de ses deux conseillers, avait fait
suivre le muphti fugitif par quelques bostandjis

affidés, chargés de lui révéler, au besoin, le lieu de sa retraite.

Ramené, en effet, à Andrinople par son escorte de bostandjis, aux premiers cris qui exigeaient sa tête, Feizoullah, livré au peuple et aux soldats acharnés, expiait dans des supplices atroces et prolongés la mort de Daltaban. Des clous enfoncés par le marteau dans ses genoux le torturaient sans lui arracher l'aveu de la cachette où l'on supposait qu'il avait enfoui ses richesses. Son cadavre fut jeté dans le courant de l'Hèbre, sous les murs de la ville. Ses femmes et ses enfants, innocents des ses crimes, en subirent la peine dans les outrages de la multitude.

XXII

Cependant Mustapha II espérait encore détourner de lui la mort ou la déposition qui le menaçait, en envoyant le sceau de grand vizir à Doroskan-Pacha, vizir et général des rebelles. Cette tardive complaisance d'un vaincu n'obtint que la pitié de son peuple; une assemblée pareille à celle de la mosquée des janissaires à Constantinople lui redemanda le trésor en lui laissant la vie. Mustapha II, encore respecté dans son palais par la superstition des Ottomans même révoltés contre le vicaire de Dieu, pouvait, par un crime facile et habituel dans sa maison, se rendre nécessaire à l'empire. Son frère, Ahmed, proclamé sultan à sa place, et tous les princes de son sang étaient sous sa main. En jetant quelques cadavres aux soldats, il devenait inviolable, car il restait le seul rejeton du sang d'Othman.

Il refusa à ses conseillers de sauver sa vie et sa couronne par un crime. Il se fit ouvrir les appartements reculés où languissait Ahmed, le serra avec larmes dans ses bras, lui apprit le vœu du peuple, le salua, le premier, empereur, et le conduisant par la main à la salle du trône, il l'y fit asseoir et se prosterna devant lui.

« Souvenez-vous, mon frère, » lui dit-il en se séparant de lui, « que tant que j'ai régné, je vous ai
« laissé vivre et jouir d'une sorte de liberté ; je vous
« prie d'en user de même avec moi. Fils et frère
« de sultans, vous êtes digne du trône ; mais gar-
« dez-vous d'oublier que vous devez votre élévation
« prématurée à des traîtres, à des rebelles, et que,
« si vous laissez leur attentat impuni, ils ne tarde-
« ront pas à vous traiter comme ils m'ont traité
« moi-même. »

Ainsi le vaincu léguait au vainqueur la vengeance commune. Après ces paroles, Mustapha II se retira dans le vieux sérail, où il avait passé sa jeunesse et où les regrets du trône et les tristesses de la solitude le conduisirent en quelques mois au tombeau. Prince précaire, proclamé par une surprise, déposé par une sédition, apparu comme une providence héroïque dans le déclin de l'empire, arrêté dans sa carrière de gloire par la désobéissance d'un grand vizir à la bataille de Zenta, et puni, par l'ingratitude de son peuple, de la paix heureuse et nécessaire qu'il avait rendue à l'empire par le traité de Carlowitz, son courage et ses vertus furent de lui, ses adversités furent de sa fortune. On lui doit une place parmi ces jouets du sort que la nature avait créés pour être des héros, et dont les circonstances ont fait des victimes.

LIVRE TRENTIÈME.

I

Le 23 août 1703, le nouveau sultan Achmet III, reconquis par l'armée et le peuple, reprit plus en captif qu'en empereur la route de Constantinople. Il était plus jeune de douze ans que son frère Mustapha II. Ses traits, aussi beaux, étaient moins mâles; l'ombre du sérail y avait répandu sa pâleur, mais la liberté intérieure dont l'affection fraternelle de Mustapha l'avait laissé jouir dans ses kiosks le préparait mieux à l'empire qu'on ne pouvait l'espérer d'un prisonnier de vingt-neuf ans. Une profonde dissimulation, masque nécessaire de l'âme dans un prince qui doit punir ceux qui l'élèvent par la révolte au trône, était, dès son enfance, sa première politique. Entouré maintenant d'une sédition triomphante et obligé de sourire au crime qui le couronnait, il couvait déjà dans sa pensée la vengeance de son frère et l'expiation des attentats dont il se sentait à la fois grandi et menacé.

L'infortuné Mustapha II, sultan la veille, captif aujourd'hui, suivait son frère dans un *araba,* chariot grillé, avec ses femmes et ses enfants, formant un cortége de trente voitures. Ainsi Constantinople allait jouir des deux plus grands spectacles que les vicissitudes des révolutions donnent rarement ensemble à un peuple, l'entrée triomphale d'un souverain appelé au trône, et l'entrée lugubre d'un souverain conduit à l'éternelle captivité.

II

Pour mieux tromper l'opinion publique sur les vrais sentiments qui l'animaient envers les auteurs de la révolution, Achmet III répudia tous les serviteurs de son frère, s'entoura de tous les chefs de la révolte, leur abandonna toutes les hautes charges de la monarchie, et affecta même d'éloigner sa mère, la sultane Validé, à Rétimo, comme pour la punir d'avoir eu trop de complaisance pour l'odieux Feizoullah, le fatal conseiller de sa politique. A peine installé au palais, il ourdit la longue série de piéges et de supplices qu'il avait promis à son frère Mustapha II pour la vengeance du trône. Le nouveau grand vizir Ahmed-Pacha s'empressa de le seconder dans ses exécutions secrètes ou publiques pour racheter sa propre audace par le sang de ses complices.

L'aga des janissaires révoltés, Tchalik-Pacha, fut la première victime du ressentiment d'Achmet III et de la complaisance du grand vizir. Une fête dans les jardins du sérail servit d'embûche à Tchalik. Le sultan y ayant invité tous les vizirs et tous les pachas, ordonna secrètement aux bostandjis d'éloigner, sous un faux prétexte, leurs chevaux et leurs écuyers, qui ne franchissaient jamais le seuil de la porte des jardins. A la fin de la fête, le grand vizir s'approchant de l'aga des janissaires, un caftan à la main, le décore de ce vêtement d'honneur et lui annonce que le sultan vient de le nommer gouverneur de Chypre. L'aga, étonné, voit dans cet honneur un exil.

« Quel est donc mon crime? » s'écrie-t-il avec insolence; et, sans attendre la réponse, il s'élance vers la porte des jardins pour remonter à cheval, appeler ses soldats à une seconde révolte ou pour fuir la mort qu'il pressent derrière ses pas. Ne trouvant ni serviteur ni cheval à la porte où il les avait laissés, Tchalik-Pacha court à pied vers la porte *du Canon*, se jette dans une barque et commande à ses rameurs de ramer vers la côte d'Asie; mais au moment où les mariniers détachaient le caïque du rivage, un chambellan et des bourreaux qui suivaient l'aga se présentent, le saisissent, lui lisent le fetwa du muphti qui autorise son exécution, et l'étranglent avec le cordon de son sabre. Son cadavre jeté dans la barque épouvante ses complices. L'aga des spahis, Salih, époux d'une petite-fille de l'émir des Druzes, héritière de ses trésors, périt de même par la main des bourreaux. Chaque nuit, en se dissipant, révélait de nouvelles victimes.

Le grand vizir, après avoir prêté la main à tant de meurtres, devenu également odieux aux deux partis, pesait au sultan. Le silihdar vint inopinément lui demander le sceau. Troublé par cet ordre, si souvent prélude de mort, le grand vizir ne pouvait dénouer de ses doigts tremblants le nœud du cordon qui suspendait le sceau sur sa poitrine.

« Pacha, mon frère, » lui dit le silihdar, «si tu ne « cherches pas à cacher tes trésors, tu vivras. » Le grand vizir destitué se pencha à l'oreille du silihdar et lui révéla à voix basse le lieu où étaient cachées ses richesses. Grâce à cette restitution, le grand vizir déposé conserva la vie et fut exilé à Lépante.

III

Damad-Hassan-Pacha, Grec de la Morée, protégé du muphti des rebelles encore influent, reçut le sceau de l'empire; il poursuivit, sous l'inspiration du sultan, le cours des vengeances politiques, à peine suspendu de temps en temps pour laisser les coupables se rassurer et pour les endormir dans une fausse sécurité. Sa première victime fut le muphti qui l'avait élevé pour sa perte. Appelé au sérail sous un vain prétexte, ce factieux privilégié, qui se croyait certain de l'impunité, fut saisi par les tschaouschs du grand vizir et jeté dans une barque qui vogua vers Chypre, île assignée pour sa prison.

Destitué bientôt lui-même comme un instrument usé de réaction, le grand vizir, quoique époux d'une sœur d'Achmet III, fut envoyé en exil à Nicomédie. On lui laissa, en considération de sa femme, un revenu proportionné à son ancien rang. Un baltadji du sérail, Kalaïlikoz-Ahmed-Pacha, devenu gouverneur de Candie, fut rappelé de cette île pour présider le divan. Fils d'un potier d'étain de Césarée de Cappadoce, Kalaïlikoz, du rang abject de baltadji, avait passé par tous les emplois domestiques du palais; il y avait gagné ainsi la faveur de la sultane Validé, mère des deux premiers empereurs. La faveur de la belle Crétoise fut son seul titre au gouvernement. Surnommé par le mépris public *Kalaïlikoz,* c'est-à-dire *la noix de l'étameur,* par allusion à son premier métier, il ne se signala que par le luxe, l'ostentation de parure et la vanité d'un parvenu. Après avoir, pendant trois mois, changé trois fois le costume et le turban de grand vizir, et promulgué de ridicules règlements sur la forme et la couleur des pantoufles, il retomba dans l'obscurité.

Un autre ancien porteur de bois du sérail, Mohammed le baltadji, le remplaça. L'intrigue en lui suppléait au moins le génie. Il marqua son avènement par le massacre d'Hassan-Pacha, ancien fauteur de la révolte des janissaires, dont l'impunité pesait à la sultane mère et à son fils. Achmet III, satisfait de cet hommage à son ressentiment et n'attendant plus rien de lui que des fautes, l'expulsa comme son prédécesseur et l'exila dans l'île de Chio, d'où il passa comme gouverneur à Erzeroum.

Un barbier, fils d'un laboureur de Tchorlï, en Asie, devenu pacha sous le nom d'Ali de Tchorlï, hérita du sceau. Ayant quitté le rasoir pour le sabre, il s'était élevé, par son courage, de grade en grade, jusqu'au gouvernement de l'Arabie, vaincue et pacifiée par ses exploits. Son seul défaut était d'ignorer les mœurs de la cour. Une conspiration déjouée des janissaires lui mérita la confiance du sultan.

Étonnés et effrayés du grand nombre de leurs camarades, anciens fauteurs de la révolution, qui disparaissaient un à un pendant la nuit dans les vagues de la mer, ces soldats avaient juré la mort d'Achmet III. Ils devaient profiter des fréquentes absences du sultan, qui allait passer des journées entières avec ses femmes et ses enfants dans ses divers jardins des rives du Bosphore, pour se réunir dans le marché aux viandes, convoquer les oulémas dans la mosquée voisine, et délibérer sur la déposition du padischah. Déjà les conjurés étaient réunis sur la place du marché, quand Ali de Tchorlï, rappelant Achmet III de son loisir et rassemblant les gardes des jardins et les troupes fidèles, marcha sur les coupables et les anéantit dans leur crime.

IV

Des dissensions religieuses entre les sectes chrétiennes rivales qui se disputaient la faveur du grand vizir ou qui provoquaient sa persécution contre leurs ennemis, agitèrent l'administration d'Ali de Tchorlï. L'ambassadeur français, M. de Ferréol, à l'instigation des jésuites de Constantinople ennemis du patriarche grec Avedick, protégé ingrat de cet ordre religieux qu'il persécutait après lui avoir dû son élévation, fit enlever audacieusement ce patriarche, l'embarqua dans un vaisseau français et l'envoya à Marseille. Le patriarche, retenu par les ministres du roi de France Louis XIV, d'abord dans les cachots du château d'If, puis dans d'autres prisons du royaume, ne reparut jamais. Son enlèvement furtif, sa détention anonyme et les précautions prises par le gouvernement français pour dérober ce grief au divan, nous paraissent avoir été le seul fondement réel de la fable énigmatique de l'*Homme au masque de fer,* énigme sans mot d'un fait sans authenticité et sans probabilité.

Le divan répondit à cet enlèvement injurieux du chef de la communion grecque par des représailles contre les jésuites favoris de l'ambassadeur français. Quelques Arméniens catholiques de Constantinople, ligués avec les jésuites par haine commune contre les schismatiques grecs, furent enchaînés et jetés au bagne par les tschaouschs du grand vizir. Leur patriarche catholique Sari fut conduit au champ du supplice avec six de ses coréligionnaires. Le patriarche des Arméniens schismatiques, Ther Joannès, assistait à l'exécution. Six des condamnés, en présence du grand vizir et des bourreaux, abjurèrent leur foi pour sauver leur tête; le septième, le prêtre arménien Comidas, accepta avec joie le martyre.

« Ignores-tu donc, » lui demanda le patriarche Joannès, « que ta désobéissance aux ordres du sul-
« tan fait de toi un rebelle et te voue à la mort? »

« Je le sais, » répondit Comidas, « mais je ne recon
« nais à aucun pouvoir temporel le droit de décider
« entre deux rites lequel est le plus agréable à Dieu.
« Et toi, vizir, » ajouta-t-il en s'adressant à Ali,
« crois-tu donc qu'en te remettant le sceau et le glaive
« de l'État, le sultan t'a conféré l'infaillibilité de
« jugement entre deux cultes étrangers à celui que
« tu professes? »

« Je juge l'un et l'autre également mauvais, » répondit Ali, « et je te condamne à mort, non comme
« schismatique, mais comme rebelle; du reste, *Dieu*
« *sait le meilleur*, et ton sang retombera sur tes accu-
« sateurs, s'ils se sont rendus coupables d'impos-
« ture. »

« *Amen! amen!* qu'il en soit ainsi! » répond le patriarche Ther Joannès, « que ton sang retombe
« sur les jésuites qui t'ont séduit, toi et beaucoup

« de membres de notre église arménienne. »

Aussitôt le grand vizir donna ordre de faire trancher la tête au hardi défenseur de sa foi, et à deux autres qui, encouragés par son exemple, voulaient mourir avec lui de la mort du martyre. Ils furent conduits derrière le palais du grand vizir ; là, Comidas exhorta ses deux compagnons à recevoir avec courage le coup fatal ; puis, s'agenouillant, il fit une courte prière, et présenta sa tête au bourreau, qui, après l'avoir séparée du tronc d'un seul coup, la plaça entre les jambes du cadavre, qu'il étendit le ventre contre terre. Trois jours après, la fille de Comidas, âgée de seize ans, vint réclamer les restes de son père, qui lui furent abandonnés, et elle les fit déposer dans le cimetière de Balikli, sur l'emplacement duquel se trouvait jadis le célèbre palais *des Fontaines* des empereurs de Byzance. Depuis, son tombeau a toujours été très-fréquenté par les pèlerins arméniens du rite catholique.

« Ainsi, » dit l'historien catholique Hammer, « la première persécution qu'eurent à essuyer les Arméniens catholiques dans l'empire ottoman, et la suppression de la première presse arménienne à Constantinople, furent l'œuvre des jésuites, auxquels on doit également attribuer l'enlèvement du patriarche arménien non catholique, l'apostasie des Arméniens orthodoxes, leur conversion à l'islamisme, le martyre de Comidas et celui de ses deux compagnons d'infortune. Comme ces derniers, le patriarche Avedick mourut martyr de sa foi dans la prison où on l'avait enfermé à perpétuité. »

La cruauté et l'infamie de ces consciences suppliciées, si communes à cette époque aux Orientaux et aux Occidentaux, et dont le roi de France et le roi d'Espagne donnaient eux-mêmes l'exemple aux Ottomans, retombe, avec le sang de Comidas, sur le fanatisme de toutes les sectes.

V

La jeunesse et la vigueur d'esprit d'Ali de Tchorli inspiraient à son gouvernement une énergie inconnue depuis les Kiuperli dans le divan. Le sultan, pour le récompenser de son zèle, lui donna en mariage la sultane Emineh, fille de son frère, l'infortuné Mustapha II. Il donna la seconde de ses nièces, la sultane Kadidjé, au jeune fils de Kiuperli le brave, mort en Hongrie sur le champ de bataille.

« La corbeille de noces du barbier, fils du laboureur de Mésopotamie, contenait, » dit l'annaliste turc contemporain Raschid, « un bandeau, un collier, des bracelets, une bague, une ceinture, des boucles d'oreilles et des anneaux destinés à parer les articulations des bras et des pieds ; ces sept objets, tous sphériques et ornés de diamants, sont considérés par les Orientaux comme la sphère septuple de la femme. Ces présents comprenaient encore un miroir garni de pierreries, un voile parsemé de diamants, des pantoufles et des socques ornés de perles, des échasses en or et garnies de joyaux pour le bain, deux mille ducats et quarante tasses pleines de sucreries.

« Après les noces de ses deux nièces, le sultan songea à fiancer aussi sa fille Fatima, âgée seulement de quatre ans. En vain, Ali-Pacha essaya de dissuader le sultan d'accorder la main de la jeune princesse au silihdar-pacha, son favori avoué ; elle fut fiancée à ce dernier, auquel elle apporta une dot de quarante mille ducats ; de plus, le sultan ajouta aux biens de la couronne, qu'il possédait déjà, les revenus de l'île de Chypre. Les fiançailles furent célébrées avec un faste d'autant plus extraordinaire (16 mai 1709), que le sultan se plaisait à ces sortes de réjouissances. C'est ainsi que, quelques mois auparavant, il avait ordonné que la capitale fût illuminée pendant trois jours, pour célébrer la naissance du prince Mourad (15 janvier 1708), né d'une esclave croate ; trois jours après, une esclave russe le rendit père de deux filles jumelles ; mais la naissance de ces dernières passa inaperçue et ne donna lieu à aucune réjouissance publique.

« Outre les deux fêtes du beïram et celles de la naissance du prince, de l'exposition du manteau du Prophète et du départ de la caravane des pèlerins pour la Mecque, on célébra sous le règne d'Achmet III, pour la première fois, la fête du printemps; les parterres de tulipes, situés dans le jardin dit *des Buis* du sérail, furent illuminés en verres de couleur. »

Nous décrirons plus loin cette fête des fleurs où les parterres du Bosphore semblent, à travers les urnes transparentes des tulipes, s'illuminer d'eux-mêmes du phosphore de la végétation de l'Orient.

VI

Vers le même temps, les corsaires d'Alger apportèrent au sultan les clefs de la ville d'Oran, conquise par leurs armes. L'empereur de Maroc, Muleï-Hassan, voulant éloigner de son empire les escadres réunies de Constantinople et des puissances barbaresques, envoya des ambassadeurs à Achmet III.

« Ces ambassadeurs, » disent les annales, « amenaient avec eux, comme un hommage, un jeune fils de Mahomet IV, père d'Achmet, que sa mère, odalisque du harem, avait mis au monde pendant une traversée de mer en se rendant à la Mecque. Une tempête avait jeté sur la côte du Maroc l'odalisque et son enfant. La cour de Maroc l'avait fait élever en prince, destiné peut-être un jour au trône des musulmans. Le jeune fils de l'odalisque ne reçut, pour tout accueil en débarquant de Chio, que la prison ; l'ambassadeur fut renvoyé avec injure au Maroc. Il ne dut son salut qu'à ce principe de droit public ottoman, qui dit : *aucun outrage ne doit atteindre les ambassadeurs.*

« Muleï-Hassan, offensé de cette conduite, adressa au sultan une seconde lettre, conçue dans des termes moins soumis, et qu'il finissait en offrant à la Porte de lui prouver la légitimité du prince par titres authentiques. Cette lettre ne fit que hâter l'exécution de celui-ci, et dans sa réponse au souverain de Fez, la Porte déclara : « Que les
« augustes descendants d'Othman étaient inacces-
« sibles à de semblables insinuations ; que les fils
« des sultans ne couraient pas le monde comme
« ceux des autres princes, et que le bruit de l'exis-
« tence d'un prince légitime n'avait d'autre fonde-
« ment que les rêves d'une imagination fébrile ou
« de vains discours. »

La tête du fils de Mahomet IV fut jetée sur le seuil de la porte du sérail, avec un écriteau accusant la victime du crime de lèse-majesté, pour avoir prétendu à la parenté du sultan : « Comme « si, » disaient ces lignes, « sa mère, esclave en-« ceinte de Mahomet IV, avait été faite prisonnière « pendant son pèlerinage à la Mecque. »

VII

Mais ces fêtes, ces supplices, ces vicissitudes de ministres furent interrompus, presque soudainement, par l'apparition, sur la scène de l'Europe, d'un peuple jusque-là obscur, mais sur lequel le génie d'un homme commençait à réfléter une lueur sinistre au Nord pour les Ottomans. Ce peuple était le peuple russe, cet homme était le czar Pierre Ier.

Une lutte, en apparence inégale entre un faible État du Nord, la Suède, et un empire colossal, mais non encore illustré, la Moscovie, fut l'occasion accidentelle de cette rencontre entre deux races dont l'une devait s'acharner pendant deux siècles sur l'autre, jusqu'à ce qu'elle eût reflué sur l'Orient, deux fois conquis par les Tartares, ou jusqu'à ce que l'Occident, alarmé enfin sur sa propre indépendance, vînt disputer à la Russie sa proie et rétablir l'équilibre des populations sur le globe.

Quittons un instant les bords de la Méditerranée pour les rivages de la mer du Nord.

VIII

Les Suédois, nation restreinte, mais héroïque, avaient eu sous leur roi encore régnant, Charles XII, cette explosion disproportionnée de force et de gloire, que la Providence semble réserver à tous les peuples tour à tour, même aux plus petits, comme une époque de la virilité des races qui porte la nation, comme l'homme adolescent, à l'apogée de ses facultés.

Charles XII, un de ces caractères où la démence et l'héroïsme se tiennent de si près, qu'on hésite en les nommant entre l'admiration et la pitié, était un roi disproportionné par son ambition de gloire à la petitesse de son royaume ; statue trop grande pour sa base, il écrasait la Suède en la faisant contempler de l'univers. Vainqueur avec huit mille soldats de quatre-vingt mille Russes, terreur des Danois, dompteur des Polonais et prétendant porter un de ses clients sur le trône presque banal de leur république, vaincu enfin à Pultawa par les Russes, et forcé d'aller mendier un asile et des armes en Bessarabie, il importunait de là le divan pour lui faire déclarer la guerre aux Russes.

Les Russes, loin de provoquer les hostilités, les éludaient encore ; ils sollicitaient, par leurs envoyés à Constantinople, une prolongation de quelques années de la trêve de deux ans qu'ils avaient signée avec la Turquie, au congrès de Carlowitz. Mais les Cosaques du Don, leur avant-garde sur les bords de la mer Noire, et les Tartares de Crimée, fidèles alliés des Ottomans, ne cessaient pas, par leurs conflits réciproques, de créer entre les deux grandes nations qu'ils séparaient, des griefs éternels d'où la guerre devait à chaque instant sortir.

Elle fut fomentée plus activement encore par le génie à la fois sauvage, perfide et aventureux d'un Polonais, que la vengeance avait fait proscrit, que la proscription avait fait roi, sous le titre d'hetman des Cosaques, et que l'ambition avait fait le grand agitateur du Nord. Nous voulons parler de Mazeppa. Sa destinée a ce caractère mystérieux, fatal et presque fabuleux des héros des peuples primitifs, qui reçoivent leurs chefs du hasard, de la superstition, ou des deux à la fois.

IX

Mazeppa, jeune noble Polonais, attaché comme page au service du roi de Pologne, Jean-Casimir, remarquable par la beauté et par la vigueur de son corps autant que par la culture de son esprit, avait inspiré une passion coupable à l'épouse d'un gentilhomme de Podolie. Surpris par le mari dans un commerce furtif avec son amante, il avait été condamné à périr par un supplice aussi étrange et aussi barbare que les mœurs de ces contrées. Attaché avec des cordes sur la croupe d'un cheval sauvage et indompté dont ses pieds battaient les flancs et accroissaient la course frénétique, il avait été emporté à travers les steppes et les fleuves, pendant plusieurs jours et plusieurs nuits, jusqu'en Ukraine, patrie du cheval et pays des Cosaques.

Le hasard et sa vigueur l'avaient fait survivre à son supplice, et quand son coursier, épuisé d'haleine, tomba enfin de lassitude au milieu d'une horde de pasteurs, ces pasteurs superstitieux crurent voir dans ce miraculeux proscrit, échappé à la mort, un génie surnaturel envoyé à leur nation avec le signe de l'empire dans sa destinée. Ils le délivrèrent de son cheval, le portèrent évanoui dans leur tente, l'abreuvèrent de lait de jument, le rappelèrent à la vie, et conçurent pour lui le respect et la soumission qu'inspirent les choses célestes. Ce prestige qui environna Mazeppa, à son apparition parmi les Cosaques, s'accrut et se propagea de tribu en tribu par sa beauté, par son courage et par la supériorité de son instruction sur ces barbares; attaché au service de l'hetman des Cosaques, Samoliowitz, il fut jugé le plus digne du commandement de la nation entière, quand le vieil hetman, déposé du trône après une guerre malheureuse contre les Tartares, rentra dans l'obscurité.

Mazeppa, joignant la politique à l'héroïsme, chercha dans la faveur du czar Pierre le Grand, qui venait de saisir l'empire des Russes, un allié plus puissant que lui contre les Tartares, les Polonais et les Turcs. Nommé par le czar, en récompense, prince souverain de l'Ukraine, où son cheval s'était abattu sous le proscrit, il leva une armée de soixante mille cavaliers cosaques, qui servirent d'avant-garde et d'ailes mobiles aux Russes dans leur expédition contre Azof. Bientôt inconstant comme sa propre fortune, et ingrat comme l'ambition, il se ligua avec Charles XII, roi de Suède, l'ennemi du czar, quand la victoire parut désigner, dans Charles XII, l'heureux triomphateur des Russes. Trompé par les revers décisifs des Suédois à Pultawa, il feignit un zèle plus ardent que sincère pour la cour de Moscou, dénonça ses sujets au czar, le czar à ses sujets, s'embarrassa, comme tous les traîtres, dans ses propres ruses, et convaincu enfin de perfidie par les Russes et de trahison par ses Cosaques, il se réfugia, sans sceptre et sans honneur, à Bender, en Bessarabie, n'ayant plus, des trois patries qu'il avait jouées par ses intrigues, qu'un asile pour mourir, le territoire ottoman.

Tel fut Mazeppa, le héros vagabond des poëtes, dont Byron a chanté le supplice et la fortune dans un poëme, homme dans lequel l'histoire ne peut voir qu'un semeur de troubles, un transfuge éternel et un perfide aventurier.

X

Vendu maintenant aux Turcs, après l'avoir été aux Suédois, aux Russes, aux Tartares, ce Polonais avait secrètement encouragé le khan des Tartares à attaquer les troupes du czar à Azof. Le grand vizir Ali de Tchorli espérait trouver pour le jour de la lutte deux puissants auxiliaires dans Mazeppa et dans Charles XII, généreusement accueilli à Bender.

« Je prendrai votre roi d'une main et mon sabre.
« de l'autre, » disait-il à l'ambassadeur de Pologne,
Poniatowski, « et je conduirai moi-même Charles XII
« à Moscou avec deux cent mille hommes. »

La mort de Mazeppa à Bender, asile commun du roi
de Suède et de l'hetman des Cosaques sans patrie,
suspendit l'ardeur du grand vizir. Les menées de l'intrigant Poniatowski, à Constantinople, et son intelligence avec la sultane Validé, avec le jeune kislaraga, favori tout-puissant sur l'esprit d'Achmet III,
et avec l'aga des janissaires, préparaient la chute
d'Ali de Tchorli.

Un Grec payé par Poniatowski pour arborer
devant le prince le signe désespéré de ceux qui ont
des requêtes dédaignées à présenter aux sultans,
se présenta un vendredi sur son passage au moment
où il se rendait à la mosquée. Le suppliant élevait
au-dessus de sa tête une natte allumée, symbole
des reproches de la terre montant en flammes vers
le ciel. Le sultan s'arrêta pour recevoir la supplique. C'était une accusation hardie contre la politique du grand vizir ; le sultan l'emporta, la lut et
la communiqua à son favori Ali Koumourdji, devenu
silihdar aga. C'était interroger la haine et l'envie
sur la calomnie.

XI

Damad Ali Koumourdji, ou le charbonnier, avait sur son maître le même empire absolu que le berger de Magnésie avait autrefois conquis sur le grand Soliman. Rencontré par le sultan dans une de ses chasses au fond d'une forêt où son père brûlait des branches pour faire du charbon, qu'il portait au marché de Constantinople, le jeune Ali avait attiré les regards d'Achmet III par sa merveilleuse beauté, et charmé son esprit par la naïveté spirituelle de ses réparties. Placé et élevé parmi les icoglans, pages du sérail, Koumourdji, toujours désigné par le surnom qui rappelait l'humble profession de son enfance, avait grandi dans l'intimité du sultan. Protégé par la sultane Validé, ménagé par les ministres, élevé prématurément au poste de confiance de silihdar, Ali-Koumourdji, trop jeune encore pour aspirer à la place de grand vizir, jouissait d'élever les ministres ou de les détruire presque à son gré dans la faveur ou dans la disgrâce de son maître. La lecture du mémoire présenté, la flamme sur la tête, par le Grec affidé des Polonais, et les insinuations du favori, allumèrent la colère d'Achmet III. Il fit appeler le grand vizir du sérail pour lui retirer le sceau.

XII

L'injustice des reproches d'un côté, la dignité et l'innocence de l'autre, rendirent l'entretien si acerbe que le sultan, prenant cette dignité pour de l'insolence, tira son sabre du fourreau pour abattre la tête d'Ali.

« Vous pouvez me frapper, vous pouvez disposer
« de ma vie, » lui dit fièrement le vieillard ; « depuis
« longtemps elle vous appartient plus qu'à moi-
« même ; j'ai fait plus que vous dévouer ma vie, je
« me suis voué à la haine de vos ennemis et de vos
« sujets pour vous servir. Punissez-moi, si vous
« l'osez, et apprenez ainsi à mes successeurs ce
« qu'on gagne à se sacrifier à son maître. »

XIII

Soit remords de l'acte qu'il allait commettre, soit appréhension du mécontentement des armées, dont le vieux soldat possédait l'estime et la confiance, Achmet jeta son sabre loin de lui et se borna à exiler le grand vizir dans l'île délicieuse de Lesbos.

Le quatrième Kiuperli, petit-fils du conquérant de Candie, encore dans la fleur de l'âge, mais déjà mûr pour la politique par cette aptitude héréditaire de sa famille, fut élevé, pour frayer la route au silihdar et pour complaire à la sultane mère, à la première dignité de l'État. Séduit d'avance par l'habile Poniatowski, admirateur de l'héroïsme de Charles XII, convaincu que les Russes fomentaient de faux prétextes de religion comme des intelligences parmi les populations grecques de la Morée et de la Macédoine, qu'ils avaient des émissaires parmi les Monténégrins et des foyers de propagande politique jusque dans les couvents du mont Athos, cette Thébaïde fortifiée des moines grecs; saisi, enfin, d'une sinistre prévision à l'aspect d'une médaille frappée par l'ordre des Russes en Hollande et répandue dans la Grèce, médaille qui portait pour inscription: Pierre Ier, empereur des Russes et des Grecs, Achmet III n'hésitait pas plus que son jeune vizir à prévenir par une guerre ouverte la guerre sourde que les Russes couvraient encore du masque des négociations.

Une escadre russe, sortie de l'embouchure du Dniester, déploya tout à coup son pavillon sur la mer Noire, ce lac ottoman, et franchissant inopinément les batteries d'Europe et d'Asie qui ferment le Bosphore, vint jeter l'ancre en face du sérail, sous les fenêtres, sous le canon des jardins d'Achmet.

« Le czar est-il en démence ? » demanda Achmet au grand vizir. « Ce nouvel Alexandre rêve-t-il la « conquête de l'univers ? Châtiez à l'instant ce « *tschaousch*. »

Il ordonna à Kiuperli de combler par des mesures fiscales, urgentes mais iniques, le vide du trésor rempli naguère par Ali, mais déjà épuisé par la prodigalité du silihdar et de la sultane Validé. Kiuperli s'étant refusé à ces violences faites à la fortune publique, fut déposé et exilé à Négrepont.

Mohammed Baltadji, plus complaisant aux passions du sérail, reprit le sceau, remplit le trésor, rassembla en peu de semaines deux cent mille hommes dans le bassin d'Andrinople, et partit le 1er avril 1711 pour en prendre le commandement. « Que votre hautesse se souvienne, » dit-il à Achmet III en prenant congé de son maître, « que « j'ai été élevé pour fendre du bois avec la hache « et non pour combattre avec le sabre ; je vais « tenter de servir avec dévouement l'empire ; mais « si je succombe, ne me rendez pas responsable « des revers. »

XIV

La Moldavie était le théâtre de la campagne qui

allait s'ouvrir; le khan des Tartares y campait déjà avec cent mille cavaliers, attendant le grand vizir. Ce khan, mécontent du grec Maurocordato, prince de cette province, fit nommer à sa place le prince Cantimir, qui trompa bientôt la confiance des Turcs et entretint des intelligences perfides avec les Russes. Le prince Brancovan, au contraire, qui gouvernait la Valachie, afficha du dévouement pour les Russes et les joua en faveur des Turcs : double trahison habituelle chez ces serviteurs dangereux de la politique ottomane, qui se vengeaient constamment de leur servilité par leurs intrigues.

Mais déjà le czar, s'avançant avec cent mille Russes de ses vétérans des guerres de Suède, dans le pays des Cosaques, lançait en avant de lui, dans la Moldavie, le prince Schérémétof, son meilleur général, avec vingt-cinq mille hommes et dix mille en Bessarabie. Les bords du Pruth, fleuve destiné à rouler si longtemps avec ses eaux le sang des Ottomans et des Russes, virent, pour la première fois, les camps des deux races se rencontrer et se mesurer de l'œil d'une rive à l'autre. La fortune du czar sembla hésiter au premier regard devant la masse, la majesté et l'antiquité de la fortune des fils d'Othman. Le czar se replia, adossé à des forêts dont il ignorait la profondeur et les sentiers, devant l'innombrable armée du grand vizir, et n'osant ni reculer tout à fait pour le salut, ni combattre en désespéré pour la gloire, campa timidement sur un sol nud et aride, n'ayant pas même conservé sa communication avec le Pruth pour abreuver ses soldats et ses chevaux.

Trois cent mille Turcs, Valaques, Tartares, Moldaves, traversèrent impunément le fleuve sous ses yeux, et étendant leurs vastes ailes en croissant autour de la forêt sur laquelle il avait basé sa retraite, l'enfermèrent dans ses propres circonvallations. Avant d'avoir combattu, le fendeur de bois tenait sous son sabre le czar, l'armée et l'empire des Moscovites. Une femme sauva la Russie.

XV

Suspendons un moment ici le récit de cette première campagne entre les Russes et les Ottomans pour initier le lecteur à l'intelligence du nouveau peuple et du nouveau czar dont l'avenir était en suspens dans le camp de Tremba, appelé depuis *la Vallée malheureuse*, près des bords du Pruth, et pour considérer à quel merveilleux hasard la Providence attache quelquefois le sort des empires.

Un document jusqu'ici tronqué et enfoui dans

l'ombre des manuscrits, trésor inexploré du temps et révélé entier enfin par M. Théophile Hallez, jette sur le czar Pierre, sur Catherine, sa maîtresse, puis sa femme, et sur les événements de la Vallée malheureuse, une réverbération si étrange et si éclatante, que l'historien doit disparaître ici devant l'annaliste, et que les confidences du témoin oculaire des événements doivent l'emporter sur les conjectures du philosophe. Nous voulons parler des manuscrits de M. de Villebois, gentilhomme français, devenu, par suite d'aventures communes à cette époque, familier du czar Pierre le Grand, et commandant de ses escadres. L'intérêt de ce document, dont nous allons citer ce qui touche à notre récit, commence au massacre des Strelitz, ces janissaires barbares de Moscou, qui donnaient et retiraient l'empire à leurs maîtres.

On sait assez les vicissitudes de la destinée de Pierre le Grand jusque-là. Descendant de la famille prussienne des Romanof, portée au trône en 1613, dans la personne de Michel Romanof, fils d'un archevêque de Rostow et d'une religieuse ; lui-même fils du second lit du czar Alexis, élevé après l'imbécile Ivan, son frère, au rang de czar, mais envié, persécuté et menacé par la princesse Sophie, leur sœur, qui gouvernait en réalité sous le nom d'Ivan;

agréable aux troupes par sa figure, son intelligence, son courage précoce; porté seul au trône, à dix-sept ans, par une sédition de palais qui jeta Sophie dans une prison perpétuelle au Kremlin; marié, selon le rite des czars, à celle des jeunes filles de sa noblesse, qu'ils choisissaient à la beauté dans une revue de vierges nobles; persécuteur de cette première épouse Eudoxie, livré à tous les vices de la barbarie, l'ivresse, la débauche, la férocité, mais doué d'un génie qui fermentait en lui sous ces vices, Pierre, justement appelé le Grand, avait résolu de faire d'une horde immense un peuple.

Le peuple russe, semblable en tout à son fondateur, était digne d'inspirer à son czar cette pensée. Cette race slave, dont l'origine se perd dans sa route de la Tartarie vers la Baltique, de la Baltique vers la Moscovie, de la Moscovie vers l'Orient, comme pour retrouver son soleil natal; barbare au fond, policée à la surface, grecque de génie, superstitieuse de culte, cosmopolite de mœurs, guerrière de courage, immense de nombre, esclave dans ses déserts, disciplinée dans ses camps, séditieuse dans ses cours, paraissait rassembler en elle toutes les corruptions des races vieillies et toutes les vertus des races primitives. Avec un tel peuple pour instrument, on pouvait, en deux siècles, égaler toute la civilisation de l'Europe, par ses hommes d'État et son aristocratie, ou la submerger d'un déluge de barbares disciplinés par ses serfs.

Le sort du monde occidental ou du monde oriental dépendait du courant vers l'Occident ou vers l'Orient, que le génie de Pierre le Grand allait imprimer à cette grande race. Charles XII, en le provoquant au Nord, décida sa route vers la Baltique. La colère et la vanité portèrent le fondateur de la Russie à s'étendre en Finlande, à s'asseoir dans une capitale précaire, sur la mer d'Europe, et à rivaliser de mœurs, de politique, de marine et d'armée, avec ces puissances occidentales dont le contact flattait son orgueil de parvenu à la civilisation.

Ce fut la faute de Pierre le Grand, le malheur de l'Occident, et vraisemblablement aussi, le malheur des Russes. Leur courant naturel contrarié les porta sur l'Occident, capable de les refouler pendant des siècles; il les emprisonna dans leurs déserts glacés, au lieu de leur laisser suivre la pente des climats et des choses qui les rappelaient avec moins d'obstacle et plus d'analogie sur l'Orient.

Mais après avoir jugé la grande faute de Pierre le Grand, revenons au récit de ses premières années, de sa campagne en Bessarabie et du miracle qui le conserva à la Russie.

XVI

Après avoir parcouru l'Europe, moins en souverain qui cherche des hommages, qu'en philosophe qui cherche des leçons et des modèles de civilisation, il était revenu à Moscou avec la passion de régénérer son peuple et avec la férocité de volonté nécessaire pour anéantir tous les obstacles qui s'opposeraient à son despotisme de civilisation. Le premier et presque le seul était le corps des Strelitz, oligarchie soldatesque, prétoriens de la barbarie, comme les janissaires étaient les prétoriens du fanatisme. Ses confidents lui ayant écrit que ces soldats, travaillés par la princesse Sophie, sa sœur, voulaient profiter de son éloignement pour lui enlever la couronne et pour la placer sur la tête de leur corruptrice, il arriva inopinément à Moscou.

Nous empruntons ici le récit dramatique et pittoresque du document secret dont nous avons parlé tout à l'heure.

« Cette nouvelle, » dit le favori du jeune czar, « obligea Pierre d'interrompre le cours de ses voyages pour revenir en toute diligence dans ses États, suivi seulement d'un très-petit nombre de personnes. Il arriva à Moscou sans y être attendu, et trouva toutes choses pacifiées par la prudence du général Gordon, commandant des troupes étrangères.

« Sur l'avis qu'il avait eu, que les Strelitz, pour faire plus de diligence et ne se pas incommoder les uns les autres dans leur marche, s'étaient divisés en deux corps, et avaient pris deux différentes routes, Gordon se mit à la tête de douze mille étrangers recrutés et disciplinés avant son départ par Pierre le Grand, avec lesquels il alla au devant du premier de ces détachements, composé de dix mille hommes, qu'il surprit, battit, et dont il fit un tel carnage que sept mille restèrent sur la place, et les trois mille autres se dispersèrent et se sauvèrent dans différentes provinces.

« Le général Gordon, bien loin de se tranquilliser après l'avantage qu'il venait de remporter sur le premier des deux détachements, marcha, sans perdre de temps, à la rencontre du second, composé de sept mille hommes ; ceux-ci, informés de la défaite de leurs camarades, s'étaient retranchés dans une île environnée de marais ; il les y enveloppa et les contraignit à mettre bas les armes. A peine furent-ils sans défense, qu'on les décima. Ceux sur qui le sort tomba furent arquebusés sur le champ, et les autres amenés prisonniers à Moscou, où ils entraient par une porte dans le temps que le czar, d'un autre côté, y arrivait des pays étrangers.

« Ce prince trouva que l'exécution militaire faite par le général Gordon était un châtiment trop peu proportionné aux forfaits présents et passés des Strelitz. Il voulut que leur procès fût instruit dans les formes usitées pour les voleurs et les assassins, et qu'ils fussent punis comme tels. Et en effet, après les avoir tirés des différentes prisons où ils avaient été dispersés et enfermés en arrivant à Moscou, on les assembla, au nombre de sept mille, dans un lieu environné de palissades, où on leur lut la sentence qui condamait deux mille d'entre eux à être pendus, et les cinq mille autres à être décapités ; ce qui fut exécuté dans un seul jour, de la manière suivante :

« On les faisait sortir dix par dix de l'enceinte palissadée dont on vient de parler, dans une plaine où l'on avait dressé un nombre de gibets suffisant pour y pendre deux mille hommes. Ceux-ci y furent attachés par dizaines, en présence du czar, qui les comptait, et de tous les seigneurs de la cour qu'il avait mandés auprès de lui, afin qu'ils fussent témoins de cette exécution, pour laquelle il voulut, en outre, se servir des soldats de sa garde en guise de bourreaux.

« Après l'exécution de ces deux mille Strelitz, on procéda à celle des cinq mille qui devaient être décapités. Ils furent, de même que leurs camarades, tirés dix à dix de l'enceinte où ils étaient enfermés, et de là conduits dans la plaine où, vis-à-vis les gibets, on avait disposé des poutrelles en assez grand nombre pour servir de billots à ces cinq mille coupables. A mesure qu'ils arrivaient, on les faisait arranger, coucher de leur long et poser par cinquantaines le col sur les billots, après l'on décapitait toute la file. Le czar ne se contenta pas de se servir pour cette exécution des seuls soldats de sa garde. Armé lui-même d'une hache, il commença par couper de sa propre main la tête d'une centaine de ces malheureux; après quoi, ayant fait distribuer des haches à tous les princes, seigneurs et officiers de sa suite, il leur ordonna de suivre son exemple.

« Nul de ces seigneurs, parmi lesquels étaient le grand amiral Apraxin, le grand-chancelier, le prince Mentschikoff, Dolgorouki, etc., ne fut assez osé pour désobéir. Le caractère du czar leur était trop connu pour qu'ils ignorassent qu'en témoignant la moindre répugnance dans cette occasion, il y allait de leur vie, et qu'il les aurait impitoyablement confondus avec les rebelles.

« Ces milliers de têtes furent transportées en ville, dans des tombereaux, et fichées sur des pieux de fer scellés dans les créneaux des murailles de Moscou, où elles restèrent exposées pendant toute la durée du règne de ce prince.

« Quant aux chefs de ces Strelitz, ils furent pendus aux murailles de la ville, en face et à la hauteur de la fenêtre grillée par où la princesse Sophie recevait le jour dans sa prison, spectacle qu'elle ne cessa d'avoir sous les yeux pendant les cinq ou six années qu'elle survécut à ces malheureux.

« Il ne me reste plus qu'à rendre compte du sort de ceux qui, ayant pris la fuite après leur défaite par le général Gordon, s'étaient dispersés dans différentes directions. Il fut défendu, sous peine de mort, dans toute l'empire russe, non-seulement de leur donner asile dans les maisons, mais même de leur fournir le moindre aliment, pas même de l'eau, ce qui donne à croire qu'ils périrent tous misérablement.

« Les femmes et les enfants de ces Strelitz furent transportés dans des lieux déserts et incultes, où on leur assigna pour retraite une étendue de terrain limitée, avec défense à eux et à leurs descendants d'en jamais sortir.

« On érigea sur tous les grands chemins des pyramides de pierre sur lesquelles on grava la relation de leurs crimes ainsi que leur arrêt de mort, afin de transmettre à la postérité le souvenir de leurs odieux attentats et de la fin terrible qui en fut le châtiment. »

XVII

Cette boucherie retrempa l'autorité de Pierre dans le sang. Il enferma sa sœur coupable dans une prison perpétuelle et régna seul sur le vaste empire affermi avant l'âge sur les ruines de l'usurpation et de la sédition. Son caractère, qui avait à la fois l'énergie du crime et celle du gouvernement, ne tarda pas à se révéler dans toute sa licence barbare par sa conduite envers sa première épouse et ses enfants.

« L'impératrice Eudoxie Fœdorowna, » dit le confident du prince, « première femme de Pierre le Grand, fut, sans contredit, la plus malheureuse princesse de son temps. L'histoire la plus reculée offre peu d'exemples d'une infortune pareille à la sienne, sa vie n'ayant été, depuis son mariage avec le czar, qu'un tissu d'événements tragiques.

« Elle naquit à Moscou, le 8 juin 1670. Son

père, nommé Fœdor Abrahamwitch Lapoukine, était puissamment riche et appartenait à la plus ancienne noblesse du grand duché de Nowogorod. Elle mérita par sa beauté la préférence sur plusieurs centaines de filles nobles qui furent proposées et présentées au czar, lorsque le conseil de ce prince le jugea en état d'être marié.

« C'était, dans ce temps-là, un usage établi en Russie, lorsque le czar était parvenu à l'âge nubile, de rassembler dans la grande salle du palais de Moscou les plus belles filles de l'empire. Les chefs de familles nobles tenaient à honneur d'envoyer, de toutes les provinces, leurs filles à Moscou, afin que le prince, après les avoir toutes considérées, fît choix de celle qui lui paraîtrait le plus à son gré. Ce fut dans une pareille assemblée que le czar Pierre Ier, après avoir parcouru tous les rangs d'une infinité de jeunes demoiselles russes rangées en file, se déclara en faveur d'Eudoxie Fœdorowna Lapoukine.

« La bonne intelligence entre le czar et sa femme ne fut pas de longue durée. La czarine était intrigante, impérieuse et jalouse à l'excès ; le czar, de son côté, avait le caractère soupçonneux, l'humeur changeante et la complexion amoureuse ; il était, en outre, violent dans ses résolutions et implacable du moment qu'il avait pris les gens en aversion. On voit que ces deux caractères n'étaient guère faits pour cadrer ensemble.

« Ce prince devint, dès la troisième année de son mariage, éperdûment amoureux d'une jeune et belle demoiselle nommée Anna Moëns, née à Moscou, de parents allemands. La czarine Eudoxie, après avoir vainement persécuté cette rivale, fit éclater sa jalousie contre son mari, en lui refusant son lit et en se brouillant avec la czarine douairière, sa belle-mère. Il n'en fallut pas davantage au czar, aiguillonné tant par Lefort, son premier ministre et son favori, que par la belle étrangère dont il était amoureux. On le détermina facilement à mettre à exécution le projet, qu'il avait déjà formé *in petto*, de répudier sa femme et de la reléguer dans un couvent. Aussitôt que le czar avait commencé à se dégoûter de sa femme, il avait fait secrètement consulter les théologiens les plus renommés de son empire, pour savoir s'ils ne pourraient pas trouver quelque cause de nullité dans son mariage, afin d'être autorisé à le faire casser. Mais leurs réponses n'ayant pas été favorables à ses vues, il répliqua qu'ils étaient tous des ignorants, et que, s'il avait consulté pour son affaire à Rome, il y aurait certes trouvé de plus habiles conseillers.

« Il n'en est pas moins vrai que cette malheureuse princesse fut contrainte à prendre l'habit et à faire ses vœux, et qu'elle passa plusieurs années oubliée de la cour et de tout le monde. Quant à son mari, livré tout entier à ses passions, il changea continuellement de maîtresses, jusqu'au jour où, séduit par les charmes d'une esclave livonienne que le prince Mentschikoff lui avait cédée, il se décida non-seulement à l'épouser, mais encore à faire passer la couronne sur la tête de ses enfants, au préjudice du czarowitz légitime, Alexis, fils d'Eudoxie.

« La czarine Eudoxie, ayant été convaincue par des lettres de sa main, par des témoins et par sa propre confession, du crime d'adultère avec Gleboff, fut enfermée entre quatre murailles dans la forteresse de Schlusselbourg, après avoir eu la douleur de voir condamner et périr en prison son fils unique Alexis Petrowitz, et exécuter sur la grande place de Moscou son frère Abraham Lapoukine.

« L'opinion générale est que le czarowitz mourut d'une violente révolution causée par son arrêt de mort et sa grâce, qui lui furent annoncés à quelques heures d'intervalle. Mais ceux qui ont une connaissance exacte de ce qui s'est passé en ce temps-là à la cour de Russie, savent que le czar, après avoir, pour la forme, accordé sa grâce à son fils, lui envoya un chirurgien auquel il ordonna de saigner ce prince. « Comme la révolution a été violente, » lui dit-il, « il faudra pratiquer une abondante saignée, « et je t'ordonne de lui ouvrir les quatre veines. » Ce qui fut ponctuellement exécuté, le czar étant dans la citadelle de Saint-Pétersbourg, où, suivant ce que bien des gens ont prétendu, ce crime aurait été commis devant ses yeux. »

XVIII

« Quant à Gleboff, il fut aisé de lui prouver ses relations avec la czarine Eudoxie, tant par les dépositions des témoins que par des lettres interceptées qu'elle lui avait écrites. Nonobstant ces preuves accablantes, il persista à nier le fait dont on l'accusait, et il eut la force et la constance de ne rien dire qui fût à la charge et contre l'honneur de cette princesse, qu'il défendit au milieu des différentes tortures qu'on lui appliqua par ordre et en présence du czar.

« Ce prince, après avoir fait subir pendant six semaines consécutives à ce gentilhomme les plus cruels tourments qu'on puisse infliger à un criminel dont on veut arracher la confession, poussa en vain la cruauté jusqu'à le faire marcher sur des planches semées de pointes de fer, et à le faire ensuite exposer et empaler, aux yeux du public, sur la grande place de Moscou. Le czar, s'étant approché du patient, et l'ayant conjuré, par tout ce que la religion a de plus sacré, de confesser son crime et de songer qu'il allait paraître devant le tribunal de Dieu, celui-ci tourna négligemment la tête vers ce prince, et, après l'avoir écouté avec un grand sang-froid, il lui répondit d'un ton de mépris : « Il « faut que tu sois aussi imbécile que tyran pour « croire que, n'ayant rien voulu avouer au milieu « des tourments inouïs que tu m'as fait endurer, « j'irais flétrir l'honneur d'une honnête femme « quand je suis sur le point de perdre la vie! Va, « monstre, » ajouta-t-il en lui crachant au visage, « retire-toi et laisse mourir en paix celui que tu « n'as pu laisser vivre. »

« Eudoxie resta confinée dans sa prison depuis l'année 1719 jusqu'au mois de mai 1727, et elle n'y eut d'autre compagnie et assistance que celles d'une vieille naine, qu'on avait enfermée avec elle, pour lui préparer à manger et laver son linge, faible secours qui lui fut souvent inutile et même à charge, en ce qu'elle se trouva plus d'une fois obligée de servir à son tour la naine, lorsque les infirmités de cette captive l'empêchaient de se servir elle-même. »

XIX

La femme qui succéda dans le cœur de Pierre le Grand à l'impératrice Eudoxie et à ses nombreuses rivales, rappelle, par son romanesque avénement, la Roxelane des Ottomans.

Nous laissons raconter ici l'homme qui fut le témoin le plus intime et le confident de cette destinée.

« Si jamais il y a eu une histoire qui, par la singularité et la quantité d'événements dont elle a été remplie, ait mérité d'être transmise à la postérité, c'est, sans contredit, celle de la czarine Catherine, seconde femme de Pierre le Grand, mère de la princesse Élisabeth.

« Commençons par son origine et sa naissance, qui ont été parfaitement ignorées de tout le monde et d'elle-même, si on veut la croire, pendant presque tout le cours de sa vie et de celle de son mari, nonobstant toutes les recherches et les perquisitions que ce prince avait inutilement faites pendant plus de vingt années, sans pouvoir acquérir le moindre éclaircissement à ce sujet. Ce serait encore aujourd'hui un mystère impénétrable pour tout le monde, si, trois mois avant la mort de Pierre Ier, et deux ans avant celle de cette princesse, une aventure singulière, qui trouvera sa place dans un des chapitres consacrés à l'histoire de la vie de cette femme extraordinaire, n'avait fait découvrir, de manière à n'en pouvoir douter, qu'elle se nommait Skawronsky, qu'elle était née à Derpt en 1686, et qu'elle y avait été baptisée la même année dans l'église catholique romaine et suivant les rites de cette religion, qui était celle de ses père et mère.

« Ces derniers, paysans fugitifs de Pologne, et qui devaient être sans aucun doute serfs ou esclaves, ainsi que le sont tous les paysans en Pologne, avaient quitté ce pays pour venir s'établir à Derpt, petite ville de la Livonie, où leur indigence les avait obligés à se mettre en service pour gagner leur vie. Ils avaient ainsi subsisté du travail journalier de leurs mains jusqu'au moment où la peste dont la province de Livonie fut affligée les détermina, dans l'espérance de se dérober aux atteintes du fléau, à se retirer dans les environs de Marienbourg. L'un et l'autre, malgré leurs précautions, moururent en peu de temps de la contagion, laissant à la garde de Dieu deux misérables enfants en bas âge. L'un de ces deux enfants, qui était un garçon âgé à peine de cinq ans, fut donné à un paysan qui se chargea de l'élever; l'autre, qui était une fille de trois ans, fut remise entre les mains du curé, autrement dit, pasteur du lieu, lequel, étant aussi décédé peu de temps après, avec la plus grande partie des gens de sa maison, laissa cette misérable créature, sans avoir eu le temps de donner le moindre renseignement ni sur sa naissance, ni sur la manière dont il l'avait recueillie chez lui.

« Elle se trouvait encore dans cette maison lorsque M. Gluck, superintendant ou archiprêtre de la province, ayant appris la désolation que le fléau avait répandue dans la ville de Marienbourg, s'y transporta pour procurer à ce troupeau, privé de son pasteur, tous les secours et soulagements spirituels qui lui étaient nécessaires dans une si grande calamité. Cet archiprêtre, ayant commencé sa visite par la maison du défunt curé, y trouva cette pauvre enfant qui, en le voyant entrer, courut à lui, le saisit par sa robe, l'appela son père, et le tourmenta jusqu'à ce qu'il lui eût fait donner à manger.

« Touché de compassion, ce respectable ecclésiastique demanda à qui appartenait cette enfant, et ne trouvant dans la maison personne qui pût le renseigner à ce sujet, il fit dans tout le voisinage des perquisitions qui n'eurent pas plus de succès. Aucun habitant ne réclamant la malheureuse orpheline, il fut obligé de s'en charger et de l'emmener avec lui dans toute sa tournée.

« De retour à Riga, lieu principal de sa résidence, il remit cette pauvre créature à sa femme pour qu'elle en prît soin. Cette vertueuse dame, ayant bien voulu s'en charger, l'éleva auprès de ses deux filles, qui étaient à peu près du même âge, et la garda chez elle, en qualité de servante, jusqu'à l'âge de seize ans, temps auquel on jugea qu'elle s'ennuierait bientôt de son état.

« On prétend, en effet, que le superintendant s'était aperçu que son fils regardait cette servante d'une façon plus tendre qu'il ne convenait dans la maison d'un archiprêtre, et que, de son côté, la fille n'était pas indifférente à l'amour du jeune homme.

« Quoi qu'il en soit, ses maîtres, dans la crainte que, malgré la bonne éducation qui lui avait été donnée, la nature ne subjuguât sa raison au moment qu'on y penserait le moins, jugèrent à propos de la marier promptement à un jeune traban en garnison à Marienbourg.

« Il ne manqua rien aux formalités du mariage, et si cette cérémonie ne se fit pas avec beaucoup de magnificence, ce ne fut pas du moins sans un grand concours de monde, attiré par la curiosité de voir les nouveaux mariés. On trouve encore plus d'une personne digne de foi qui se souvient d'y avoir assisté.

XX

« Cet homme, engagé au service du roi de Suède, Charles XII, en qualité de simple cavalier, fut obligé, le surlendemain de ses noces, d'abandonner sa femme pour aller rejoindre, avec sa troupe, le roi de Suède, qui l'emmena en Pologne, où il était occupé à faire une guerre vigoureuse au roi Auguste. En attendant le retour de son mari, Catherine resta chez M. Gluck, sans que son changement d'état y modifiât sa condition, c'est-à-dire qu'elle continua son service dans cette maison jusqu'au moment où les malheurs de la guerre que les Russes faisaient en Livonie lui ouvrirent le chemin, d'abord épineux, qui la conduisit à la fortune éclatante à laquelle elle est arrivée depuis.

« Le superintendant chez qui elle servait demeurait tantôt dans un endroit et tantôt dans un autre, suivant l'occurrence de ses affaires.

« Il se trouvait à Marienbourg lorsque cette ville fut inopinément investie et assiégée par le feld-maréchal Schérémétof, général des troupes russes. Frappé de la beauté de Catherine, dans la maison de M. Gluck, le général la retint prisonnière de guerre et la mit au nombre de ses esclaves. Elle était assez remarquable par sa beauté et par la richesse de sa taille pour qu'il l'eût distinguée au milieu de la famille de l'archiprêtre pendant le temps que dura sa harangue, et il n'est pas étonnant qu'ayant appris qu'elle était de condition servile, il ait été tenté de se l'approprier, malgré elle et malgré les remontrances du superintendant. C'est ainsi qu'elle sortit de la maison de M. Gluck et qu'elle entra dans celle du feld-maréchal.

« Elle a avoué depuis que cette séparation, qui fut le premier échelon de sa fortune, lui avait causé beaucoup de peine. Outre qu'elle passait de la condition de domestique libre à celle d'esclave chez un homme qu'elle ne connaissait pas, il était tout naturel qu'elle conservât de l'attachement pour une famille dans le sein de laquelle elle avait été élevée, et il devait lui être douloureux de s'en voir séparée pour le reste de ses jours.

« Les preuves qu'elle a prodiguées, dans la suite des temps, de son extrême affection pour cette famille, n'ont pas été équivoques, et l'on peut dire qu'elle est, à cet égard, exempte de reproche d'ingratitude. Aussitôt qu'elle fut en état de donner au superintendant des marques de sa reconnaissance, elle appela ses enfants à la cour de Russie, et les combla de biens et d'honneurs.

Je n'ai pas cru devoir omettre cette occasion de faire ressortir la noblesse des sentiments de Catherine ; mais ce serait en quelque sorte m'écarter du sujet que je me suis proposé, que de m'étendre davantage sur cette matière.

Suivons-la donc dans sa nouvelle condition.

« On sait le pouvoir des maîtres sur les esclaves. Celui des Russes était si grand en ce temps-là qu'ils avaient sur les leurs droit de vie et de mort, sans la moindre forme de procès. On se doute bien que ce n'était pas pour tuer Catherine que le feld-maréchal l'avait prise. Elle s'en aperçut dès le premier jour qu'elle fut dans sa maison. Les sentiments de désintéressement ne sont guère en usage dans les pays où l'on admet le principe de l'esclavage ; l'amour y parle en maître qui veut être obéi, et l'esclave est obligée de faire, par crainte et par soumission, tout ce qu'une violente passion lui inspirerait dans un pays libre.

« Il y avait déjà six ou sept mois qu'elle vivait dans cette maison, lorsque le prince Mentschikoff vint en Livonie pour y prendre le commandement de l'armée russe, à la place du feld-maréchal Schérémétof, qui eut ordre d'aller rejoindre le czar en Pologne. La nécessité de faire diligence obligea Schérémétof de laisser en Livonie tous ceux de ses domestiques dont il pouvait se passer. De ce nombre était Catherine. Mentschikoff l'avait aperçue plus d'une fois dans la maison du feld-maréchal et l'avait trouvée fort à son gré. Il proposa au maréchal de la lui céder. Le feld-maréchal y consentit; et voilà de quelle manière elle passa au service du prince Mentschikoff.

« Mentschikoff était plus jeune et moins sérieux. Elle joignit un peu de goût à la soumission qu'elle lui devait, et sut tellement bien captiver son esprit, que peu de jours après son entrée dans la maison, on ne reconnaissait plus lequel des deux était l'esclave ou le maître.

« Les choses en étaient dans ces termes, lorsque le czar partit en poste de Pétersbourg (qui se nommait alors Neuhaus), pour se rendre en Pologne. Arrivé en Livonie, il descendit chez son favori Mentschikoff. Ayant remarqué Catherine au nombre des esclaves qui servaient à table, il s'informa d'où elle était, et comment il en avait fait l'acquisition. Après s'être entretenu fort confidentiellement à ce sujet avec son favori, qui ne lui répondit que par

un signe de tête, il regarda beaucoup Catherine, la questionna, lui trouva de l'esprit, l'enleva à Mentschikoff pendant son séjour dans sa maison, et donna pour toute marque de libéralité, en la quittant, un ducat d'or d'une valeur de dix francs à la belle esclave. »

XXI

Après le départ de Pierre, elle reprocha vivement à Mentschikoff de l'avoir livrée aux regards du czar. Ces reproches augmentèrent l'amour de ce favori pour son esclave. Pierre revint de Pologne après la campagne en Livonie. Il enleva alors ouvertement Catherine à son maître, et l'obligea même à lui faire de riches présents en vêtements et en pierreries, pour la rendre digne de sa faveur.

A l'aspect de ces parures et de ces bijoux étalés devant elle par le czar : « Est-ce un présent de mon « ancien ou de mon nouveau maître ? » dit-elle au czar.

« C'est Mentschikoff qui te les envoie, » répondit Pierre.

« En ce cas, » répliqua la jeune fille, « il faut « convenir que Mentschikoff congédie magnifique- « ment ses esclaves ; mais je ne veux pas de ses

« présents. » Elle renvoya tout, à l'exception d'une petite bague sans prix. « Je ne garde de lui que « cela, » dit-elle, « pour me faire souvenir des « bontés qu'il a eues pour moi ; quant à mon nou- « veau maître, je ne veux pas de ses présents, j'am- « bitionne de lui quelque chose de plus précieux. » Et en même temps elle fondit en larmes et s'évanouit, tellement que Pierre fut obligé de l'inonder d'eau de senteur pour la faire revenir de son saisissement.

« Lorsqu'elle eut repris ses sens, le czar l'assura que ces pierreries étaient un souvenir de Mentschikoff, qui lui faisait ainsi son présent d'adieu ; qu'il lui savait bon gré d'avoir agi de la sorte, qu'il voulait qu'elle l'acceptât, et qu'il se chargeait du remerciement.

« Cette scène s'était passée en présence des deux esclaves que Mentschikoff avait envoyés, et d'un capitaine aux gardes de Préobrajenski, que le czar avait fait appeler pour lui donner des ordres. L'aventure se répandit dans le public, et bientôt on ne s'y entretint plus que des attentions, égards et marques de considération que le czar avait pour cette femme. Personne ne le reconnaissait dans tous ses raffinements de galanterie avec elle ; cette conduite paraissait d'autant plus extraordinaire que, jusqu'alors, ses façons d'agir avaient été extrêmement cavalières envers le beau sexe, en y comprenant même les dames de la plus haute distinction.

« On augura de là qu'il nourrissait pour elle une passion sérieuse. En quoi on ne s'abusa point. Mentschikoff fut le premier à s'en apercevoir et à sentir combien cette femme, qui lui a été par la suite d'une si grande utilité, allait acquérir d'ascendant sur l'esprit du czar. Il y a donc lieu de présumer que, dans le magnifique présent qu'il fit à Catherine, il entra plus de politique que de véritable générosité.

« L'amour, quand il s'empare bien sérieusement du cœur d'un homme, en change tout le caractère. Jamais mortel, en matière de galanterie, ne s'était moins piqué que Pierre Ier de discrétion et de constance.

« Sa passion pour Catherine fut la première, et peut être la seule, qu'il traita avec un air de mystère. Pendant le court séjour qu'il fit en Livonie, bien que cette femme fût dans son palais au su de tout le monde, et dans un petit appartement contigu au sien, il ne lui échappa jamais de s'entretenir d'elle, je ne dis pas devant tout le monde, mais avec ses plus intimes confidents.

« Lorsqu'il dut quitter cette province pour se

rendre à Moscou, il chargea un capitaine de ses gardes de l'y conduire avec tout le secret possible. Il lui ordonna d'avoir pour elle, sur la route, toutes les déférences imaginables et de la loger chez une dame prévenue à cet effet, recommandant avec instance qu'on lui donnât, chaque jour, pendant tout le cours du voyage, des nouvelles de sa chère Catherine.

« Cette dernière circonstance fit entrevoir au capitaine combien l'amour du czar pour la nouvelle favorite était profond et violent. En effet, il connaissait assez son maître pour savoir que, loin d'avoir jamais porté son attention jusqu'à ce point pour aucune autre femme, il se souvenait à peine, une fois parti, de celles même pour lesquelles il avait témoigné le plus vif empressement.

« Catherine, arrivée à Moscou, y vécut sans éclat, presque dans l'obscurité. Pendant deux ou trois ans, elle fut logée dans un quartier désert et éloigné du grand monde, chez une dame de bonne famille, mais de condition et de fortune médiocres; la maison avait peu d'apparence au dehors, mais beaucoup de commodité à l'intérieur. C'est de cette dame que je tiens la plus grande partie des détails que je vais rapporter.

« En installant sa maîtresse d'une façon si modeste, le czar entendait tenir son intrigue extrêmement secrète ; il ne voulut même pas qu'elle nouât aucunes relations avec des femmes. Cet ordre était assez du goût de Catherine, que son génie portait naturellement aux grandes choses, et nullement aux habitudes des personnes de son sexe.

« Dans les commencements, ce prince, essentiellement indiscret, métamorphosé tout d'un coup en amant mystérieux, ne la voyait, pour ainsi dire, qu'à la dérobée, quoiqu'il ne laissât passer aucun jour ou, pour mieux dire, aucune nuit sans la visiter. Aux heures où la ville était déserte, il s'y rendait incognito, suivi d'un seul grenadier, qui conduisait son traîneau. On jugera de la force de son amour par la contrainte qu'il s'imposa dans sa conduite.

« Ce prince était laborieux et n'avait pas peu d'affaires. La nécessité où il se trouva de travailler, non-seulement pendant le jour, mais aussi dans les heures de la nuit, l'obligea cependant, par la suite, de se relâcher un peu sur le mystère de ses sorties nocturnes.

« Il en vint peu à peu à recevoir ses ministres dans sa petite maison, s'entretenant avec eux, en présence de Catherine, des affaires les plus importantes de l'État. Mais ce que l'on aura de la peine à se persuader, c'est que ce prince, qui avait une assez triste opinion des femmes, et qui ne les croyait propres qu'à l'amour, en arriva à consulter Catherine, lorsqu'il était en désaccord avec ses ministres; il suivait ses avis, se rendait à ses raisons, et la traitait, en un mot, comme on raconte que Numa Pompilius traitait la nymphe Égérie. »

Les grandes qualités de jugement, de génie et d'âme, dont la nature l'avait douée, commencèrent ainsi à se manifester dans tout leur éclat. Ce fut de cet instant qu'elle éleva ses pensées jusqu'au trône.

Son mari, le traban des armées de Charles XII, fut découvert par les soins du czar, après la bataille de Pultawa, parmi les prisonniers suédois, amené à Moscou et transféré au fond de la Sibérie, pour y vivre et y mourir ignoré.

Catherine abjura la religion luthérienne, qui était celle de sa famille, et adopta la religion grecque. Le pope, qui venait de la baptiser, la maria en secret, immédiatement après la cérémonie, au czar. C'était l'époque où Louis XIV épousait en secret aussi madame de Maintenon, veuve d'un poëte burlesque, et bénie par la religion comme l'Esther de la France.

Vers ce temps, Pierre le Grand, encouragé par

sa victoire sur Charles XII, se disposait à marcher avec cent quarante mille hommes contre les Turcs. Catherine le suivait dans sa campagne, considérée encore comme la favorite et non comme l'épouse du czar. Accompagnée d'une ou de deux esclaves, elle supportait toutes les fatigues et tous les dangers de cette guerre, renfermée pendant le jour dans une tente voisine de celle de Pierre. Elle n'en sortait que dans l'ombre, pour lui donner les consolations de l'amour et les inspirations de son génie. Les officiers et les soldats la considéraient comme la providence cachée de l'armée, adoucissant les violences de l'emportement de leur czar et lui donnant les conseils du véritable attachement. Sa popularité parmi les Russes égalait son crédit sur le czar.

XXII

Nous avons laissé Pierre le Grand, après une marche téméraire et une retraite inopportune, de l'autre côté du Pruth, enfermé dans *la Vallée malheureuse* par les deux cent soixante mille hommes de Mohammed Baltadji, auxquels il avait permis de passer impunément le Pruth et de cerner de toutes parts les Russes. Une batterie de canon dressée sur un mamelon qui dominait le fleuve, à un coude où le Pruth se rapprochait le plus des Russes, ne laissait pas même à Pierre le Grand l'espoir de lasser les Turcs, en s'abritant dans ses circonvallations. Les boulets, au premier ordre de Mohammed Baltadji, pouvaient écraser les tentes du czar. Toute retraite lui était fermée par les spahis et les Tartares, qui entouraient derrière lui la forêt imprudemment traversée par son armée. On peut dire que cent mille Russes et leur czar étaient prisonniers avant d'avoir combattu. Charles XII, accouru de Bender au camp des Ottomans, jouissait d'avance de l'humiliation de la captivité de son ennemi. Pultawa était vengé par Baltadji. Ce fut le moment où l'amour et le génie de Catherine méritèrent la couronne que Pierre n'osait encore placer sur sa tête.

Nous reprenons le récit du témoin de ces angoisses du czar et du miracle de Catherine.

« Il n'y avait depuis trois jours, » dit-il, « ni pain ni aucunes autres provisions de vivres dans l'armée. La consternation y régnait, au point que les soldats, couchés sur leurs armes, n'avaient plus la force de se lever. Le czar, se croyant perdu sans ressource, et ne pouvant même attendre son salut d'une action désespérée, s'était retiré dans sa tente, où, confus, découragé, accablé de douleur, il se livrait à son abattement, sans vouloir être vu ni parler à personne.

« Catherine, qui l'avait accompagné à cette expédition, entra résolûment dans sa tente, malgré la consigne qu'il avait donnée de n'y recevoir qui que ce fût, et, après lui avoir fait comprendre de quelle conséquence il était qu'il montrât plus de fermeté, elle lui dit qu'il restait un expédient à tenter avant de se livrer entièrement au désespoir. Elle lui démontra qu'il fallait conclure une paix la moins désavantageuse que l'on pourrait, en corrompant, à force de présents, le caïmakam et le grand vizir; elle assura qu'elle répondait du caractère de ces deux ministres ottomans, d'après les peintures qu'en avait faites le comte Tolstoy, dans quantité de ses dépêches qu'elle avait entendu lire; elle indiqua un homme dans l'armée qui conduirait parfaitement cette affaire, ajoutant qu'il fallait, sans perdre un moment, le dépêcher au caïmakam, afin de le sonder touchant ses dispositions secrètes.

« Elle sortit de la tente, sans laisser au czar le temps de respirer et de répondre, et elle y rentra un instant après avec le soldat en question, auquel elle donna elle-même ses instructions, en présence de l'empereur, qui, sur l'ouverture que sa femme venait de lui faire, avait déjà commencé à reprendre ses esprits ; il approuva jusqu'à ses moindres paroles, et fit partir cet homme en toute diligence.

« A peine fut-il hors de la tente, que, resté seul avec elle, et la regardant avec admiration, il lui dit :

« Catherine, l'expédient est merveilleux ; mais où
« trouverons-nous tout l'argent qu'il nous faudra
« jeter à la tête de nos ennemis, car ils ne se paye-
« ront pas de promesses ?

« Ici même ! » lui répliqua-t-elle. « J'ai mes
« pierreries, et j'aurai, avant le retour de notre en-
« voyé, jusqu'au dernier sol qui est dans le camp.
« Tout ce que je vous demande, c'est que vous ne
« vous laissiez pas abattre, et que, par votre pré-
« sence, vous ranimiez le courage de vos pauvres
« soldats. Allons, venez vous montrer aux troupes.
« Du reste, laissez-moi faire, et je vous réponds
« qu'au retour de votre messager je serai en état
« d'accomplir les promesses qu'il aura faites aux
« ministres de la Porte, fussent-ils encore plus
« avides qu'ils ne le sont. »

Le czar l'embrassa, suivit son conseil, sortit de sa torpeur, se montra et passa au quartier du feld-maréchal Schérémétof. Pendant ce temps-là, elle monte à cheval, parcourt tous les rangs, adresse la parole aux soldats, s'entretient avec les officiers et leur dit :

« Mes amis, nous sommes ici dans une conjonc-
« ture où nous ne pouvons sauver notre liberté qu'en
« perdant la vie, ou en nous faisant un pont d'or.
« En prenant le premier parti, qui est de mourir
« en nous défendant, tout notre or et nos bijoux
« nous deviennent inutiles ; employons-les donc à
« éblouir nos ennemis pour les engager à nous lais-
« ser passer. J'y ai déjà sacrifié une partie de mes
« pierreries et de mon argent. Mais cela ne suffira
« pas à contenter la cupidité des gens à qui nous
« avons à faire. Il faut que chacun de nous se co-
« tise, » disait-elle à chaque officier en particulier :
« — Qu'as-tu à me donner ? Livre-le-moi présente-
« ment. Si nous sortons sains et saufs d'ici, tu le
« retrouveras au centuple, et je te recommanderai
« au czar, notre père. »

Tout le monde, jusqu'au simple soldat, charmé de ses grâces, de sa fermeté et de son bon sens, lui apporta ce qu'il possédait. On ne vit en un instant, dans le camp, que consolation et courage. Ces sentiments augmentèrent encore lorsque l'homme qu'elle avait député secrètement au caïmakam revint avec la réponse qu'on pouvait envoyer au grand vizir un commissaire, avec de pleins pouvoirs pour traiter de la paix.

L'affaire fut bientôt conclue, malgré les menaces et les intrigues du roi de Suède, qui, informé de la situation critique où se trouvaient les Russes, était venu en personne dans le camp des Turcs, et ne cessait de stimuler le grand vizir, en lui disant tout haut :

« Il ne faut que des pierres pour assommer les « ennemis ; je ne te demande pas d'autres armes « pour te livrer le czar et jusqu'au dernier soldat de « son armée, mort ou vif. »

Dès le jour même, il entra suffisamment de provisions dans le camp de Pierre Ier. Le lendemain, l'armée, bien pourvue, se mit en marche pour regagner la frontière de Russie, où elle arriva en bon état et acheva de ruiner les affaires de la Suède, au-delà de la mer Baltique.

XXIII

Ainsi une esclave livonienne sauva le czar et l'empire. Mais, si l'adresse de Catherine et son éloquence arrachèrent aux officiers et aux soldats les présents nécessaires pour ouvrir les négociations et pour racheter l'armée d'une extermination inévitable, rien n'est moins authentique ni même moins probable que la prétendue corruption du grand vizir. Une paix solide et aussi glorieuse que celle qu'il signa sur les bords du Pruth, était pour l'empire, menacé de toutes parts, une conquête sans perte de sang ottoman, qui valait plus qu'une bataille toujours chère, même quand elle n'est pas douteuse.

Ce fut le ressentiment furieux et implacable de Charles XII, qui éclata en reproches et en calomnies contre Baltadji, et qui accrédita, dans la postérité, cette fable. L'évaluation des prétendus trésors offerts par Catherine et par le czar, comme rançon des Russes, ne s'éleva, selon les Russes eux-mêmes, qu'à quelques centaines de mille roubles, somme ridicule et disproportionnée à l'influence qu'on lui attribue sur la vénalité du grand vizir. La misérable cotisation des officiers et des soldats moscovites, qui connaissaient à peine l'or et l'argent, n'équivalait pas aux présents dont la moindre ambassade des Indes, de la Perse ou de Venise, comblait à chaque avénement les coffres du sérail ou le trésor particulier du vizir. Ce fut la politique et non la vénalité de Baltadji qui dicta la paix ; les motifs en sont trop évidents, si l'on se reporte à cette époque, pour ne pas comprendre et pour ne pas approuver cette première grande paix des Ottomans avec la Russie.

Les Turcs, épuisés, depuis deux règnes, d'hommes et d'argent, par leur longue guerre avec Sobieski et le prince Eugène, venaient de perdre à Vienne, à Lippa, à Zenta, trois armées. Menacés en Dalmatie et en Hongrie, attaqués jusque dans Belgrade, ils avaient le plus pressant intérêt à s'affranchir, en Bessarabie, des hostilités qui les empêcheraient de surveiller l'Adriatique et le Danube; la perte d'une quatrième armée pouvait découvrir même Andrinople. Ils étaient momentanément les protecteurs de Charles XII, vaincu et réfugié sur leur territoire; mais, au fond, le caractère ambitieux et remuant de ce héros enchaîné leur inspirait, avec raison alors, plus d'inquiétude qu'un czar des Moscovites, nation encore dans l'ombre et dans l'enfance.

Charles XII, à la tête de ses vaillants Suédois, et entraînant à sa suite les belliqueux Polonais, leur paraissait un voisin plus redoutable que Pierre Romanof à la tête de barbares paraissant et disparaissant sur la frontière de leurs forêts. Une paix solide, conclue avec le chef de cette horde, semblait leur garantir, dans les Russes, un contre-poids utile à la turbulence des Polonais, au vagabondage des Cosaques du Don, à la prépondérance de l'Autriche. Les conditions absolues de cette paix ou plutôt de cette capitulation imposée aux Russes garantissaient aussi l'inviolabilité de la mer Noire, et flattaient assez l'orgueil ottoman pour enlever au vizir tout prétexte de jouer inutilement la plus belle et la dernière armée de l'empire dans une bataille où le désespoir pouvait changer encore tant de succès en revers.

Ce furent là les véritables et justes inspirations du grand vizir. Charles XII, l'ambassadeur polonais, Poniatowski, et le khan des Tartares, Dewlet-Gheraï, s'y opposèrent en vain dans des intérêts tout personnels à eux-mêmes ou à leur nation. Mohammed-Baltadji la dicta aussi humiliante et aussi absolue qu'il aurait pu le faire après une victoire complète. Il exigea du czar la restitution d'Azof, la démolition de Kamienska, de Samara, de Tighan, forteresses dont les canons étaient livrés à la Porte; la renonciation de toute immixtion dans les peuplades des Cosaques; l'éloignement perpétuel de Constantinople de tout ambassadeur russe, dont les intrigues fatiguaient le divan; la liberté pour le roi de Suède, Charles XII, de retourner dans ses États et d'y négocier une paix séparée avec le czar; enfin, la libre retraite de l'armée russe sans être inquiétée par les Ottomans, à condition qu'ils laisseraient dans les mains du grand vizir deux négociateurs du traité et le maréchal Schérémétof, le premier des lieutenants du czar. Tel fut le traité du Pruth, véritables *Fourches-Caudines* de la Russie, sous lesquelles la vigueur et la sagesse du *fendeur de bois* firent passer, sans combat, les cent quarante mille hommes du czar.

Charles XII, entrant dans la tente du grand vizir au moment où le tambour des Russes et leurs drapeaux déployés annonçaient la retraite impunie de ses ennemis, s'indigna contre Baltadji : « N'aurais-« tu pas dû, » lui dit-il, « emmener le czar captif à « Constantinople ?

« —Et qui donc, » lui répondit ironiquement le vizir, « aurait gouverné son peuple en son ab-« sence ? »

A cette réplique, dans laquelle Charles XII comprit avec raison une allusion dérisoire à la démence qui l'avait fait abandonner lui-même ses États, se jette tout botté sur le divan ; il embarrasse volontairement ses éperons dans la pelisse du vizir, la déchire en lambeaux, se relève, monte à cheval et galope avec fureur jusqu'à Bender. L'impassible *fendeur de bois* pardonna au malheur et à la déception cette insulte, et, se levant sans aucun reproche du divan, alla faire ses prières et ses ablutions devant sa tente. Il avait assez de gloire pour négliger un affront.

XXIV

Mais avant de suivre le vizir dans son entrée triomphale à Constantinople, anticipons un moment sur les événements, et suivons le czar dans son retour humilié à Moscou, et la czarine dans sa fortune croissante.

Le même document secret qui nous a ouvert les mystères de la cour du czar Pierre, au commencement de sa vie, nous les révèle jusqu'à sa mort. On ne peut détacher sa pensée de ce Mithridate des Ottomans.

« On peut juger, » dit l'annaliste intime, « de l'impression que la conduite de Catherine produisit sur l'esprit et le cœur des soldats. On n'entendait que le bruit des éloges dus à ses mérites et à ses services. Le czar, de plus en plus enchanté de ses grandes qualités, ne pouvait s'en taire ; il lui rendait publiquement la justice qu'il lui devait ; et lorsqu'il fut arrivé dans ses États, il la récompensa en déclarant son mariage avec elle, malgré les efforts vrais ou simulés qu'elle fit pour l'en détourner. Bien plus, afin de laisser à la postérité un monument de la gloire qu'elle s'était acquise sur les bords du Pruth, il établit en son honneur l'ordre de Sainte-

Catherine, dont il l'institua grande maîtresse. » Ils se rendirent à Pétersbourg, où on renouvela, pour ainsi dire, le couronnement par les cérémonies de la fête célébrée à leur retour.

L'empire retentissait encore, comme l'armée, du nom sauveur de Catherine, quand le hasard perça tout à coup l'obscurité qui enveloppait aux yeux des Russes l'origine de cette princesse. Voici l'aventure ; elle eut lieu trois mois après le couronnement de Catherine.

« Un paysan, valet d'écurie dans une auberge de Courlande, étant ivre, se prit de querelle avec d'autres gens de sa condition, non moins ivres que lui. Un envoyé extraordinaire du roi de Pologne, qui, en revenant de Moscou, pour s'en retourner à Dresde, s'était arrêté par hasard dans ladite auberge, fut témoin de cette querelle. Il prêta l'oreille, et entendit un de ces ivrognes qui, tout en jurant contre les autres, marmottait entre ses dents que, s'il voulait dire un seul mot, il avait des parents assez puissants pour les faire repentir de leur insolence.

« Le ministre, surpris du discours de cet ivrogne, s'informe de son nom et de ce qu'il peut être. On lui répond que c'est un simple paysan polonais, valet d'écurie dans la maison, et qu'il s'appelle Charles Skawronsky. Il regarde attentivement ce rustre, et, à force de le considérer, il trouve dans l'assemblage de ses traits grossiers une ressemblance lointaine avec ceux de l'impératrice Catherine, quoique ceux-ci fussent si délicats que jamais aucun peintre n'a réussi son portrait.

« Frappé de cette vague ressemblance, aussi bien que des discours du paysan, l'envoyé extraordinaire en badina, innocemment ou malicieusement, dans une lettre qu'il écrivit, sur les lieux, à l'un de ses amis, attaché à la cour de Russie. Ce billet parvint, je ne sais comment, à la connaissance du czar. Il prit sur ses tablettes les renseignements spécifiés dans la lettre, et les transmit au prince Repnin, gouverneur de Riga, avec ordre, sans lui dire pour quelle fin, de faire chercher le nommé Charles Skawronsky, d'imaginer un prétexte pour le faire venir à Riga, de se saisir de sa personne, et de l'expédier en toute hâte à la chambre de police de la cour, en qualité d'appelant d'un jugement rendu contre lui à Riga.

« Le prince Repnin exécuta les ordres du czar au pied de la lettre. On lui amena Charles Skawronsky. Il fit semblant d'instrumenter juridiquement contre lui, sous prétexte d'une querelle, et l'envoya à la cour sous bonne garde, avec les prétendues informations faites contre sa personne.

« Cet homme, arrivé à la cour, se présenta devant le lieutenant général de police, qui, ayant le mot du czar, fit traîner l'affaire en longueur, et remit le solliciteur d'un jour à l'autre, afin de l'examiner plus à son aise et de rendre un compte exact de ses découvertes. Ce pauvre étranger se désespérait de ne pas voir la fin de son affaire. Il avait, à son insu, des mouches à ses trousses ; on le faisait jaser, et, sur les discours qu'on lui arrachait, on opérait, en Courlande, des perquisitions secrètes, par lesquelles on découvrit clairement qu'il était le propre frère de l'impératrice Catherine.

« Quand le czar en fut bien assuré, on fit insinuer à Charles Skawronsky, par les mouches de son entourage, qu'il fallait, puisqu'il ne pouvait obtenir justice du lieutenant général de police, qu'il présentât une requête au czar en personne. On lui assura qu'on lui procurerait à cet effet la protection de gens haut placés, qui, en lui facilitant les moyens de parler au prince, appuyeraient en même temps la justice de sa cause.

« Ceux qui conduisaient cette petite intrigue demandèrent au czar quand et où il voulait qu'on lui amenât cet individu. Il répondit qu'il irait le jour même dîner incognito chez un de ses maîtres d'hôtel, nommé Chapiloff, et que l'on fît en sorte que Charles Skawronsky s'y trouvât à l'issue du dîner. On n'y manqua point, et, lorsqu'il fut temps, on le fit furtivement glisser dans la chambre où était le czar.

« Il reçut la requête et examina le suppliant tout à son loisir, pendant qu'on faisait mine de lui expliquer l'affaire. Les réponses de Skawronsky aux questions multipliées du czar, quoiqu'un peu embarassées, furent cependant assez claires pour faire connaître à l'empereur que cet homme était indubitablement le frère de Catherine.

« Sa curiosité étant pleinement satisfaite sur ce point, il congédia brusquement ce paysan en lui disant qu'il verrait ce qu'on pourrait faire pour lui, et qu'il eût à revenir le lendemain à la même heure. Étant à souper le soir avec Catherine, il lui dit :

« — J'ai dîné aujourd'hui chez Chapiloff, notre « maître d'hôtel; j'y ai fait une chère délicieuse. « C'est un compère qui se traite bien. Il faut, Ca- « therine, que je t'y mène quelque jour. Allons-y « demain. »

« La czarine répondit qu'elle le voulait bien.

« — Mais, » dit-il, « il faut faire comme j'ai fait « aujourd'hui, le surprendre au moment qu'il sera « prêt à se mettre à table, et nous y rendre seuls. »

« Le projet fut arrêté le soir et exécuté le lendemain. On alla chez Chapiloff, on y dîna, et après le dîner on introduisit Charles Skawronsky dans la chambre où se trouvaient l'empereur et l'impératrice. Le solliciteur s'approcha, tremblant et balbutiant, auprès du czar, qui, ayant fait semblant d'avoir oublié ce qu'il avait déjà dit, lui adressa les mêmes questions que la veille. Cette conversation se passait dans l'embrasure d'une croisée, la czarine, assise non loin de là, ne perdait pas une syllabe. A mesure que le pauvre Skawronski répondait, le czar, comme pour stimuler l'attention de cette princesse, ne cessait de lui répéter :

« Catherine, écoute un peu cela. Eh bien ! Cathe-
« rine, n'entends-tu rien à ces paroles ? »

« Elle répondit en changeant de couleur et en bégayant :

« Mais.... »

« Le czar, reprenant, lui dit :

« Mais si tu ne le comprends pas, je le comprends
« bien, moi ; c'est que, en un mot, cet homme-là
« est ton frère.

« — Allons, » dit-il à Charles, « baise tout à
« l'heure le bas de sa jupe en sa qualité d'impéra-
« trice, et après cela, embrasse-la comme ta sœur. »

« A ce discours, Catherine, interdite et plus pâle que son linge, tomba en défaillance. On apporta des caux de senteur pour la faire revenir, et personne ne parut plus empressé que le czar. Il fit tout ce qu'il put pour la rassurer, et quand il la vit un peu remise :

« Quel si grand mal y a-t-il dans cette aventure? » lui dit-il. « Eh bien! c'est mon beau-frère; s'il est
« homme de probité et qu'il ait de l'intelligence,
« nous en ferons quelque chose. Mais console-toi,
« je ne vois en tout cela rien de quoi l'on doive
« s'affliger. Nous voilà présentement éclairés sur
« une matière qui nous a coûté bien des recherches.
« Allons-nous-en maintenant. »

« La czarine, en se levant, demanda la permission d'embrasser ce frère si miraculeusement retrouvé, et pria le czar de leur accorder à l'un et à l'autre la continuation de ses bonnes grâces.

« On ordonna à Skawronsky de rester dans la maison où il se trouvait, et on l'assura qu'il n'y manquerait de rien. En outre, il lui fut enjoint de ne pas trop se montrer, et de se conformer en tout point aux conseils de son hôte. On prétend que la toute récente majesté impériale fut un peu mortifiée et humiliée de cette reconnaissance, et que, si elle en avait été la maîtresse, elle aurait du moins fait choix d'un lieu plus convenable pour une scène de cette nature.

« C'est ainsi que, par l'aventure inopinée que je viens de raconter, le mystère de la naissance de Catherine fut dévoilé au moment où l'on y était le moins préparé. Mais la fortune, qui se joue continuellement de la destinée des faibles humains, en les élevant ou en les abaissant à son gré, semble reprocher tout à coup ses bienfaits à ceux qu'elle élève le plus haut ; elle prend plaisir à troubler la félicité des puissants de la terre en leur rappelant le néant d'où ils sont sortis, offrant ainsi une consolation à ceux que le sort a maltraités, et prouvant aux mortels qu'ils sont frères, en dépit de la différence de leurs positions dans ce bas monde.

XXV

« A peine Catherine fut-elle montée sur le trône, que son cœur, n'ayant plus rien à désirer du côté de l'ambition, se laissa subjuguer par l'amour. Au mépris des lois sacrées de son mariage avec un prince d'un caractère si redoutable, et qui s'était, pour ainsi dire, oublié en l'épousant, elle ne craignit pas de lui faire une infidélité dont l'intrigue fut si mal ménagée, qu'elle la mit au moment de se voir précipiter du comble des honneurs dans l'abîme de la plus affreuse ignominie.

« Je me souviens que, dans les commencements de cette intrigue, ayant été à la cour et n'étant nullement prévenu de ce qui se passait entre la czarine et son chambellan, Moens de la Croix, non-seulement je soupçonnai cette intrigue en les voyant ensemble, mais même je ne conservai plus le moindre doute à cet égard. Cependant, je ne les vis qu'en public et dans un jour où il y avait un grand concours de monde à la cour. Je n'ai jamais mieux compris qu'en cette occasion combien l'amour est aveugle, et combien ses impressions sont difficiles à dissimuler.

« Peu s'en est fallu que l'empereur n'ait porté l'excès de sa fureur contre cette femme jusqu'à tuer les enfants qu'il avait eus d'elle. Je tiens d'une demoiselle française, qui était au service des princesses Anne et Élisabeth, que le czar, revenant un soir de la forteresse de Pétersbourg, où l'on travaillait au procès du sieur Moens de la Croix, entra inopinément et sans suite dans la chambre de ces jeunes princesses, qui s'occupaient à des ouvrages de leur âge et de leur sexe, avec plusieurs jeunes filles placées auprès d'elles pour leur éducation et leur amusement.

« Il avait, » me dit cette demoiselle, « l'air si ter-
« rible, si menaçant et si hors de lui, que tout le

« monde fut saisi de frayeur en le voyant entrer. Il
« était pâle comme la mort, et avait les yeux étin-
« celants et égarés. Son visage et tout son corps
« étaient agités de tremblements convulsifs. »

« Il se promena plusieurs minutes dans la chambre, sans dire mot à personne, et en jetant des regards affreux sur ses filles, qui, effrayées et tremblantes, s'esquivèrent tout doucement et se réfugièrent, aussi bien que le reste de la compagnie, dans une autre chambre.

« L'empereur tira et remit plus de vingt fois dans le fourreau le couteau de chasse qu'il portait ordinairement à son côté. Il en frappa les murailles et la table à plusieurs reprises, en faisant des grimaces et des contorsions si affreuses, que la petite demoiselle française, qui, seule, n'avait pu encore s'esquiver, ne sachant où se mettre, se cacha sous la table, où elle resta jusqu'à ce qu'il fût sorti. Cette scène muette dura près d'une demi-heure, pendant laquelle il ne fit que souffler, taper des pieds et des poings, jeter par terre son chapeau et tout ce qui se rencontrait sous ses mains. Enfin, en sortant, il tira la porte avec tant de violence, qu'il la brisa.

« Fort heureusement pour l'épouse adultère, l'empereur mourut sur ces entrefaites. Sans ce dénoûment imprévu, Catherine eût infailliblement péri, tôt ou tard, victime des trop justes griefs de son mari. Telle est du moins l'opinion unanime de ceux qui approchaient le plus souvent la personne de Pierre Ier et qui connaissaient le mieux son caractère.

« Néanmoins il ne partit pas pour l'autre monde sans avoir satisfait sa vengeance, si ce n'est en totalité, du moins en partie. Il l'exerça sur l'amant d'une manière complète, en lui faisant couper la tête pour des crimes supposés. Dix ou douze jours après l'exécution, il contraignit l'impératrice à traverser la place, sur laquelle étaient encore exposés le corps et la tête de ce malheureux, celle-ci plantée dans un pieu, et il dirigea sa promenade de façon à lui faire toucher l'échafaud avec les plis de sa robe. Catherine était d'autant moins préparée à cet horrible spectacle que l'empereur lui avait proposé, en sortant de son palais, de la mener dans un quartier éloigné, où ils faisaient souvent des promenades dans un traîneau découvert. Il poussa la cruauté jusqu'à la regarder fixement pendant tout le temps qu'ils mirent à traverser la place; mais elle eut assez de fermeté pour retenir ses larmes et ne témoigner aucune émotion.

« Je sais que cette aventure a donné lieu, tant en Russie que dans d'autres pays, de soupçonner Catherine d'avoir prévenu les desseins de son mari en le faisant empoisonner. Jamais supposition, quoique vraisemblable, ne fut plus fausse. Ce prince est mort d'une inflammation qu'il avait depuis longtemps, par suite de ses débauches. »

Catherine, bien que sans titre à l'empire, lui succéda comme impératrice, par la faveur de la nation et par la complicité de son ancien maître, Mentschikoff, devenu maréchal de l'empire. Elle éprouva ou affecta une grande douleur dans son deuil. L'abondance de ses larmes étonnait les Russes. Elle était, du reste, une des plus belles pleureuses qu'on pût voir ou imaginer.

Elle aima le comte Sapieha, jeune seigneur polonais très-beau. Elle lui fit épouser sa nièce, fille de son frère retrouvé, pour avoir un prétexte de retenir constamment ce jeune homme auprès d'elle. Elle mourut de langueur, après deux ans de règne, laissant encore les rênes du gouvernement à Mentschikoff, qui conspirait secrètement pour rendre l'empire au grand-duc de Moscovie, fils légitime de l'impératrice Eudoxie, première femme de Pierre le Grand.

XXVI

L'histoire de ce favori, devenu deux fois l'arbitre

d'un si vaste empire, n'est pas moins étrange que celle de Catherine, et rappelle également dans le nord de l'Europe les péripéties de l'Orient.

« Le prince Mentschikoff, » poursuit le récit, « naquit à Moscou, sans qu'il soit possible de déterminer exactement l'année de sa naissance. Son père, simple paysan, gagnait sa vie à vendre des petits pâtés sur la place du Kremlin, où il avait établi une échoppe. Lorsque l'enfant fut arrivé à l'âge de treize ou quatorze ans, on l'envoya par les rues débiter des pâtisseries, qu'il offrait aux amateurs sur un éventaire. Il se tenait, la plupart du temps, dans la cour du château, par cette bonne raison qu'il y trouvait une plus grande consommation de sa marchandise que sur les autres places et carrefours de la ville.

« Il était, à ce qu'on prétend, assez beau dans sa jeunesse et possédait une humeur enjouée qui le rendait le jouet des strélitz ou soldats de la garde du czar. Pierre Ier n'était à cette époque qu'un enfant du même âge que lui ; les espiègleries du petit pâtissier avaient souvent réjoui le jeune prince, qui avait de fréquentes occasions de le voir par les fenêtres de son appartement.

« Un jour qu'il criait parce qu'un strélitz lui tirait les oreilles un peu plus fort que de coutume, le czar envoya dire au soldat de cesser ces mauvais traitements, ordonnant qu'on fît monter l'enfant près de lui, dans le but de s'en amuser quelques instants. Il parut devant le czar sans se décontenancer le moins du monde, et répondit à ses questions avec une bouffonnerie si spirituelle que le jeune monarque l'incorpora dans ses pages et lui fit revêtir à l'instant les insignes et le costume de son nouvel office.

« Mentschikoff, ainsi transformé, parut si aimable aux yeux du czar, qu'il l'attacha au service de sa chambre, et vécut désormais avec lui dans une amitié étroite.

« Ce favori devint tellement inséparable de son souverain, qu'il l'accompagnait partout, même au conseil d'État, où il hasardait quelquefois d'émettre son sentiment d'une manière grotesque et comique, certain de complaire à son maître.

« Les ministres eux-mêmes, connaissant jusqu'où allait cet ascendant incroyable, s'en servirent en bien des occasions pour insinuer au prince, naturellement méfiant et obstiné, leurs propres résolutions, ou pour vaincre des répugnances qui, faute de cette ruse, eussent été invincibles.

« Mentschikoff, quoique illettré (il ne savait ni lire ni écrire), était né avec de l'esprit naturel et beaucoup de goût pour les grandes choses ; il possédait surtout le génie de la domination, qui n'est pas donné à tout le monde. A force d'entendre parler gouvernement et raisonner d'affaires politiques, il s'y façonna si bien qu'il parvint aux plus grands honneurs et aux dignités les plus élevées de l'empire de Russie. Il fut successivement créé *knes* ou prince de l'empire russe, premier sénateur, feld-maréchal et chevalier de l'ordre de Saint-André.

« La haute idée que le czar avait conçue de la capacité de Mentschikoff, jointe à la confiance qu'il lui inspirait, portèrent ce monarque à le constituer régent de l'empire, aussi souvent que ses affaires et son goût naturel pour les voyages le déterminèrent à s'absenter de ses États.

« Mentschikoff profita des avantages de sa position pour acquérir des biens immenses, tant dans son pays qu'au dehors. Il possédait une si grande et si prodigieuse quantité de terres et de seigneuries dans l'empire de Russie, qu'on y disait communément qu'il pouvait aller depuis Riga, en Livonie, jusqu'à Derbend, en Perse, en couchant toujours dans quelqu'une de ses terres. On comptait, dans l'énumération de ses domaines, plus de cent cinquante mille familles de paysans ou esclaves, termes synonymes en langue russe.

« Ce ne fut pas seulement en Russie que Mentschikoff acquit des biens et des honneurs, le crédit qu'il exerçait sur l'esprit de son maître lui en attira de la part de tous les princes d'Allemagne et du Nord.

« L'empereur Charles VI le fit prince de l'empire romain et lui donna le duché de Kosel, en Silésie. Les rois de Danemark, de Prusse et de Pologne le nommèrent chevalier de leurs ordres, et attachèrent à ces titres des pensions considérables.

XXVII

« Après la mort de Catherine, le petit-fils de Pierre le Grand, jusque-là délaissé, fut proclamé empereur sous le nom de Pierre II. Le premier soin de Mentschikoff, en profond politique, fut d'exagérer, auprès du jeune czar, le service qu'il venait de lui rendre, et de lui inspirer de la défiance contre son peuple et contre la cour. Il lui dit que sa vie courait des dangers; il parla de complots possibles, et l'assura que sa personne ne serait en sûreté que s'il remettait entre ses mains fidèles la plus grande autorité possible sous le titre de vicaire général de l'empire et de généralissime des armées ; la patente était toute prête, elle fut aussitôt expédiée. Après quoi,

Mentschikoff procéda, sans perdre de temps, aux fiançailles de sa fille aînée avec le czar.

« La cérémonie fut célébrée sans aucune opposition manifeste de la part des sénateurs et autres grands officiers de la couronne. Ils y assistèrent sans oser donner la moindre marque extérieure de mécontentement. Pour parvenir à ce but sans coup férir, il avait éloigné de l'administration des affaires et de la cour tous ceux des seigneurs russes qui n'avaient pas bien dissimulé leurs sentiments d'opposition et de répugnance. Il en relégua plusieurs en Sibérie pour des crimes supposés ; mais, soit qu'il ne connût pas bien les intentions du prince Dolgorouki et du comte Ostermann, qui, par crainte ou pour gagner du temps, faisaient semblant d'approuver ses desseins, soit qu'il les supposât sans influence, il n'entreprit rien contre eux.

« Il y a quelque apparence de croire qu'il ne les redoutait pas, car il ne leur parlait jamais qu'en maître absolu. Il conservait cet air impérieux avec le czar ; il le gênait dans ses plaisirs, même les plus innocents, et ne lui laissait aucune communication avec les personnes qu'il avait le plus affectionnées. En un mot, Mentschikoff gouvernait l'empire russe avec un despotisme mille fois plus tyrannique que n'avait jamais fait aucun souverain légitime.

« Il en était arrivé à penser que les mesures qu'il avait prises pour affermir sa puissance ne pouvaient plus rencontrer d'obstacles de la part des hommes, et il n'était occupé que des préparatifs du mariage de sa fille avec le czar, lorsqu'il tomba assez dangereusement malade pour faire douter s'il en échapperait. Pendant ce temps-là, ceux à qui il avait confié la conduite de son pupille et futur gendre, laissèrent un peu plus de liberté au jeune prince.

« Ils permirent que la princesse Élisabeth et les jeunes princes Dolgorouki vinssent quelquefois le visiter. Comme ils étaient à peu près de son âge, il trouvait naturellement plus de goût dans leur conversation que dans les amusements sérieux que Mentschikoff lui procurait.

« La familiarité s'établit peu à peu entre eux, au point que le jeune czar ne pouvait plus se passer de leur compagnie ; mais à peine Mentschikoff fut-il rétabli, qu'il recommença à veiller de près sur la conduite et les familiarités de son futur gendre ; il trouva mauvais qu'on eût permis à la princesse Élisabeth de voir si fréquemment ce jeune monarque ; il fit entendre à cette aimable tante qu'une telle assiduité n'était pas dans les convenances, et qu'elle devait borner ses visites aux jours de cérémonie. Quant aux sentiments d'amitié que le czar faisait paraître pour le jeune Ivan Dolgorouki, il n'en prit aucun ombrage, ne supposant pas le père assez hardi pour entreprendre quelque aventure, ni le fils assez délié pour inspirer au czar, naturellement timide, la résolution de s'affranchir de la contrainte dans laquelle on le tenait.

« Mentschikoff fut la dupe de sa pénétration en cette circonstance ; car, si le père et le fils n'étaient point de grands esprits aventureux, ils avaient toutes les qualités requises pour bien conduire une intrigue concertée par de plus habiles qu'eux. Le comte Ostermann, ministre aussi hardi qu'éclairé, savait à quoi s'en tenir sur ce sujet. Il n'attendait qu'une occasion propice pour leur inspirer le dessein de perdre Mentschikoff, qu'il haïssait sincèrement, et cette occasion, il crut la trouver dans un voyage que celui-ci fit à Péterhoff avec le czar, en vue de parties de chasse organisées pour le divertissement du jeune prince.

« Sans perdre de temps, Ostermann alla chez tous les sénateurs et principaux officiers des gardes, pour sonder leurs cœurs ; et, comme il rencontra partout des dispositions conformes aux siennes et une haine violente contre la tyrannie de Mentschikoff, il leur communiqua son projet et endoctrina séparément chacun d'eux sur ce qu'il y avait à faire. Il commença ses instructions aux princes Dolgorouki père et fils en leur faisant entrevoir que, si l'on pouvait empêcher le mariage prochain du jeune czar avec la fille de Mentschikoff, la nation serait charmée de lui voir épouser une princesse Dolgorouki.

« Il ne s'agit, » dit-il, « que d'engager le jeune
« czar à s'éloigner secrètement de Péterhoff à l'insu
« de notre ennemi ; le sénat, convoqué, à cet effet,
« dans une maison de campagne du grand chance-
« lier Golowine, à deux lieues de Péterhoff, atten-
« dra le prince, que nous ramènerons à Saint-
« Pétersbourg. »

« Le jeune Dolgorouki, encouragé par son père, se chargea de la commission de leur amener le czar. Le succès lui était d'autant plus facile qu'il couchait toutes les nuits dans la chambre de Sa Majesté.

« Aussitôt qu'il supposa tout le monde endormi, il lui fit la proposition de se rhabiller et de sauter par une fenêtre de son appartement, qui était un rez-de-chaussée peu exhaussé. Le czar, sans balancer, adopta ce projet, et s'évada sans que les gardes en faction à la porte de sa chambre s'en aperçussent. Il se sauva par les jardins, et gagna le chemin, où il était attendu par tous les seigneurs et officiers, qui le conduisirent comme en triomphe à Pétersbourg. Mentschikoff, averti trop tard de l'évasion de son pupille, se hâta de le suivre ; mais, ayant trouvé en arrivant toutes les gardes changées et la garnison sous les armes sans qu'il l'eût ordonné, il courut à son palais pour y prendre conseil de lui-même sur le parti qu'il devait adopter.

« En entrant, il fut arrêté par un détachement de grenadiers qui environnaient sa maison. Il demanda la permission d'aller parler au czar ; mais on lui signifia un ordre de partir dès le lendemain pour sa terre de Rennebourg, avec toute sa famille. Les officiers sous la garde de qui il était le traitèrent ce jour-là avec beaucoup de ménagements ; ils lui dirent qu'il pouvait emporter ses effets les plus précieux et emmener avec lui telle quantité de domestiques qu'il lui plairait. Quoiqu'il se doutât bien que c'était un piége qu'on lui tendait, il sortit en plein jour de Pétersbourg, dans ses carrosses les plus magnifiques et avec un bagage et une suite si considérables, que sa sortie ressemblait plutôt à un cortége d'ambassadeur qu'à celui d'un prisonnier qu'on conduisait en exil.

« Lorsqu'il fut arrêté de la part du czar, il dit à l'officier chargé de cette commission :

« Je suis bien criminel, je l'avoue, et ce traite-
« ment m'est bien dû, mais il ne me vient pas du
« czar. »

« En traversant les rues de Pétersbourg, il sa-
luait tout le monde à droite et à gauche, et il apo-
strophait, au milieu de la foule du peuple, qui était
accourue de toutes parts, ceux qu'il connaissait
particulièrement, leur disant adieu de manière à
faire connaître qu'il n'avait point l'esprit troublé.

« A peine fut-il à deux lieues de Pétersbourg,
qu'il trouva un autre détachement de soldats. L'officier qui le commandait lui demanda, de la part
du czar, les cordons des ordres de Saint-André, de
Saint-Alexandre-Newsky, de l'Éléphant, de l'Aigle-
Blanc et de l'Aigle-Noir.

« Je m'attendais, » répondit-il d'un grand sang-
froid à cet officier, « qu'on me les redemanderait,
« je les ai placés à cet effet dans un petit coffre que
« voilà ; vous y trouverez ces marques extérieures
« de la vanité. Si vous, qui êtes chargé de la mis-
« sion de m'en dépouiller, venez jamais à en être
« revêtu, apprenez par mon exemple le peu de cas
« qu'on en doit faire. »

« L'officier, après s'être emparé du petit coffre,
lui dit que sa commission ne se bornait pas simple-
ment à lui redemander ses ordres, mais aussi à

renvoyer tous les bagages et domestiques qu'il traînait à sa suite; on le fit descendre de carrosse, ainsi que sa femme et ses enfants, et monter dans de petits chariots qu'on avait amenés pour le conduire jusqu'à Rennebourg.

« Faites votre devoir, » répondit-il, « je suis pré-
« paré à tous les événements : plus vous m'ôterez
« de richesses, moins vous me laisserez d'embar-
« ras. Ayez seulement soin de dire à ceux au pro-
« fit de qui mes dépouilles tourneront que je les
« trouve beaucoup plus à plaindre que moi. »

« Ensuite il descendit de sa voiture d'un air délibéré, et dit :

« Je suis beaucoup plus à mon aise ici qu'en
« carrosse. »

« On le conduisit, dans ce triste équipage jusqu'à Rennebourg, en compagnie de sa femme et de ses enfants, placés dans des chariots séparés. Ce n'était que par hasard qu'il les voyait, et on ne lui laissait point la liberté de s'entretenir avec eux toutes les fois qu'il le voulait; mais quand il en trouvait fortuitement l'occasion, il ne manquait pas de les encourager, par des discours aussi chrétiens qu'héroïques, à soutenir leurs infortunes, dont le poids, leur répétait-il souvent, était plus aisé à supporter que le fardeau de la puissance.

« Quoiqu'il y ait une distance d'environ cent cinquante lieues entre la ville de Moscou, où le czar faisait alors sa résidence, et le château de Rennebourg, où Mentschikoff était prisonnier, ses ennemis le croyaient encore trop près du czar pour n'avoir plus rien à appréhender de ses intrigues. C'est pourquoi ils résolurent de l'envoyer à plus de quinze cents lieues, dans un désert nommé Iakoutsk, à l'extrémité de la Sibérie.

« Il y fut transféré avec sa femme et ses enfants, et huit domestiques qu'on leur laissa pour les servir dans l'exil.

« La princesse Mentschikoff, dans le plus grand éclat de sa jeunesse et de sa fortune, s'était toujours rendue recommandable par ses vertus, sa douceur, sa piété et les charités immenses qu'elle avait faites aux pauvres. Elle mourut sur le chemin, entre Rennebourg et Kazan, où elle fut enterrée. Son mari lui tint lieu de prêtre dans son agonie, et témoigna plus de sensibilité à cette perte qu'il n'avait fait à celle de sa liberté et à la privation de tous ses biens et honneurs. Il ne se laissa pourtant pas abattre, et continua sa route par eau, de Kazan jusqu'à Tobolsk, capitale de la Sibérie, où tout le peuple, prévenu de son arrivée, attendait avec impatience cet homme qui, naguère encore, faisait trembler tout l'empire de Russie.

« Au moment où il débarquait sur la rive, deux seigneurs, qu'il avait, au temps de sa puissance, relégués à Tobolsk, l'abordèrent et l'accablèrent d'injures; Mentschikoff les reconnut, et, tout en continuant son chemin, il dit à l'un d'eux :

« Puisque tu n'as pas d'autre vengeance à tirer
« d'un ennemi que de le charger de paroles outra-
« geantes, donne-toi cette satisfaction; pour moi,
« je t'écouterai sans haine comme sans ressenti-
« ment. Si je t'ai sacrifié à ma politique, c'est que
« je te savais beaucoup de mérite et de fierté. J'ai
« vu en toi un obstacle à mes desseins, et je t'ai
« brisé. Tu en aurais fait autant à ma place. Ce
« sont là les nécessités de la politique. »

« Puis, se tournant vers l'autre seigneur :

« Quant à toi, » dit-il, « j'ignorais même que
« tu fusses proscrit, n'ayant aucun motif personnel
« de t'en vouloir. Si tu as été exilé, c'est par suite
« de quelque machination secrète, où l'on a abusé
« de mon nom. Comme je ne te voyais plus, je sup-
« posais que tu étais mort ou en voyage; voilà la
« vérité. Mais si les outrages que tu me prodigues
« sont un adoucissement à tes maux, continue; je
« suis loin de m'y opposer. »

« Il arriva qu'un troisième exilé, animé du même esprit d'hostilité, perça la foule et ramassa de la boue qu'il jeta au visage du jeune prince Mentschikoff et de ses filles. Aussitôt Mentschikoff l'apostropha en ces termes :

« Ton action est infâme et stupide. Si tu as « quelque vengeance à exercer, exerce-la contre « moi, et non contre ces malheureux enfants. Leur « père a bien pu être coupable ; mais eux, ils sont « innocents. »

« Dans le court séjour qu'on lui laissa faire à Tobolsk, il se préoccupa activement de pourvoir aux moyens d'adoucir la misère à laquelle sa famille allait être exposée dans l'affreux désert où l'on devait la conduire. Le vice-roi de Sibérie lui avait envoyé dans sa prison une somme de cinq cents roubles, que le czar avait ordonné qu'on lui payât pour sa subsistance et celle des siens. Mentschikoff fit observer que cette libéralité lui devenait assez inutile dans un pays où il lui serait impossible d'en faire usage, et demanda qu'on lui permît de l'employer, à Tobolsk, en acquisitions nécessaires. Sa requête lui ayant été accordée, il acheta une hache et d'autres instruments propres à abattre le bois et à travailler la terre ; il fit provision de toutes sortes de graines pour semer, de filets pour pêcher, et enfin d'une grande quantité de viandes et de poissons salés pour sa subsistance. Ce qui lui resta d'argent fut distribué par son ordre aux pauvres de Tobolsk.

« De cette capitale de la Sibérie il fut transféré jusqu'à Iakoutsk, lui et ses enfants, sur un petit chariot découvert, traîné tantôt par un seul cheval et tantôt par des chiens. On lui avait ôté, avant son départ de Rennebourg, ses habits ordinaires, à la place desquels on lui donna des vêtements de paysan. Ses enfants furent traités de la même façon ; ils étaient couverts de pelisses et de bonnets de peaux de mouton, avec des habits et robes de bure sous leurs pelisses. Le voyage dura cinq mois, pendant lesquels ils furent continuellement exposés à toutes les injures de l'air et à toutes les rigueurs du climat.

« Un jour, pendant une halte dans la cabane d'un pauvre Sibérien, un officier, qui revenait du Kamtschatka, entra, lui aussi, par hasard, dans cette même cabane. Il avait été envoyé, sous le règne de Pierre Ier, pour exécuter une commission qui concernait l'entreprise du capitaine Behring et les découvertes que ce navigateur était chargé de faire du côté de la mer du Nord.

« Cet officier, qui avait été antérieurement aide de camp du prince Mentschikoff, ignorait complétement la disgrâce de son ancien général.

« Mentschikoff l'ayant reconnu et appelé par son nom, l'officier lui demanda par quelle aventure il était connu de lui et qui il était. Le prince lui répliqua :

« — Est-ce que tu ne connais pas Alexandre ?

« — Quel Alexandre ? » répondit brusquement l'officier.

« — Alexandre Mentschikoff.

« — Oui, » reprit l'officier, « je le connais et
« dois le connaître parfaitement ; j'ai servi sous ses
« ordres.

« — Eh bien ! il est devant tes yeux, » lui dit Mentschikoff.

« L'officier, trouvant la chose trop incroyable, le considéra comme un paysan dont l'esprit était égaré et ne tint aucun compte de ses paroles. Alors Mentschikoff le prit par la main et le conduisit jusqu'à la lucarne par où la cabane recevait le jour.

« — Regarde-moi bien, » lui dit-il, « et rap-
« pelle-toi bien les traits de ton ancien général. »

« L'officier, après l'avoir examiné attentivement pendant quelque temps, croyant enfin le reconnaître, s'écria d'un ton plein de surprise :

« — Eh ! mon prince, par quelle aventure Votre
« Altesse est-elle dans l'état déplorable où je la
« vois ?

« — Supprime ces mots de *prince* et d'*altesse*, »
interrompit Mentschikoff; « je ne suis plus qu'un
« misérable paysan tel que je suis né. Dieu, qui
« m'avait élevé au faîte de la vanité humaine, m'a
« fait redescendre à ma première condition. »

« L'officier, qui n'était rien moins que persuadé,
ayant aperçu dans le coin de la cabane un jeune
paysan occupé à raccommoder avec des cordes la
semelle de ses bottes en lambeaux, lui demanda à
voix basse s'il connaissait cet homme.

« — Oui, » lui répondit le jeune homme, « c'est
« Alexandre, mon père. Est-ce que tu veux aussi
« nous méconnaître dans notre disgrâce, toi qui as
« si souvent et si longtemps mangé notre pain ? »

« Le père, entendant parler son fils de cette sorte,
lui imposa silence, et s'adressant à l'officier :

« — Frère, » dit-il, « pardonne à mon enfant
« malheureux son humeur chagrine. Ce jeune
« homme est effectivement mon fils, que tu as si
« souvent fait sauter sur tes genoux. Voilà mes
« filles, » ajouta-t-il en lui montrant deux jeunes paysannes couchées par terre et trempant du
pain bis dans une écuelle de bois pleine de lait.
« L'aînée a eu l'honneur d'être fiancée à l'empereur
« Pierre II. »

» L'officier, à ce mot de Pierre II, parut interdit.

Mentschikof, à qui ce mouvement de surprise n'avait point échappé, poursuivit :

« — Mon discours te bouleverse, parce que tu
« n'es pas au courant des événements qui se sont
« succédé dans notre empire depuis trois ans que
« tu en es éloigné d'environ deux mille cinq cents
« lieues ; mais ta surprise cessera dès que tu en
« auras été informé. »

« Et, sans désemparer, il le mit au courant de tout ce qui s'est passé en Russie depuis 1725 jusqu'à 1728, lui dévoilant, les uns après les autres, les événements qui précèdent, disant le rôle qu'il y avait joué, la part qu'il y avait prise, et se jugeant lui-même avec une grande sévérité.

« Lorsqu'il eut terminé son récit, il montra à l'aide de camp ses enfants, qui s'étaient endormis sur le plancher, et ne pouvant retenir ses larmes :

« — Voilà, » dit-il, « l'unique objet de mon
« tourment, la seule cause de mes douleurs. Je suis
« à présent aussi pauvre que j'ai été riche ; mais je
« ne regrette point ma fortune perdue. Je suis né
« paysan, je mourrai paysan ; la pauvreté n'a rien
« qui m'effraye. Ma liberté même, je ne la regrette
« point davantage. Ma vie n'a pas été exempte de
« fautes, et je considère ma misère présente comme
« une juste expiation de mes erreurs passées. Mais

« ces innocentes créatures, quels crimes ont-elles
« commis ? Pourquoi les avoir enveloppées dans ma
« disgrâce ? Aussi, dans le fond de mon âme, j'es-
« père que Dieu, toujours équitable, permettra que
« mes enfants revoient leur patrie; ils y rentre-
« ront, éclairés par l'expérience et sachant se con-
« tenter de leur position, si humble que le ciel la
« leur fasse. N'est-ce pas mon ambition insatiable
« qui a été la source des maux que j'endure à pré-
« sent? Nous allons nous quitter pour ne jamais
« nous revoir, sans doute. Lorsque tu auras l'hon-
« neur d'être reçu par l'empereur, raconte-lui com-
« ment tu m'as trouvé; assure-le que je ne maudis
« point sa justice, et dis-lui que je jouis présente-
« ment d'une liberté d'esprit et d'une tranquillité
« de conscience que je ne soupçonnais point au
« temps de mes prospérités. »

« On peut juger si l'auditeur de Mentschikoff fut saisi d'étonnement en l'entendant s'exprimer ainsi. Il fallut que les soldats de l'escorte lui confirmassent tous ces faits pour qu'il leur prêtât une foi complète.

« Au moment de se séparer de son ancien général, et quand il le vit remonter dans son misérable chariot, l'officier se sentit fortement ému, et il ne put s'empêcher d'admirer une telle résignation dans de si grands malheurs.

« A peine arrivé au lieu de son exil, Mentschikoff ne songea qu'aux moyens d'en adoucir la rigueur : il fit abattre des bois propres à bâtir une maison plus commode que la cabane sibérienne qu'on lui avait assignée pour logement. Non-seulement il y employa les huit paysans qu'on lui avait permis d'emmener avec lui, mais aussi il mit lui-même la main à l'œuvre, en travaillant de la hache comme les autres. Il commença par la construction d'une chapelle, à la suite de laquelle il ajouta un vestibule et quatre chambres, dans l'une desquelles il logeait avec son fils. Ses filles étaient dans la seconde. Il mit les paysans dans la troisième; la quatrième servait à renfermer des provisions. La fille aînée, qui avait été fiancée avec le czar Pierre II, avait soin, conjointement avec son esclave, d'apprêter la nourriture de la petite colonie. La cadette, qui fut mariée avec M. de Biren, duc de Courlande, raccommodait les hardes, lavait et blanchissait le linge, et était aidée dans ce travail par un esclave.

« Un ami charitable, dont ni Mentschikoff ni ses enfants n'ont jamais su le nom, parvint à leur envoyer de Tobolsk un taureau, quatre vaches pleines et des volailles de toute espèce, avec lesquelles il forma une basse-cour. Il fit aussi un jardin suffisant pour entretenir sa famille de légumes pendant tout le cours de l'année. Il obligeait les gens de sa maison à assister tous les jours à la prière, qui se faisait régulièrement le matin, à midi et à minuit, dans sa chapelle.

« Mentschikoff avait déjà passé six mois sans témoigner aucune inquiétude d'esprit, lorsque ses enfants furent attaqués de la petite vérole. Sa fille aînée fut la première atteinte; à défaut de médecin et de prêtre, il lui tint lieu de l'un et de l'autre, et, après avoir vainement employé les remèdes qu'il croyait convenables pour la guérir, il l'exhorta à la mort avec un courage aussi chrétien qu'héroïque.

« Elle lui répondit que, bien loin d'être effrayée du passage de cette vie à l'autre, elle désirait que ce moment arrivât le plus tôt possible. Le ciel exauça sa prière; elle expira entre les bras de son père, qui n'en témoigna sa douleur qu'en tenant son visage collé pendant une minute sur celui de sa fille; puis, se tournant vers ses autres enfants, il leur dit :

« — Apprenez, par l'exemple de votre sœur, à
« mourir sans regretter les choses de ce monde. »

» Ensuite il entonna et chanta, avec les gens de la maison, les prières que, selon le rit grec, on a coutume de réciter pour les morts. Lorsque vingt-quatre heures furent écoulées, il la fit enlever du grabat où elle était morte et transférer à la chapelle, où elle fut inhumée en sa présence.

« Le frère et la sœur de cette infortunée princesse ne tardèrent pas à être attaqués à leur tour de cette terrible maladie. Mentschikoff les soigna avec tant de zèle, de persévérance et de courage, qu'on peut dire qu'il les arracha à la mort. Mais à peine furent-ils hors de danger, que le malheureux père, épuisé de fatigue et miné par la douleur, fut pris par une fièvre qui le mit en peu de temps à la dernière extrémité.

« Un jour, se sentant au plus bas, il appela ses enfants et leur dit avec une tranquillité parfaite :

« — Je touche à ma dernière heure : la mort
« n'aurait rien que de consolant pour moi, si, en pa-
« raissant devant Dieu, je n'avais à lui rendre compte
« que du temps que j'ai passé dans cet exil. La rai-
« son et la religion, que j'ai négligées dans ma pro-
« spérité, m'ont appris que si la justice de Dieu est
« infinie, sa miséricorde, en qui j'espère, ne l'est
« pas moins. Je me séparerais du monde et de vous
« bien tranquille, si je n'avais donné que des exem-
« ples de vertu. Vos cœurs, exempts jusqu'à pré-
« sent de la corruption, sont encore dans un état
« d'innocence que vous conserverez mieux au mi-
« lieu de ces déserts qu'à la cour. Si vous y retour-

« nez jamais, ne vous souvenez que des exemples
« que je vous ai donnés dans ce séjour. Mes forces
« s'en vont; approchez, mes enfants, que je vous
« donne ma bénédiction. »

« Il voulut allonger la main, mais au même instant
sa tête retomba sur son épaule, et il lui prit une
légère convulsion dans laquelle il expira. Ses enfants
le firent enterrer dans la chapelle, à côté de sa fille,
suivant le désir qu'il en avait témoigné plusieurs
fois pendant les derniers jours de sa vie.

« Après la mort du prince Mentschikoff, l'officier
sous la garde de qui on avait mis ces infortunés fut
le premier, pressé par un sentiment de compassion,
à diriger ces enfants dans la manière la plus avan-
tageuse de faire valoir l'établissement commencé
par leur père; il leur accorda un peu plus de
liberté qu'ils n'en avaient auparavant, et leur per-
mit, outre quelques promenades, d'aller de temps
à autre entendre l'office divin à Iakoutsk.

« Dans une de ces excursions, la princesse Mentschikoff aperçut, en passant près d'une cabane sibérienne, un homme dont la tête se montrait à travers
la lucarne de cette cabane; elle n'y fit pas grande
attention, le prenant pour un pauvre paysan moscovite, eu égard à sa longue barbe et à la forme de
son bonnet. Elle observa pourtant que cet homme,

en la voyant de près, avait donné tout d'un coup des marques de surprise dont elle ignorait le motif. A son retour de l'église, ayant pris le même chemin, elle trouva le même homme dans la même attitude; mais elle s'empressa de hâter le pas, et s'éloigna rapidement, présumant avec raison qu'il y avait autre chose que du hasard dans cette double rencontre.

« La jeune fille ne se trompait point. Le prétendu paysan était le prince Dolgorouki, par qui elle avait été reconnue, et qui, croyant aussi avoir été reconnu par elle, soupçonna qu'elle ne s'était un peu détournée de sa route que pour éviter tout entretien avec l'auteur des désastres de sa famille. Il l'appela néanmoins par son nom. Surprise de s'entendre nommer dans un pareil endroit, elle revint sur ses pas, considéra Dolgorouki, et, ne le reconnaissant point davantage, elle voulut continuer son chemin.

« Princesse, pourquoi me fuyez-vous ? » s'écria Dolgorouki ; « doit-on conserver de l'inimitié dans « les lieux et dans l'état où nous sommes ? »

« Ces paroles excitèrent la curiosité de la jeune princesse, elle s'approcha du prétendu paysan.

« Qui es-tu ? » lui dit-elle, « et quelle raison « puis-je avoir de te haïr ? »

« — Est-ce que tu ne me connais pas? » reprit le paysan.

« — Non, » répliqua-t-elle.

« — Je suis le prince Dolgorouki. »

A ce nom, surprise, interdite, elle s'approcha tout à fait de la cabane.

« Effectivement, » dit-elle, » c'est bien lui!
« Depuis quand et par quelle offense envers Dieu
« et le czar es-tu ici? »

« — Il n'est plus question du czar, » répondit Dolgorouki, « il est mort huit jours après avoir été
« fiancé avec ma fille, que voilà mourante et éten-
« due sur un banc. Tu parais surprise; est-ce que
« tu ignores toutes ces particularités? »

« — Hé! comment, » répondit la princesse Mentschikoff, « comment veux-tu qu'au milieu de ces
« déserts, où l'on ne nous laisse de communication
« avec qui que ce soit, nous soyons informés de ce
« qui se passe si loin de nous? »

« — Oui, » poursuivit Dolgorouki, « Pierre II est
« mort. Son trône est occupé aujourd'hui par une
« femme que nous y avons placée contre les lois de
« l'État, et par la seule raison que, la croyant d'un
« tout autre caractère, nous nous promettions de
« vivre sous son règne plus heureux que sous ceux de
« ses prédécesseurs et des véritables héritiers de la

« couronne. Mais comme nous nous sommes trom-
« pés! A peine couronnée, nous n'avons trouvé en elle
« qu'un monstre de cruauté. Dans le but d'affermir
« sa puissance, elle nous a exilés pour des crimes
« imaginaires, espérant sans doute que nous ne
« supporterions pas les rigueurs de notre sort.
« Pendant tout le voyage, on nous a traités comme
« les plus infâmes scélérats; on nous a laissé man-
« quer du nécessaire, et nous en manquons encore.
« J'ai perdu ma femme en chemin, et ma fille se
« meurt; mais j'espère, malgré la misère où je
« suis, vivre encore assez longtemps pour voir, à
« son tour, en ce lieu, à cette place, cette femme,
« un monstre qui sacrifie les plus illustres familles
« de la Russie à l'ambition et à l'avarice de trois
« ou quatre brigands étrangers, ses amants et ses
« complices. »

« Quand la princesse Mentschikoff vit que Dolgorouki entrait dans une telle fureur qu'il ne se connaissait plus et semblait ne plus se posséder, elle se retira au plus vite et regagna sa maison. Là, en présence de son frère et de l'officier à la garde duquel ils étaient confiés, elle raconta la rencontre incroyable qu'elle venait de faire et les étranges nouvelles qu'elle avait apprises.

« Toujours animé d'un esprit de vengeance contre

les Dolgorouki, le jeune Mentschikoff écouta avec un grand plaisir le récit des revers essuyés par ses ennemis, et blâma sa sœur de ce que, au lieu de s'enfuir avec tant de précipitation, elle n'était pas restée plus longtemps, afin d'en apprendre davantage, et ensuite lui cracher au visage comme il le méritait. Ayant ajouté, dans la chaleur de son discours, qu'il n'en serait pas quitte à si bon marché s'il trouvait l'occasion de le rencontrer, cet emportement lui attira une réprimande de la part de l'officier, leur gardien.

« Souvenez-vous, » lui dit-il, « des sentiments
« qui remplissaient l'âme de votre père. Il n'a cessé
« de vous prêcher l'oubli des injures. Vous lui avez
« juré, à son lit de mort, que vous pardonneriez à
« vos ennemis, ne manquez pas à votre serment.
« D'ailleurs, » ajouta-t-il, « si vous persévériez
« dans vos desseins de vengeance, je me verrais
« forcé de vous reprendre la liberté que je vous ai
« donnée. »

« Ce fut peu de temps après cette rencontre que la czarine Anne Iwanowna, prenant en pitié les malheurs et l'innocence de ces deux jeunes gens, leur accorda grâce pleine et entière. A peine eurent-ils appris cette heureuse nouvelle, ils coururent à l'église d'Iakoutsk pour élever leur âme à Dieu et remercier la Providence. Au retour de l'église, ils aperçurent Dolgorouki, et firent comme s'ils ne l'avaient pas vu. Mais celui-ci les supplia de vouloir bien s'arrêter un instant.

« Puisqu'on vous laisse une liberté qui m'est re-
« fusée, » leur dit-il, « approchez-vous et consolons-
« nous les uns les autres par la conformité de notre
« sort et par le récit mutuel de nos malheurs. »

Le jeune prince s'approcha, en effet, et lui répondit :

« J'avoue que je conservais encore de la rancune
« contre toi, mais en te voyant dans un état si misé-
« rable, je sens tout principe de haine s'éteindre en
« mon cœur, et je te pardonne comme mon père
« t'a pardonné. C'est peut-être au sacrifice qu'il a
« fait à Dieu de ses peines que nous sommes rede-
« vables de notre liberté et de notre rappel à la
« cour. »

« —Vous avez donc la permission d'y retourner ? » lui dit le prince Dolgorouki, très-étonné et en poussant un soupir.

« — Oui, » répondit Mentschikoff, « et, pour qu'on
« ne nous y fasse pas un crime de l'entretien que
« nous avons avec toi, tu ne trouveras pas mauvais
« que nous nous retirions. »

« —Quand partez-vous ? » reprit Dolgorouki.

« — Demain, » dit Mentschikoff, « accompagnés
« d'un officier qui, en nous apportant notre grâce,
« nous a amené, pour nous en retourner, des voi-
« tures un peu plus commodes que celles dans les-
« quelles nous sommes venus. »

« — Adieu, donc, » répliqua Dolgorouki ; « oubliez
« tous les sujets d'inimitié que vous pouvez avoir
« contre moi ; songez quelquefois aux malheureux
« que vous laissez ici et que vous ne reverrez plus.
« Privés de toutes les nécessités de la vie, nous com-
« mençons à succomber sous le poids de notre mi-
« sère. Je ne dis rien qui soit au-dessous de la vérité,
« et si vous en doutez, regardez mon fils, ma fille
« et ma bru, étendus sur des planches, et accablés
« de maladies qui ne leur laissent pas la force de se
« lever. Ne leur refusez pas la consolation de rece-
« voir vos adieux. »

« Mentschikoff et sa sœur ne purent voir ce triste spectacle sans être émus ; ils dirent à Dolgorouki qu'ils ne pouvaient, sans se rendre criminels, parler en sa faveur dans le pays où ils allaient, mais qu'ils lui procureraient dans celui qu'ils quittaient tout le soulagement dont ils étaient capables, en lui faisant présent de l'habitation que leur père et eux y avaient établie.

« Elle est commode, » lui dirent-ils, « et bien

« pourvue de bestiaux, volailles et autres provisions
« qui nous ont été envoyés par des amis inconnus.
« Reçois-les d'aussi bon cœur que nous te les aban-
« donnons ; tu peux dès demain en prendre posses-
« sion, car nous partirons de grand matin. »

« Effectivement ils se mirent en route le lendemain de très-bonne heure pour Tobolsk, capitale de la Sibérie. Il ne leur arriva sur la route rien qui mérite d'être rapporté, si ce n'est qu'ils gardèrent leurs habits de paysan depuis Iakoutsk jusqu'à Tobolsk. A Moscou, on eut peine à les reconnaître, tant on les trouva changés de toute manière.

« La czarine les reçut avec des démonstrations de plaisir et de bonté ; elle s'attacha la princesse Mentschikoff en qualité de demoiselle d'honneur, et la maria ensuite avec M. de Biren, fils de M. de Biren, grand chambellan de Russie, et depuis duc de Courlande.

« Dans l'inventaire des biens et papiers du feu prince Mentschikoff, on avait appris qu'il avait des sommes considérables dans les banques d'Amsterdam et de Venise. Le ministère russe avait fait plusieurs tentatives pour retirer ces sommes, mais les directeurs de ces banques, inviolablement attachés aux usages de leur pays, refusèrent toujours de se dessaisir de l'argent appartenant au prince Mentschikoff, jusqu'à ce qu'ils fussent certains que ce prince ou ses héritiers étaient en liberté et maîtres d'en disposer. On prétend que cet argent, qui se montait à plus de cinq cent mille roubles, a servi pour la dot de madame de Biren, et que c'est à cette circonstance que le jeune prince Mentschikoff a dû la place de capitaine-lieutenant des gardes de la czarine. On lui restitua d'ailleurs la cinquantième partie des biens que son père possédait en fonds de terre. »

LIVRE TRENTE ET UNIÈME.

I

Mohammed-Baltadji venait d'illustrer et de fortifier l'empire par la plus glorieuse paix qu'un grand vizir eût jamais signée le sabre à la main. Il recueillit, en arrivant à Constantinople, le prix ordinaire de tous les services qui dépassent la reconnaissance des nations. L'opinion lui reprochait injustement de n'avoir pas exterminé l'armée russe et ramené le czar captif aux Sept-Tours. Les calomnies de Charles XII et de l'envoyé polonais Poniatowski trouvaient un peuple crédule pour les adopter, un favori envieux pour les envenimer dans l'âme d'Achmet III. Ce prince connaissait trop les vertus du *fendeur de bois* pour les admettre, mais il recherchait trop la popularité des Ottomans pour déclarer innocent celui que le préjugé public déclarait coupable. Il exila le grand vizir dans l'île de Lemnos.

Un Géorgien sans talent, nommé Yousouf, ancien aga des janissaires, lui succéda pour garder le poste plutôt que pour le remplir, pendant que le favori attendait le moment d'y monter. Baltadji ne tarda pas à mourir à Lemnos, soit de poison, soit de vieillesse, soit d'ingratitude. Une prédiction à laquelle il avait toujours prêté foi lui annonçait qu'il serait enseveli dans un même tombeau avec le grand poëte mystique, le scheïk Missri de Lemnos. La fortune vérifia l'augure ; le fendeur de bois et le poëte y reposent sous le même cyprès.

II

Le kiaya des Baltadjis, Mohammed Othman-Pacha, accusé plus directement que le vizir de s'être laissé corrompre par l'or des Russes et par les bagues de la czarine Catherine, expia par la mort le soupçon de l'armée. On ne trouva après lui dans son trésor que deux mille ducats et l'anneau de mariage de l'esclave livonienne, prix ridicule de la corruption dont on l'accusait, et rançon puérile d'un czar et de son armée ; l'insignifiance de ces dépouilles attestait plutôt son innocence. Les envoyés des Cosaques du Don vinrent déposer sur sa tombe leur soumission à la Porte, condition du traité du Pruth.

Yousouf, qui partageait avec Baltadji-Mohammed la conviction de l'opportunité et des avantages de ce traité pour l'empire, fut renversé par l'opinion publique et par le favori, impatients de renouveler les hostilités contre la Russie. Un esclave affranchi, l'abaze Souleïman, vendu au favori, fut chargé de satisfaire à cette passion de guerre, et marcha pour rejoindre l'armée à Andrinople ; Achmet III lui-même suivit l'armée. Mais, voulant attester aux Ottomans qu'il allait combattre pour la foi et pour la gloire, et non pour la cause d'un roi chrétien, il envoya prier Charles XII, à Bender, de sortir de ses États, et de rentrer en Suède par la Russie, qui, en vertu du traité du Pruth, lui livrait le passage.

Ce prince, humilié de rentrer sans armée et sans vengeance dans son royaume, s'obstina à rester à Bender en bravant les ordres du sultan. Après de longues et vaines négociations pour fléchir la résistance de celui que les Turcs appelaient *la tête de fer*, le pacha de Bender reçut ordre d'user de violence, et de l'envoyer non plus hôte, mais prisonnier, à Démotica, l'exil des rois. Charles XII, entouré seulement de trois cents Suédois, dont il dévoua la vie à son orgueil ou à sa démence, se défendit moins en héros qu'en insensé contre six mille Turcs et vingt mille Tartares du pacha de Bender, qui l'admiraient en le combattant. Réfugié enfin avec trois de ses généraux et quelques serviteurs dans une maison crénelée et barricadée, il la laissa s'écrouler à moitié sur sa tête sous les boulets de l'artillerie ottomane, et embarrassé dans une sortie par ses éperons, il tomba dans les mains des janissaires. Garrotté et conduit au château de *la Pierre-de-Fer*, près d'Andrinople, on le transféra de là à Démotika.

III

L'opinion publique ne tarda pas à s'élever contre cette violation de l'hospitalité envers un prince dont la bravoure illustrait, aux yeux des Ottomans, la folie. « Respectez votre hôte, même s'il est infidèle, » dit le Coran. Le grand vizir, le khan des Tartares, le muphti, le pacha de Bender, exécuteurs de cet attentat envers la majesté de l'exil et du trône, furent sacrifiés à l'indignation des musulmans.

Le khodja Ibrahim, capitan-pacha, céda le commandement de la flotte à Souleïman et prit sa place au divan. Impatient du rôle servile que les vizirs, ses prédécesseurs, accomplissaient sous le kislaraga, il conspira l'assassinat de ce favori avec le khan de Crimée et le reïs-effendi. Un coup de poignard porté par un esclave dans une fête devait délivrer l'empire de ce jeune ambitieux. Informé par une indiscrétion du complot contre sa vie, le favori prévint le vizir, s'abstint de paraître à la fête où il était convié, et obtint sans effort d'Achmet l'ordre d'étrangler son rival. Cet attentat ourdi contre son favori ne servit qu'à hâter l'avénement du kislaraga au rang si longtemps convoité par lui de grand vizir.

IV

Ibrahim commença son administration par la délivrance de Charles XII de sa prison de Démotika. Le prince, reconduit avec honneur dans son royaume par une escorte de six cents cavaliers tschaouschs, reçut en présents une tente brodée d'or, un sabre enrichi de pierres précieuses, et huit chevaux arabes portant suspendus à des colliers de perles leurs titres de noblesse dans leur généalogie.

Des conférences ouvertes avec la Russie prévinrent et ratifièrent une seconde fois, à Andrinople, les principales clauses du traité du Pruth. Des troubles apaisés en Égypte, en Syrie, en Arabie, rappelèrent l'attention d'Achmet sur ses États d'Asie. Enfin le pillage en mer, par les Vénitiens, des vaisseaux qui portaient l'héritage d'Hassan-Pacha à la sultane Kadidjé, sa veuve, décida la déclaration de guerre à Venise. La Morée en devint le théâtre.

Achmet III lui-même s'avança, avec le grand vizir, devenu son gendre, jusqu'à Thèbes. Le château de Morée, imprenable depuis tant d'années aux Kiuperli, aux Mezzomorto, tomba devant Achmet. L'isthme de Corinthe, franchi par soixante mille Ottomans, livra la ville aux janissaires. Le providiteur vénitien, Minoto, fut vendu lui-même comme esclave, et délivré par la femme du consul de Hollande à Smyrne. Les Grecs du continent et des îles, las du joug de Venise, secondèrent les Turcs par leurs insurrections contre les Latins. Napoli de Romanie, avec sa citadelle au fond d'un golfe profond et à l'entrée de la riche plaine d'Argos, fut livrée par des traîtres aux cent vingt mille

Turcs qui l'assiégeaient en vain par terre et par mer.

Le sultan voulut jouir lui-même de son triomphe, et distribua des récompenses sur les ruines du fort de Palamède, qui couvre la ville. Coron, Navarin, Modon, sur le continent, les derniers châteaux vénitiens dans l'île de Crète, capitulèrent dans l'été de 1715. Venise recula jusqu'au fond du golfe Adriatique.

Ces succès sans revers sur l'Archipel et sur le continent de la Grèce, attestèrent, dans le jeune favori d'Achmet, des talents qui légitimaient sa faveur. La sagesse de son administration au dedans égalait sa vigueur au dehors; il combattait d'une main et réformait de l'autre. On lui doit l'interdiction de mutiler les enfants nègres en Égypte, pour en faire des eunuques, et l'adoucissement des supplices à Constantinople. Nul coupable sous son gouvernement ne fut exécuté sans jugement. L'empire, par son impulsion, reprit, depuis Bagdad jusqu'à Azof, le nerf détendu sous les administrations précaires de ses prédécesseurs.

Ce fut au milieu de cette paix et de cette prospérité de l'empire, ouvrage de son gendre, que la sultane Validé, veuve de Mahomet IV et mère d'Achmet III, mourut, pleine de jours et de puissance au sérail. La belle esclave de Retimo, élevée au trône par ses charmes, tombée du trône avec Mahomet IV, dans le vieux sérail où elle avait langui huit ans, régnait de nouveau depuis vingt ans sous ses deux fils Mustapha II et Achmet III. Deux mosquées, construites par sa piété sur les collines de Galata et de Scutari, portent son nom et gardent sa mémoire aux Ottomans. Nulle femme, après Roxane et la sultane Kœsem, ne régna aussi longtemps par son époux ou par ses fils sur les Ottomans.

V

Tant de fortune enivra, éblouit enfin le jeune vizir. Il refusa d'accepter la médiation de l'Autriche, offerte, par le prince Eugène de Savoie, aux Turcs et aux Vénitiens, pour arbitrer leurs différents et délimiter leurs possessions en Morée. Le prince Eugène se fondait, pour revendiquer cette médiation, sur les clauses du traité de Carlowitz, où l'Autriche avait garanti implicitement les conditions faites à la république par ce traité. Le grand vizir se refusa énergiquement à reconnaître aucun droit pareil d'intervention aux Autrichiens dans une guerre où les Vénitiens étaient les agresseurs. Il parla éloquemment au divan dans ce sens, et, rassemblant tous les généraux et les juges d'armée au palais de Daoud-Pacha devant le sultan, il ouvrit une discussion qui atteste dans le ministre la déférence, dans le conseil la liberté qu'on s'étonne de retrouver dans le gouvernement appelé improprement despotique. L'objet de la discussion était la paix ou la guerre avec l'Autriche.

« Elle s'ouvrit par la lecture d'un manifeste rédigé par le grand vizir lui-même. Ce manifeste tendait à démontrer qu'aucune stipulation précise ou indirecte du traité de Carlowitz n'autorisait l'empereur à prêter secours à la république de Venise, en cas où cette puissance serait en guerre avec la Turquie; que celui-ci avait par conséquent violé la paix, et qu'on devait lui déclarer la guerre. Le muphti décida qu'il devait en être ainsi. Le grand vizir demanda alors aux généraux s'il devait se rendre à Corfou, dont on avait depuis longtemps déjà résolu de faire la conquête, ou s'il devait se diriger vers les frontières d'Allemagne. Ils répondirent tous que le grand vizir devait prendre le commandement en chef et marcher contre les Allemands, parce que ceux-ci ne ressemblaient pas aux autres infidèles et étaient des ennemis redoutables.

« Des hommes pusillanimes, » dit le grand vizir, « représentent la puissance de l'ennemi de la foi « comme plus grande qu'elle n'est réellement, et

« ils découragent par là les musulmans. N'est-il pas
« juste et conforme aux lois, très-vénérable muphti,
« de faire mourir de pareils hommes, traîtres envers
« l'empire et la religion, qui essayent ainsi de se
« soustraire aux fatigues de la guerre ? Ce n'est pas
« sur le contenu d'une simple lettre que nous la
« commençons cette guerre ; nous n'en faisons que
« les préparatifs, et nous marcherons sur Belgrade.
« Si les infidèles franchissent d'un seul pas les fron-
« tières ottomanes, nous les repousserons ; en atten-
« dant, nous avons donné les ordres les plus sévères
« aux commandants des frontières, afin que la paix
« ne soit pas violée. »

« Le grand vizir ajouta qu'il avait résolu d'envoyer le beglerbeg de Diarbekir, Kara-Mustafa, à Corfou, et il leur demanda ce qu'ils en pensaient. Les généraux, qui voyaient bien que la détermination du grand vizir était arrêtée d'avance, aimèrent mieux garder le silence que de s'entendre appeler ennemis de l'empire et de la religion, s'ils osaient émettre une opinion contraire à la sienne.

« C'en est assez pour aujourd'hui, » dit le grand visir en terminant ; « réfléchissez cette nuit, et si
« Dieu le veut, trouvez-vous tous demain, vers midi,
« au conseil qui doit se tenir à Daoud-Pacha, en pré-
« sence du padischah. »

Le lendemain, les oulémas et les généraux se réunirent sous la tente du caïmakam. Le grand vizir arriva dès la pointe du jour, et descendit de cheval devant la tente impériale, où l'assemblée ne tarda pas à se rendre. Damad-Ali ouvrit la séance par un discours dans lequel il passa en revue, comme dans le manifeste, tous les faits accomplis, depuis la violation de la paix, par la république, jusqu'à la réception de la lettre du prince Eugène. Le muphti remit son fetwa au reïs-effendi, qui en fit la lecture ; il demanda ensuite aux oulémas ce qu'ils en pensaient. Comme personne ne lui répondit, soit qu'ils n'eussent rien à dire, soit qu'ils ne voulussent pas se compromettre en faisant connaître leur opinion, il régna dans toute l'assemblée un profond silence, qui dura près d'un quart d'heure.

Le grand vizir le rompit en s'écriant : « Messieurs, pourquoi ne parlez-vous pas ? Vous assistez « à un conseil où chacun est libre de dire son avis ; « si vous avez quelque doute sur la légalité du « fetwa, faites-le connaître. »

Enfin, l'ancien grand juge d'Anatolie, Mirza-zadé-Scheïk-Mohammed, prit la parole en ces termes : « La lettre du premier ministre allemand, « qui nous est arrivée par la poste, ne prouve pas « que l'on ait transgressé nos frontières. Où voyez-

« vous donc la trace d'une violation de la paix? Ne
« vaudrait-il pas mieux que la Sublime-Porte cher-
« chât d'abord à obtenir quelque certitude à cet
« égard, sauf à donner ensuite des ordres en con-
« séquence? »

Le grand vizir répliqua que la violation de la paix résultait de la lettre même où on accusait la Porte de s'en être rendue coupable. « Je veux bien
« convenir de ce fait, » continua le grand juge;
« l'ennemi nous accuse d'avoir violé la paix, mais il
« prétend lui-même n'avoir rien à se reprocher. Qui
« nous empêche de nous préparer à la guerre, pen-
« dant que nous ferons une nouvelle demande? Est-
« il donc bien nécessaire d'avertir l'ennemi que
« vous avez l'intention de marcher contre lui? D'a-
« près ce que je puis voir, il ne me paraît pas juste
« de commencer la guerre à propos de cette lettre
« seulement; je crois qu'il suffit, pour le moment,
« de mettre en état de défense les frontières de l'em-
« pire.

« — Apporte le traité de paix, » cria le grand vizir au reïs-effendi, « et fais-en la lecture au véné-
« rable scheïk de l'Islamisme. » Le reïs-effendi lut le traité; mais, dans les vingt articles qui le composaient, il ne se trouvait pas un seul mot relatif à Venise.

Le sultan prit ensuite la parole, et dit :. « Au
« temps de la guerre de Russie, on avait aussi fait
« des recherches, et elles n'eurent aucun résultat.

« — Voyez-vous, » dit le grand vizir en se tournant du côté de Mirza-Effendi, « comme l'ennemi
« ment en nous accusant d'avoir violé la paix.

« — Sans doute, » répliqua Mirzazadé; « nous
« savons fort bien que nous n'avons pas violé la
« paix; mais celle-ci se trouve-t-elle donc rompue
« par le fait même de la fausse accusation de l'en-
« nemi? »

Le grand vizir l'interrompit avec véhémence,
et s'écria : « A vous entendre parler, l'ennemi ne se
« rendrait coupable de trahison qu'en s'emparant
« de Belgrade; mais alors il serait trop tard pour se
« défendre.

« — Je ne dis pas, » continua le grand juge, « qu'il
« faille attendre qu'il nous ait donné cette preuve
« de son manque de foi ; mais je prétends que tant
« qu'il n'aura pas franchi les frontières, cette lettre
« ne nous donne pas le droit de lui déclarer la
« guerre. »

Le grand vizir, qui aperçut en ce moment
un livre entre les mains du scheïk d'Aya-Sofia, le
lui demanda pour savoir si l'on pourrait le consulter avec fruit. Le scheïk se leva, mais le sultan

lui fit signe de s'asseoir et de lire; il ouvrit donc l'ouvrage de Serkhasi et en lut deux pages, qui se trouvèrent favorables à l'opinion du grand juge.

Le grand vizir dit que ces décisions étaient sensées et ne pouvaient être réfutées, mais qu'elles n'étaient pas applicables au cas dont il s'agissait. Cédant ensuite à demi, il ajouta : « Nous ne vou-
« lons pas la guerre sans cause et sans violation fla-
« grante de nos frontières; seulement, nous voulons
« marcher sur Belgrade, tout prêts à combattre s'il
« y a lieu. Nous avons même défendu très-sévère-
« ment aux commandants des frontières de faire le
« moindre tort à l'ennemi par leurs incursions, et
« nous nous sommes bornés à les engager à se tenir
« sur leurs gardes. Hier au soir encore, nous avons
« reçu une lettre du pacha de Témeswar. » Et il dit au reïs-effendi d'en faire la lecture. Cette lettre annonçait que les Impériaux ne laissaient pas passer les pontons qui arrivaient de Bosnie sur la Save.

Après plusieurs paroles échangées de part et d'autre, le grand vizir se tourna du côté des vizirs et des émirs, des ayans (premiers du pays), des khodjagans (seigneurs du divan) et des généraux de l'armée, et leur demanda une seconde fois de quel côté, lui et le beglerbeg de Diarbekir devaient se diriger dans la double guerre qu'on allait avoir à soutenir. On décida, à l'unanimité, comme la veille, que le grand vizir marcherait contre l'Allemagne.

Le sultan dit : « Si Dieu le veut, nous nous ras-
« semblerons à Andrinople pour nous consulter de
« nouveau au sujet de la guerre d'Allemagne, et
« nous agirons d'après les résolutions qui seront
« prises. » Le scheïk d'Aya-Sofia éleva les mains pour faire la prière. Le sultan se leva et l'assemblée se sépara. Le grand vizir sortit vivement, irrité du résultat de la délibération. Quelques jours après, le grand juge subit la peine de sa franchise ; il fut envoyé comme simple juge à Parawadi.

Dès ce moment, on pressa les préparatifs de la guerre avec la plus grande activité. Indépendamment de la flotte qui se trouvait à l'arsenal, on fit construire quinze galiotes, vingt-cinq frégates, dix bateaux à quilles recourbées et huit felouques. Ibrahim-Aga, qui commandait le corps employé à la défense de la *Porte-de-Fer*, près du tourbillon du Danube, fut promu à la dignité de pacha à deux queues de cheval, et nommé capitan de la flottille du Danube. Le mewkoufatdji Ibrahim, et le defterdar de Nissa furent nommés commissaires, chargés de réunir les provisions de bouche sur la route de Constantinople à Belgrade. Le khan de Crimée fut invité à rejoindre l'armée, et le sultan lui envoya mille piastres à titre d'argent de carquois, et quatre mille pour la solde des seghbans. Le beglerbeg d'Anatolie, Turk-Ahmed, qui venait d'arriver à Gallipoli pour se rendre à Corfou, reçut l'ordre de se diriger, à marche forcée, sur Nissa. D'un autre côté, Ahmed-Aga de Lippa se rendit, par Choczim, à la cour de Rakoczy ou Ragotski, porteur d'une lettre dans laquelle le grand vizir lui offrait, comme autrefois à Tékéli, la principauté de Transylvanie et le titre de roi de Hongrie, en l'engageant à recommencer la guerre contre l'empereur.

« Le sultan se dirigea sur Andrinople, accompagné du caïmakam, du muphti, des deux grands juges, du chef des émirs et de tous les seigneurs du divan. Le lendemain de l'arrivée d'Achmet III dans cette ville, le beglerbeg d'Anatolie y fit son entrée à la tête de ses troupes. Aux premiers rangs, on voyait les courageux et les téméraires (gonüllüs et delis). Venaient ensuite les chasseurs et les miliciens (seghbans et lewends), puis cinquante agas de sa cour et neuf chevaux de main; enfin, derrière lui, marchaient plus de mille fusiliers à pied et plus de cent pages.

« Le même jour eut lieu le troisième conseil que le sultan avait annoncé en levant la séance de la dernière assemblée. Après que l'on eut fait la lecture de la déclaration de guerre et du fetwa qui la légitimait, le grand vizir prit la parole: « Nous ne « sommes pas ici, » dit-il, « pour perdre notre « temps à nous consulter sur la nécessité d'une « guerre que nous avons déjà résolu d'entreprendre, « mais bien pour nous exciter à la conduire d'une « manière convenable, conformément à la sentence: « *Combats les infidèles et sois sans pitié pour eux ;* « et vous, hommes de loi, qu'en pensez-vous? » Les uns lui répondirent : « Que Dieu vous guide « et vous soit favorable ; » les autres laissèrent aux généraux le soin de répondre à leur place.

« Le grand vizir ayant jeté un regard sur ces derniers pour connaître leur avis, ils s'écrièrent tous qu'ils étaient les esclaves du padischah, et qu'ils étaient prêts à faire le sacrifice de leurs corps et de leurs âmes pour le service de la religion et de l'empire.

« Le grand vizir conclut en ces termes: « Il est « hors de doute que Dieu nous accordera la vic- « toire si nous suivons cette maxime : *Ne soyez ni* « *joyeux ni tristes, et vous serez supérieurs (par* « *l'égalité d'âme).* »

Le scheïk du camp impérial mit fin à ce troisième conseil de guerre en récitant les autres paroles de ce verset du Coran : « *Dieu créa certains*

« *hommes pour le combat et d'autres pour soigner la*
« *soupe.* »

VI

Un nouveau manifeste, dans lequel le grand vizir déclarait la guerre, faisait retomber la responsabilité du sang versé sur le prince Eugène. L'armée marcha avec le vizir et le sultan à Philippopoli, ville intermédiaire entre Belgrade et Andrinople ; elle se divisa en deux armées, l'une continuant sa route vers le Danube, l'autre se dirigeant à gauche sur la Macédoine et la Dalmatie, pour faire face aux Vénitiens. Un ambassadeur polonais rejoignit le grand vizir à Nissa, pour implorer, selon l'usage des factions sarmates, le secours des nations voisines contre le roi Auguste. On croit, sans pouvoir affirmer avec certitude la date, que l'ordre de déposer l'hospodar, ou prince de Valachie, Brancovan, suspect à la Porte, fut promulgué pendant cette halte à Nissa. Mais, si la date est douteuse, la déposition et le supplice honteux de ce prince par Achmet III ternissent à jamais la mémoire de ce règne. Le judicieux historien Salaberry, d'après les sources turques, retrace ainsi cette exécution, qui rappelle les atrocités commises, à la fin de l'empire byzantin, sur la famille royale de Trébizonde.

La trahison du prince Cantimir, l'hospodar de Moldavie, qui, dans la dernière campagne contre les Russes, avait conspiré avec les ennemis de l'empire contre Achmet, et qui s'était réfugié en Russie après la retraite du czar, inspirait de sinistres soupçons au sultan sur la fidélité de Brancovan. Ces injustes soupçons étaient son seul crime. Le prince des Valaques avait gouverné pendant vingt-six ans la Valachie, en père pour son peuple, en vassal irréprochable pour les Turcs. Malgré son innocence et ses vertus, Brancovan était traîné, chargé de fers, à Constantinople, pour y recevoir la punition d'une perfidie que sa conduite avait désavouée.

A peine le malheureux Brancovan fut-il arrivé aux Sept-Tours, que ses quatre fils et sa femme accoururent pour le défendre ou pour partager son sort. Mais il était condamné d'avance ; son véritable crime était de posséder, du moins dans l'opinion, d'immenses richesses ; et l'avidité de tous ceux qui espéraient profiter de ses dépouilles ne voulait pas être trompée. Brancovan, sa femme et ses quatre fils furent destinés à mourir. Le muphti avait obtenu qu'on leur laisserait la vie s'ils embrassaient la religion musulmane. Le tableau du supplice du grand duc Notaras et de sa famille, après la prise de Constantinople, reparut avec toutes ses circonstances les plus touchantes. Les six victimes s'offrirent à la mort : trois des enfants périrent sous les yeux de leurs parents, sans avoir donné le plus léger signe de faiblesse; mais le dernier, couvert du sang de ses frères, promit d'abjurer sa religion si on voulait lui laisser la vie. Cette pusillanimité ne le sauva pas : le sultan, consulté, méprisa une conversion qu'il n'attribua qu'à la crainte de la mort, et le jeune prince fut décapité. Brancovan mourut ensuite, montrant jusqu'au dernier moment la plus vive douleur, non pas de sa déplorable destinée, mais de la lâcheté de son plus jeune fils. La princesse, son épouse, fut la dernière victime, et périt étranglée.

Telle fut la scène terrible dont le château des Sept-Tours fut le théâtre en 1714. Ce lieu de sang en devint plus fameux; le supplice du prince Brancovan et de sa famille a laissé, chez les Ottomans eux-mêmes, un tel souvenir d'horreur et de compassion, qu'ils semblent avoir oublié que leur sultan Othman II y fut mis à mort, et qu'ils parlent encore du prince grec quand ils montrent les murs extérieurs des Sept-Tours aux étrangers.

VII

L'armée passa le fleuve sous les murs de Belgrade, pour marcher à travers les prairies sur Peterwardeïn. Elle rencontra sous les murs le prince Eugène, à la tête de soixante et dix bataillons et de cinquante escadrons assouplis de sa main et aguerris par leurs longues campagnes sous ce Condé des Allemands.

La bataille commença au lever du soleil. L'impétuosité aveugle des janissaires enfonça l'infanterie allemande et la poursuivit plus loin que la prudence ne le permettait devant un général si habile à profiter des fautes même de courage. Le prince Eugène, sans s'inquiéter de la charge des janissaires sur sa gauche, profite du vide qu'ils ont laissé dans la ligne des Ottomans, et se précipite au galop avec ses cent cinquante escadrons. Tout cède au poids et à l'élan de cette charge. Le grand vizir, qui voit ses spahis et ses silihdars écrasés ou dispersés, saisit l'étendard du Prophète dans sa main gauche, et sabre de la droite ses soldats épouvantés, pour les ramener sur le champ de bataille. Désespéré de son impuissance à rétablir le combat, il monte à cheval et s'élance, avec un groupe de pachas et de pages, au-devant de la mort, pour ne pas survivre à la honte de son peuple. Une balle au front le renverse mort sous les pieds des chevaux.

Les Autrichiens, un moment rompus par le groupe intrépide qui l'environne, laissent à ses serviteurs le temps de relever son corps de la poussière, de le coucher en travers sur son cheval et de le rapporter à Belgrade.

L'armée, en déroute, y avait déjà précédé le corps de son général. Le Danube et la Save couvraient seuls les débris de ces cent cinquante mille Ottomans, contre les cent mille hommes victorieux du prince Eugène. Dix mille cadavres, cent vingt pièces de canon, cent quarante drapeaux, la tente du vizir, cinq queues de cheval restèrent, pour la seconde fois, comme dépouilles, au prince Eugène. Les papiers secrets trouvés dans la tente du vizir fournirent à la cour de Vienne la preuve des intelligences des Polonais avec la Porte. Le corps du grand vizir fut enseveli avec une triste pompe dans la mosquée du sultan Soliman, à Belgrade. Exhumé et transporté comme une sacrilége dépouille, soixante et dix ans après, par les Autrichiens vainqueurs à Belgrade, le corps du grand vizir Ali repose aujourd'hui près du tombeau du maréchal Loudon, non loin de Vienne, dans la forêt d'Hadersdorf.

VIII

Achmet III, déjà de retour à Constantinople pendant le désastre de Péterwardeïn, en reçut la nouvelle avec une apathique indifférence. Khalil-Pacha, un des généraux rentrés avec l'armée à Belgrade, reçut le sceau de l'empire, ramassé sur le champ de bataille. C'était un Albanais, ancien bostandji du sérail, élevé de grade en grade au rang de sérasker. Témeswar, après un assaut de six heures, où périrent six mille Turcs, se rendit au prince Eugène.

Le contre-coup de la défaite des Ottomans en Hongrie retentit jusqu'à Corfou, défendu par le le comte Schulenbourg contre le capitan-pacha Djanüm-Khodja. Il fut emprisonné aux Sept-Tours, pour avoir échoué contre Corfou.

Pendant que le nouveau grand vizir réorganisait l'armée, le prince Eugène, traversant la Saxe, campait déjà devant Belgrade. Une seconde bataille, livrée par le général de l'armée ottomane accouru pour secourir la ville, l'ouvrit au prince. Deux cents canons, quarante mortiers, dont quelques-uns lançaient des bombes du poids de deux cents livres, vingt mille boulets, trois mille bombes, soixante drapeaux, neuf queues de cheval, tous les instruments de musique des janissaires, la tente et le trésor du vizir, tombèrent au pouvoir du vainqueur ; six cent cinquante pièces de canon, qui bordaient le fleuve et qui armaient les barques de guerre du Danube, furent tournés contre les Ottomans.

Le grand vizir disparut dans la confusion. Mohammed, homme obscur, ancien secrétaire d'un pacha d'Ali, affidé d'Ibrahim, gendre du sultan, fut promu à la première dignité de l'empire. Kiuperli seul, pacha de Bosnie, soutint avec énergie le poids de l'Autriche dans ces provinces.

On parla de paix ; le gendre du sultan, Ibrahim, fut chargé, comme grand vizir, de la négocier et de la conclure. Il écrivit au prince Eugène pour reconnaître comme négociateur celui qu'il reconnaissait pour vainqueur. Il ordonna en même temps de retenir à Andrinople le prince prétendant de Transylvanie Rakoczy, que la Porte avait rappelé de France, où il était réfugié, pour l'opposer aux Allemands.

Une bourgade de Servie, nommée Passarowitz, sur la Morava, fut fixée par les cours pour le lieu des conférences. L'Autriche y fut modérée dans ses exigences. Soit crainte de fortifier trop Venise sur l'Adriatique, soit ombrage des Polonais et des

Russes, soit ménagement pour la puissance ottomane, dont le poids commençait à leur paraître utile depuis qu'il n'était plus écrasant, la cour de Vienne se contenta de garder dans Belgrade la clef des vallées de Servie et des avenues de l'Empire. Le Balkan devint le boulevard rapproché d'Andrinople; le Danube, Nissa, Widdin, Nicopolis, Sophia, furent désormais la ceinture naturelle et artificielle de places et de positions qui couvrirent l'Empire.

IX

Le prince Eugène, dont les Turcs avaient toujours admiré la valeur et honoré la loyauté dans la guerre comme dans les négociations, reçut d'Achmet III deux magnifiques chevaux du désert, un sabre et un turban.

« Grand vizir des chrétiens, » dit Méhemet-Effendi, plénipotentiaire d'Achmet, « mon sublime
« empereur estime ta valeur et ta sagesse, il désire
« ton amitié, et t'envoie des marques de la sienne
« dans les présents symboliques que je t'offre de sa
« part. Le cimeterre est l'emblème de ton intrépi-
« dité dans les siéges et dans les combats; le turban
« marque l'étendue de ton génie, la profondeur de
« tes desseins et ta prudence dans l'exécution. Je te

« félicite de la gloire que tu as méritée dans tes
« deux dernières campagnes; tu as vaincu les ar-
« mées ottomanes où l'on voit une si belle disci-
« pline, qui ont sur les autres nations l'avantage
« du nombre, et qui ne sont comparables qu'à tes
« admirables soldats. »

X

Les présents portés à Vienne par Ibrahim-Pacha, beglerbeg de Roumélie, n'attestent pas moins la magnificence orientale.

« Ils se composaient, » disent les Annales de Raschid, « d'un poignard circassien, dont le manche était incrusté de deux cents diamants, grands et petits; un carquois avec une chaîne en or, garni de rubis, de perles et d'émeraudes; sept harnais; sept gourmettes; trois paires d'étriers et sept masses d'armes, le tout en argent; sept selles de velours brodées d'or; sept housses de la même étoffe également brodées d'or, et quelques autres harnais d'une moindre valeur. Le magasin des tentes impériales lui fournit encore deux grandes tentes de cérémonie soutenues par deux colonnes; deux autres de toile cirée, percées de deux corridors; une grande tente de forme circulaire; un dais; toutes ces tentes munies de leurs tapis et coussins. Pour mettre Ibrahim-Pacha à même de subvenir aux frais de son voyage, le sultan lui fit don de trente-cinq mille piastres et lui en avança soixante-quinze mille autres.

« Les présents qu'il fut chargé de remettre à l'empereur, au nombre de sept fois sept, furent les plus riches et les plus magnifiques que jamais ambassadeur turc ait offerts au souverain d'un État de l'Europe. Sa suite, composée de sept cent soixante-trois hommes, de six cent quarante-cinq chevaux, cent mules et de cent quatre-vingts chameaux, reçut, dès son arrivée sur le territoire autrichien, les vivres de toute nature dont elle avait besoin ; l'ambassadeur lui-même fut gratifié journellement d'une somme de cent cinquante écus.

« A son arrivée sur les rives de la Schwechat, Ibrahim-Pacha fut complimenté par le maréchal de la cour et par un commissaire impérial, chargé de l'introduire solennellement dans la capitale, sous l'escorte de plusieurs détachements de troupes impériales et de milices, de hussards et de la garde civique à cheval, composée des principaux négociants de la ville. En avant du cortége marchaient les tschaouschs des cérémonies du divan, le trésorier avec six chariots de bagage portant les présents, et traînés chacun par quatre chevaux ; le garde des clefs avec les mules et suivi des tapissiers des appartements ; les chevaux offerts en présent par le sultan ; les gardes du corps du pacha, c'est-à-dire les courageux et les téméraires. Derrière eux venaient un officier portant un drapeau vert ; les chevaux de main de l'ambassadeur ; les fauconniers, les grands écuyers et le grand chambellan d'Ibrahim-Pacha ; ses deux queues de cheval flottant dans les airs, tandis qu'une troisième, celle du quartier-maître, était portée horizontalement ; l'inspecteur et le secrétaire des tschaouschs et le tschaouschbaschi ou maréchal de cour de l'ambassadeur. Les sept chevaux favoris de l'ambassadeur, couverts de housses, de peaux de tigre et de harnais en argent, au flanc droit desquels était appendu un bouclier en argent et un sabre, étaient conduits par quatorze tschaouschs du divan, dont les turbans étaient ornés de riches panaches.

« Venait ensuite l'ambassadeur, dans une voiture fermée par un grillage d'or, dont les parois extérieures étaient garnies d'écarlate, et celles de l'intérieur ornées de diverses peintures. A sa droite et à sa gauche s'avançaient, à pied, le porte-carafe et le chef des fusiliers, portant sur leurs épaules des peaux de tigre, vêtus de longues robes d'écarlate, coiffés de bonnets de feutre blanc et ceints d'un sabre à poignée d'argent, dont le fourreau était en velours rouge ; douze valets de chambre, six coureurs, le grand porte-épée, le premier valet de chambre, les pages, les kiayas, le secrétaire de l'ambassadeur, deux imans, deux muezzins, les porte-étendards, les porteurs d'eau, les palefreniers, les dresseurs de tentes, la musique militaire, composée de chalumeaux, de cymbales, de trompettes, d'une multitude de petites timbales, du grand tambour. »

XI

Pendant qu'Achmet III déployait ce luxe asiatique en Allemagne pour éblouir l'Europe, des tremblements de terre et des incendies qui renversaient ou consumaient en une nuit vingt-deux mille maisons consternaient Constantinople. Les éléments semblaient conspirer avec la fortune contre son règne. L'indolence voluptueuse du sultan l'empêchait de s'attrister de ces revers ou de ces augures. La fierté du grand vizir n'en fut pas abaissée. En permettant au czar de Russie d'entretenir un ministre résidant à Constantinople, il refusa obstinément de reconnaître au souverain des Moscovites le titre d'empereur.

« Mon maître ne connaît dans le monde, » dit-il, « que deux empereurs, le sultan et l'empereur ro- « main (l'empereur d'Allemagne.) » Il consentit avec ces réserves à renouveler avec la Russie la paix du Pruth.

XII

Des fêtes alternaient à Constantinople avec ces négociations et ces désastres. La description turque des cérémonies, des réjouissances et du luxe qui signalèrent au printemps de 1721, les circoncisions et les noces des fils et des filles d'Achmet III, empruntée à l'historiographe de l'empire, Raschid, retrace des mœurs trop profondément ottomanes pour ne pas les opposer aux mœurs de l'Occident.

« Le sultan Achmet célébra en ce temps-là, » dit Raschid, « les noces de trois de ses filles, de deux de ses nièces et la circoncision de quatre de ses fils. Les fiancés étaient le capitan-pacha, Soulciman, le nischandji Mustafa, et Ali, fils de l'ancien grand vizir Kara-Mustafa. Ces trois favoris épousèrent les trois filles du sultan régnant.

« Othman-Pacha reçut la main de la princesse

Oummetoullah, et le gouverneur de Négrepont, le silihdar Ibrahim, celle de la princesse Aïsché, celle-là même qui avait été fiancée à Kiuperli-zadé Noouman-Pacha, et qui par sa mort avait recouvré sa liberté ; toutes deux étaient filles de Mustapha II. Le sultan, en choisissant pour inspecteur de la fête l'inspecteur des cuisines impériales, Khalil, lui ordonna de faire confectionner en même temps quatre grandes palmes nuptiales pour les quatre princes ses fils, et quarante autres plus petites avec un jardin en sucre. Les palmes des princes, symbole d'une union fertile, avaient treize aunes de hauteur, et étaient divisées en cinq étages ; le jardin en sucre, long de six aunes sur quatre de large, signifiait, dans le langage allégorique de l'Orient, que les douceurs du mariage ne s'obtiennent qu'au prix de quelques douleurs physiques essuyées le jour des noces.

« De grandes vergues et de larges voiles furent transportées de l'arsenal au sérail, pour être employées à la construction d'une tente monstrueuse, sous laquelle se fabriquaient les palmes de noces ; dix autres tentes plus petites étaient occupées par des menuisiers, des serruriers, des peintres, des relieurs et des confiseurs chargés de la confection du jardin en sucre. Khalil reçut ordre de se procurer pour le festin dix mille assiettes en bois, sept mille neuf cents poulets à prendre dans les juridictions européennes de Rodosto, d'Amedjik et de Schchrkœïyi, et dans les juridictions asiatiques de Gœledjik, de Ienidjé, de Tarakli et de Gulbazari, situées dans le sandjak de Khoudawendkiar ; mille quatre cent cinquante dindons, trois mille poulardes, deux mille pigeons, mille canards ; cent tasses, de la forme de celles qu'on a coutume d'offrir, remplies de sucreries, le jour anniversaire de la naissance du prophète ; quinze mille lampes destinées à l'illumination du lieu où devaient s'accomplir les différents mariages ; mille lampyres de Mauritanie en forme de demi-lune, et dix mille pots pour servir le sorbet.

« Des commissaires furent envoyés dans plusieurs provinces pour y recruter des cuisiniers, des confiseurs, des chanteurs, des danseurs et des saltimbanques ; cent-vingt porteurs d'eau, munis d'outres imprégnées d'huile et couverts de peaux de cuir de Russie, portant des pantalons de même cuir, furent chargés de la police de ces fêtes ; car, dans cette circonstance, on voulut maintenir l'ordre sans être forcé de recourir aux coups de bâton et de massue. L'inspecteur Khalil fut en outre chargé de fournir des vêtements neufs pour cinq mille enfants pauvres, qui, à l'occasion du mariage des princes, devaient être comme eux circoncis aux frais du sultan. Les lutteurs, les danseurs de corde et les bateleurs, qui arrivaient de toutes les provinces de l'empire pour montrer leur adresse, furent placés sous la protection des généraux, des armuriers et des canonniers, et reçurent l'hospitalité du chef des bouchers. On emprunta aux cuisines des janissaires, des canonniers et des armuriers, des plats et de grands chaudrons; aux fondations pieuses et aux palais des grands, des vases d'étain et de cuivre; enfin on fit servir toute la vaisselle des cuisines impériales.

« Nous avons vu que, sous le règne de Soliman le Grand, le grand vizir Ibrahim-Pacha, son favori, lors de la célébration de son mariage avec une princesse du sang, fut honoré de la présence du sultan au festin qu'il donna à cette occasion, et que cette faveur le rendit si fier, que, dans ses lettres à l'empereur Charles V et au roi de Hongrie, Ferdinand, il s'intitula : *Possesseur des noces* (Sahib-es-sour). Sous Achmet III, le tout-puissant grand vizir, Damad Ibrahim-Pacha, jouit d'un honneur non moins grand, car son fils Mohammed, qu'il avait eu d'un premier mariage et qui fut circoncis avec les princes, reçut comme eux deux palmes et un jardin en sucre, symboles de la force virile ; seulement les siens furent d'une dimension moindre de moitié.

« Après que le sultan et ses fils eurent examiné les palmes qui venaient d'être achevées dans le vieux sérail, elles furent portées au nouveau sérail, d'où on les transféra, ainsi que les tentes impériales et celle du grand vizir, sur l'Okmeïdan, place immense située sur une colline derrière l'arsenal. Ce fut là que le kiayabeg et le defterdar, l'aga des janissaires, les généraux de la garde à cheval et de l'étendard sacré, assistés du chef des ouvriers chargés de dresser les tentes, présidèrent à la construction des tentes nuptiales destinées aux grands dignitaires de la cour et de l'Etat.

« On célébra d'abord le mariage de Sirké Othman-Pacha avec la nièce du sultan, la princesse Oumme-toullah (15 septembre 1720). Son paranymphe (saghdidj) conduisait, dans l'ordre accoutumé en pareilles circonstances, le cortége, et portait les présents de noces du fiancé. A la tête de ce cortége, on voyait des corbeilles remplies de fleurs et de fruits ; puis des ballots de châles, des bourses d'or et des joyaux ; venaient ensuite des chevaux richement caparaçonnés et les autres présents. Le muphti, après avoir appelé la bénédiction du ciel sur les fiancés, en la personne du kislaraga qui représentait la princesse, et du kiaya de Sirké-Othman, remit à ce dernier, de la part du sultan, la dot de sa femme, qui s'élevait à vingt mille ducats. Après ce cérémonial, on donna, de la part des nouveaux mariés, de riches pelisses au premier eunuque, au valet de chambre, aux maîtres du salut et des cérémonies, à l'écuyer et au référendaire ; puis ils furent congédiés après avoir été encensés et abreuvés de café et de sorbets.

« Un intervalle de quatre jours fut laissé entre le mariage de Sirké-Othman, et la fête de la circoncision des princes, qui dura seize jours entiers. Chaque jour fut marqué par des spectacles publics, des banquets, des illuminations et des feux d'artifice ; chaque jour aussi, plusieurs centaines de jeunes garçons furent circoncis aux frais du sultan. Pendant les quatre jours, qui étaient consacrés à préparer les princes à l'acte solennel de la circoncision, on fit construire, sur la place d'Okmeïdan, des autels où l'on sacrifia des brebis ; on éleva des mâts de cocagne, des tirs à l'arc et un pavillon d'une grande hauteur, semblable à celui dont on fait suivre le camp impérial, et qu'on nomme le *kiosk de la Justice*, parce que, en temps de guerre, les exécutions ont lieu devant ce pavillon. On dressa des tentes pour les cent cinquante chirurgiens de l'armée, les chanteurs, les danseurs, les lutteurs, les bateleurs et autres hôtes de même nature, qui tous furent régalés de café et de sorbets, aspergés d'eau de rose et parfumés d'encens.

« Dès l'aube matinale, le bruit des tambours et des timbales annonça le commencement de nouvelles fêtes, et les porteurs d'outres se mirent en devoir de balayer et d'arroser la place. Le sultan ne manqua pas un seul jour de se rendre au lieu de la fête, accompagné des princes et suivi de sa garde, les soldats et les peïks du bostandji-baschi et du khasseki. A sa gauche marchaient ses fils, revêtus de kapanidjas en étoffe d'argent, et portant sur la tête des turbans ronds de l'invention de Sélim (sélimi); les vizirs avec leurs turbans de forme pyramidale (kallawi), les oulémas avec leurs turbans volumineux (ourf), et les kodjagians avec leurs turbans cylindriques (moudjewwézé), se tenaient quelques pas en arrière. La forme des pelisses d'État avait été réglée avec la même sévérité minutieuse que celle des turbans; la kapanidja, en étoffe d'or ou d'argent et bordée par devant et par derrière de fourrure de zibeline noire, était portée dans les circonstances extraordinaires par le sultan, les princes, le grand vizir et autres vizirs, comme par exemple, les gendres du sultan; les pelisses d'État des seigneurs de la chambre s'appelaient erkiankürki, celles à larges manches étaient nommées ferradj ; la pelisse de dessus (oustkürk) était affectée aux grands dignitaires de l'État. L'oustkürk est distingué des autres vêtements par de fausses manches qui, retombant par-dessus les véritables, ne servent que lors de la cérémonie du baisement; car ceux que leur rang subalterne exclut de l'honneur de baiser la main du Grand-Seigneur ou d'un vizir, ou même la manche qui renferme leur bras, ne peuvent, suivant l'étiquette de la cour ottomane, baiser que la fausse manche.

« On avait réglé pareillement les couleurs des draps dont les pelisses devaient être doublées, et, à cet effet, on en avait choisi neuf pour se conformer à un nombre que les Tartares regardent comme sacré, à savoir : le bleu, le violet, l'écarlate, le bleu foncé, le bleu clair, le bleu d'azur, le vert foncé, le vert clair et le vert jaune. Le blanc était la couleur des vêtements du muphti, le vert clair celle des vizirs ; l'écarlate, celle des chambellans, exécuteurs obligés des sentences de mort. Les six premiers dignitaires législatifs, les deux grands juges, le chef des émirs, les juges de la Mecque, de Médine et de Constantinople, et les six premiers fonctionnaires de la Porte, les trois defterdars, le defter-emini, le reïs-effendi et le nischandji portaient des vêtements de drap bleu foncé ; les grands oulémas et les kodjagians avaient des vêtements de couleur violette ; ceux des mouderris, des scheïks et des fonctionnaires subalternes de la chambre étaient de drap bleu clair ; les tschaouschs feudataires et les agas des vizirs se reconnaissaient à leurs vêtements bleu azur ; les agas de l'étrier impérial, le maréchal de l'empire, le miralem (porteur de l'étendard sacré), étaient habillés de vert foncé, d'une nuance semblable à celle qui décore habituellement les porcelaines de Chine ; enfin les employés des écuries impériales portaient des vêtements vert de naphte. Quant aux bottes, celles des officiers de la Porte étaient jaunes ; les généraux des troupes portaient des bottes rouges, et les oulémas des bottes bleues. La disposition des harnais, des housses et des couvertures de selle fut également réglée pour les jours ordinaires et pour les jours qu'on appelait jours de divan.

« Ainsi les dignitaires de l'État et de la cour dans l'empire ottoman étaient distingués par des uniformes réglementaires à une époque bien antérieure à celle où les souverains de l'Europe ont réglé le vêtement de leurs fonctionnaires ; et si la Russie, en divisant par classes les emplois civils et militaires, a déterminé le grade correspondant à chaque fonction, l'empire ottoman, depuis le règne de Soliman le législateur, avait vu fixer la position respective des fonctionnaires de premier, de second et de troisième ordre attachés à la Porte, ainsi que celle des oulémas. C'est ainsi que la dignité de grand vizir correspondait à celle de muphti, et les six premiers dignitaires de la loi trouvaient des correspondants dans les six premiers fonctionnaires attachés à la Porte; les grands mollas correspondaient aux kodjagians, les mouderris et les scheïks aux employés subalternes de la chancellerie et de la chambre, les agas des troupes aux agas de l'étrier impérial, et les seigneurs de l'État aux seigneurs de la cour.

« Le premier jour de la fête des princes, les vizirs, après avoir été admis au baise-main du sultan, furent invités à un banquet où chaque vizir de la coupole et chaque gouverneur avait sa table particulière. Tous envoyèrent leurs présents au kislaraga par l'entremise du grand référendaire; la suite du grand vizir montra son habileté dans le jeu du djérid; les porteurs d'outres élevèrent sur la place un kiosk construit à leurs frais; on y voyait des automates exécuter des jeux; un centaure se fit surtout remarquer par son adresse aux exercices du corps.

« Le lendemain (19 septembre), des danseurs égyptiens exécutèrent la danse des épées, des bouteilles et des cercles. Le même jour le muphti, à la tête des grands oulémas, eut l'honneur de disserter, en présence du sultan, sur l'interprétation d'un verset du Coran. Les jeunes garçons qui devaient être circoncis défilèrent, conduits par l'inspecteur de la fête, devant le *kiosk de la Justice*, où le sultan était allé se placer ; les employés de l'arsenal et les canonniers passèrent sous ses yeux, les premiers en traînant sur des rouleaux plusieurs galères, les seconds en faisant avancer une forteresse artistement construite en bois. Les grands oulémas étaient assis avec les juges d'armée à des tables particulières, servies par les porteurs d'eau et les écuyers du sérail ; les restes du repas furent donnés aux oulémas subalternes.

« Le lendemain (20 septembre), après la prière du vendredi, des danseurs exécutèrent des danses dites de chameaux et de couteaux, et les oulémas furent traités par le grand vizir dans des tentes particulières appelées *tscherké* (tente de repas), dressées dans le voisinage de la *tente militaire* (oba) du grand vizir, qui lui-même logeait près de la *tente de cérémonie* (otak) du sultan.

« Le 21 septembre, des bateleurs et des saltimbanques arabes étonnèrent le peuple par leur adresse et leur force incroyables. Les scheïks et les prédicateurs des mosquées impériales, après avoir baisé la main du sultan et du grand vizir, furent traités avec magnificence.

« Le jour suivant, Achmet III se divertit beaucoup des sauts que firent en sa présence des mangeurs d'opium égyptiens, auxquels il fit jeter de l'argent; les tours des singes, des ours et des serpents apprivoisés fixèrent également son attention. Deux troupes de danseurs, l'une appelée baghdjewan kouli (esclaves jardiniers), l'autre Édrené kouli (esclaves d'Andrinople) rivalisèrent dans une danse mimique; les prédicateurs et les imans des mosquées de la capitale étaient ce jour-là les hôtes du grand vizir. Le sultan, en retournant vers le soir au palais de l'arsenal, que pendant la durée des fêtes il avait choisi pour demeure, fixa au lendemain la marche des divers corps de métiers. Les chefs de ces corps et les anciens offrirent leurs présents par l'entremise du peschkeschdjiaga (maître des présents) et des portiers du sérail, après quoi ils furent invités à un festin dressé sous les tentes du grand vizir. Le même jour Damad-Ibrahim traita à des tables particulières les généraux des six régiments de cavalerie, leurs procureurs, leurs inspecteurs et les tschaouschs.

« Le 24 septembre, on servit aux janissaires deux cents moutons bouillis, trois cents autres rôtis, et quatre cents plats de riz écossé. Au moment où, à un signal donné, les soldats se jetèrent sur cette proie, un grand nombre de pigeons, cachés entre les cornes des moutons, s'envolèrent aux vives acclamations des assistants. Les taillandiers firent passer sous les yeux du sultan un dragon en fonte qui vomissait du feu, et les canonniers une forteresse en bois défendue par un éléphant ; enfin les ouvriers de l'arsenal passèrent avec une galère, voiles déployées et pavillon au mât. L'état-major des janissaires dîna avec le grand vizir Damad-Ibrahim, pendant que les tschaouschs des cérémonies lançaient des fusées de tous côtés.

« Le jour suivant, huit autres corps de métiers défilèrent devant le sultan ; les joueurs de gobelets et les pehliwans, ainsi que les deux troupes de danseurs, satisfirent par leur jeu la curiosité des assistants ; le maréchal de l'empire et le grand chambellan dînèrent avec les chambellans, les tschaouschs et les fourriers de la cour, à des tables dressées pour eux et servies avec profusion ; par une faveur spéciale, le grand vizir leur avait permis de déposer leurs grands et lourds turbans d'État (moudjewwezé), et de paraître avec leurs turbans ordinaires.

« Le lendemain, les lutteurs, les joueurs de baguettes et les bateleurs montrèrent leur adresse. Ce jour-là, Damad-Ibrahim donna à dîner aux officiers des bostandjis, au khasseki, à l'odabaschi, aux gardiens du sofa et des barques, aux employés de la vénerie impériale, à l'aide-major et au trésorier de l'écurie, au secrétaire de l'orge et aux palefreniers, au chef des valets employés à étriller les chevaux, au grand et au petit gardien des litières, au vaguemestre et à tous les écuyers du sultan.

« Ce ne fut que le 27 septembre seulement que vint le tour des seigneurs de la chambre, du reïs-effendi, des sous-secrétaires d'État, du maître des requêtes, du chancelier, du secrétaire intime du grand vizir, des présidents des diverses chancelleries, des intendants et des inspecteurs du trésor.

« Les ambassadeurs des puissances européennes assistèrent aux fêtes qui furent données pendant les sept jours suivants. La première invitation fut faite au nom du sultan à l'ambassadeur français, en même temps qu'aux généraux et aux officiers des canonniers, des armuriers, des soldats du train et des begs des galères, ainsi qu'à leurs capitaines et à leurs tschaouschs.

« Le lendemain 29 septembre, les ambassadeurs anglais et hollandais se rendirent au lieu du festin, avec les imams et les scheïks des derviches, habitant les faubourgs de l'autre côté du port de Constantinople (Galata, Kasim et Khasskœï); le baile de Venise et le résident d'Autriche à Constantinople furent invités en même temps que les beglerbegs et les kodjagians en retraite ou en disponibilité; enfin le résident de Raguse reçut son invitation, le jour où l'on offrit aux habitants des quatre grands faubourgs de la capitale, Scutari, Galata, Aïoub et Kasim-Pacha, cinq mille plats de pilau.

« Le quinzième et dernier jour de la fête, le sultan traita les administrateurs des fondations pieuses et des biens des sultanes; ce même jour, on distribua de l'argent aux vingt-deux chambrées de janissaires qui faisaient le service de la cour, et les officiers qui avaient dirigé les fêtes furent, en récompense de leur zèle, revêtus de caftans.

« Le lendemain 3 octobre, le sultan quitta avec les princes le palais de l'Arsenal, et retourna au sérail, dans la cour intérieure duquel on avait dressé des tentes pour les médecins, et une autre pour la cérémonie religieuse de la circoncision ; car ces fêtes, pendant lesquelles mille enfants du peuple avaient été opérés aux frais du sultan, n'avaient été que les préliminaires de la fête de la circoncision des princes.

« Huit jours après les réjouissances données au peuple, on promena par toute la ville les palmes nuptiales. Dans cette occasion, les employés de la cour et de l'État parurent revêtus de leurs uniformes de gala; les généraux de cavalerie portaient des turbans de l'invention de Sélim, des jaquettes (nimten), des hauts-de-chausses fort larges en velours, des felares de Tscherkassie, des harnais et des housses de divan; le grand vizir, coiffé du turban pyramidal étincelant d'or et revêtu de la kapanidja, avait à sa droite un chambellan dont le turban était surmonté d'un panache blanc, et à sa gauche, l'odabaschi des bostandjis avec son bonnet jaune. Devant lui marchaient ses laquais (schatirs). Les palmes étaient d'une dimension telle, qu'en beaucoup d'endroits il fallut démolir les maisons pour qu'elles pussent passer; sur la route que parcourut le cortége, les généraux des canonniers, des armuriers et des soldats du train d'artillerie s'étaient rangés avec leurs troupes. A la tête de ce cortége marchaient les porteurs d'outres, dont la musique se composait de fifres et de cornemuses. Venaient ensuite le prévôt du guet (aasasbaschi) et le lieutenant de police (soubaschi), l'aga des janissaires à la tête de tout son état-major, les tschaouschs, les mouderris, les administrateurs des biens des sultanes, les seigneurs du divan et les présidents de la trésorerie, les grands mollas, les chambellans, cent cinquante chirurgiens-majors précédés du chirurgien en chef, et quarante janissaires portant chacun une petite palme.

« Devant les deux grandes palmes qui les suivaient marchaient, côte à côte, l'inspecteur des noces, l'aga et le constructeur des palmes, suivis d'une troupe de porteurs d'outres et de charpentiers chargés de démolir tout ce qui pourrait entraver la marche du cortége. Derrière eux, on portait les quatre jardins en sucre cachés sous des voiles dorés, et quarante ouvriers de l'arsenal tenaient chacun une tasse remplie de fleurs, de fruits, d'arbres, d'oiseaux et d'animaux, le tout artistement façonné en sucre. Les trois defterdars, l'inspecteur de la chambre, le reïs effendi, et les juges d'armée, divisés en mazouls (en retraite), en payélüs (titulaires) et en bilfüls (en activité) précédaient immédiatement les juges de Constantinople, qui, de même que les juges d'armée, étaient divisés en trois catégories : les juges en retraite, les juges titulaires et les juges en activité. La même distinction était observée pour les vizirs de la coupole et les gouverneurs, qui devançaient le grand vizir, escorté par les écuyers (bouloubaschis), les laquais et les gens des écuries et des jardins impériaux. A leur suite marchaient le grand écuyer et le bostandjibaschi, puis neuf chevaux de main, richement caparaçonnés, dont chacun était tenu en laisse par un écuyer coiffé d'un turban en forme cylindrique.

« Venaient ensuite le chef des émirs, puis le prince Souleïman à cheval, entouré des gardes-du-corps, les lanciers et les archers; à sa droite et à sa gauche s'avançaient à pied le khasseki et l'aide-major des écuries, puis venaient, dans une voiture dorée et traînée par six chevaux de race, les princes Mohammed et Moustafa. Ils étaient escortés du porte-épée et du premier valet de chambre du sultan, qui, se tenant aux portières, jetaient au peuple, sur leur passage, des pièces de monnaie nouvellement frappées. Venaient ensuite le chef des eunuques noirs (kislaraga) et le chef des eunuques blancs (capouaga), les agas de la cour intérieure et la chapelle impériale; la marche était fermée par les généraux des spahis et des silihdars, suivis de leurs escadrons.

« Comme les palmes étaient trop grandes pour passer sous la porte impériale du sérail, sans qu'on fût obligé de la démolir, on avait eu soin de les dresser hors de son enceinte, tandis que les petites palmes et les jardins de sucre étaient exposés devant la cour de marbre (mermerlik). Le muphti et les oulémas revinrent par la porte du centre, lorsque le grand vizir et les seigneurs du divan la franchirent pour se rendre à la salle d'audience (aarzodasi).

« Damad-Ibrahim, après avoir mis pied à terre aux acclamations des tschaouschs, aida, avec le kislaraga, le prince Souleïman à descendre de cheval ; puis, assisté de deux vizirs, il fit sortir de voiture les deux frères du jeune sultan. Rentrés dans leurs appartements intérieurs, les princes admirent au baise-pied les vizirs, qui se retirèrent ensuite sous la coupole.

« Lorsque le sultan entra dans la salle, le grand vizir, et, après lui, les jeunes princes, vinrent se prosterner devant lui et lui baiser les pieds ; là se trouvait aussi le plus jeune des princes, le sultan Bayezid, qui devait subir l'opération de la circoncision. Le grand vizir sortit de l'appartement, à l'entrée duquel se tenaient les vizirs, comme aux jours ordinaires du divan. Damad-Ibrahim leur donna le salut, et le sélamagasi (le maître du salut) le lui rendit au nom des assistants. A la fin du repas des vizirs, les ouvriers de l'arsenal qui portaient les palmes, les peintres, les menuisiers et les artisans chargés de fabriquer les fleurs artificielles, furent reçus par le sultan, qui les congédia après leur avoir fait distribuer des présents. Les vizirs et les généraux de l'armée, précédés du grand vizir et du muphti, rentrèrent alors dans la salle d'audience. Ces deux derniers, ainsi que les autres vizirs, obtinrent seuls la permission de s'asseoir, tandis que le reïs-effendi, le defterdar, le tschaouschbaschi et les généraux se tenaient debout à l'entrée de la porte. De la salle d'audience, le grand vizir, accompagné du muphti et des vizirs, se rendit dans celle où est déposé le manteau du Prophète, et d'où, après avoir présenté ses hommages au sultan, il retourna dans la première salle. Il accompagna ensuite tout seul le grand Seigneur dans la salle de la circoncision, où reposaient les trois princes aînés, qui venaient de subir l'opération confiée à l'habile chirurgien en chef; le plus jeune avait déjà été remis à sa nourrice.

« Lorsque Damad-Ibrahim fut retourné dans la salle d'audience, un des confidents du sultan vint apporter, sur un plateau d'or, les indices irréfragables de l'habileté de l'opérateur, indices que le grand vizir, puis le muphti et les vizirs, couvrirent de monceaux d'or. Tous les assistants se retirèrent, après avoir été revêtus, ainsi que les juges d'armée et les autres ministres, de pelisses d'honneur et s'être prosternés devant le trône dans l'ordre hiérarchique.

« Pendant que les vizirs se reposaient, hors de la salle d'audience, sur les sofas dressés dans la cour de marbre pour les chambellans, les fonctionnaires subalternes qui avaient figuré dans cette fête, tels que l'inspecteur de la circoncision, le chef de la cuisine, le grand écuyer tranchant, le maître des cérémonies et les procureurs des silihdars et des spahis, furent revêtus de caftans.

« A l'issue de cette cérémonie, les vizirs quittèrent le palais, et le grand vizir monta le cheval que le sultan lui avait envoyé, et dont les harnais en or et en émail étaient estimés à une valeur de cent bourses d'argent. A l'occasion de la circoncision du fils du grand vizir, les quatre jeunes princes envoyèrent à ce dernier des chevaux richement harnachés.

« Ainsi se termina l'acte solennel de la circoncision, qui, suivant l'exemple d'Abraham, est imposée comme un devoir à tout musulman ; mais le temps était passé où le sultan pouvait se permettre d'inviter le doge de Venise et l'empereur à se rendre en personne à Constantinople pour assister à cette cérémonie. »

De telles magnificences, à la suite de tels revers, attestaient la décadence grecque dans l'orgueil musulman. Ne pas sentir son abaissement est la pire décadence, car c'est celle de l'âme. La paix de l'empire n'était pas assez glorieuse pour qu'il fût permis à Achmet III et à son ministre d'en jouir avec dignité; il y avait des remords sous leurs délices et de l'humiliation sous leur bonheur.

XIII

Ces années de paix furent employées à des embellissements de la capitale, à des constructions de jardins, de canaux et de mosquées, qui achevèrent de rendre les deux rives du Bosphore la Babylone de l'Orient. L'ambassadeur ottoman, Mohammed-Effendi, qui avait signé le traité de Passarowitz, et qui de là avait été envoyé en mission en France, en rapportait les récits, les plans et les peintures des palais de Versailles, de Marly, de Fontainebleau, magnificences que le grand vizir s'étudiait à transporter, en les appropriant aux lieux et aux mœurs, sur les collines et dans les vallées de Constantinople. *Le Livre des Noces* retrace comme des monuments de la grandeur ottomane les merveilles de ces constructions et le luxe qu'Ibrahim ne cessait d'offrir à son maître pour endormir son inquiétude d'esprit, et pour lui faire savourer la paix par ces jouissances. Ce ministre, quoique jeune, paraissait avoir compris, par tant de revers successifs, que le génie de la guerre abandonnait les musulmans, et qu'il ne fallait plus tenter une fortune si constamment adverse. La splendeur de ces édifices, de ces jardins, de ces fêtes, imitation de Louis XIV sous Achmet III, répand sur la fin de ce règne un lustre que *le Livre des Noces* a conservé à l'histoire.

Ce fut Ibrahim qui éleva, à l'entrée de la *Corne-d'Or*, sur un écueil détaché de la côte d'Asie, à la place d'un phare en bois détruit par un incendie, la tour de Léandre. Une tradition populaire des Grecs plaçait sur cet écueil la scène des amours et de la mort d'Héro et de Léandre. Une tradition turque racontait qu'une princesse, fille d'un empereur de Byzance, à qui les oracles prophétisaient qu'elle mourrait de la piqûre d'un aspic, y avait été élevée et enfermée par son père sous la garde des flots, pour tromper la destinée; mais qu'un serpent, apporté dans une corbeille de fruits à la jeune fille, avait fatalement vérifié l'oracle.

Ce fut lui encore qui embellit d'arbres, de fontaines, de kiosks et de bancs de marbre, ombragés par des platanes majestueux, la vallée mélancolique des *eaux douces* d'Europe, cette Tempé de Constantinople. Ce fut lui qui construisit, pour la sultane, le palais asiatique de Kiaghadkhané, et, qui par un canal de marbre de mille coudées, conduisit les *eaux douces* d'Asie serpenter et murmurer sous les murs de ce palais de campagne. L'haleine des cascades artificielles, copiées de celles de Versailles et de Saint-Cloud, y rafraîchissaient l'air respiré par les sultanes. L'inauguration de ce palais, offert par le grand vizir à Achmet, fut l'occasion de pompes et de fêtes, devenues historiques par leur nouveauté.

C'est du génie somptueux de vizir que datent les illuminations des grandes mosquées, imitées de Saint-Pierre de Rome, pendant les nuits du ramadhan, au moyen de grands demi-cercles de fer garnis de lampions, appelés des *lunes*, parce que pendant la nuit ils imitent les croissants étincelants au soleil qui couronnent les minarets et les coupoles.

Ce fut encore sous son administration que s'établit l'usage des fêtes des lampions et des tulipes ; elles se célébrèrent tous les printemps dans le jardin du sérail ou dans un des palais impériaux, situé sur l'une ou l'autre rive du Bosphore. Il était d'usage, dans ces fêtes, d'illuminer les parterres de tulipes, avec des lampions en verre de couleurs différentes, en sorte que les parties ombrées des fleurs, en se réfléchissant dans les lampions, paraissaient brûler comme des lampions, et les lampions comme un second parterre de tulipes. Ainsi, la magnificence des illuminations qui avaient lieu dans l'antiquité à Saïs, se trouva transportée, après tant de siècles, des bords du Nil sur les bords du Bosphore.

La plus brillante de toutes les fêtes de tulipes et de toutes les illuminations que jamais grand vizir ait données à un sultan, fut celle que Damad-Ibrahim offrit à Achmet III, dans son palais d'été de Beschiktasch, en présence de ses nombreux fils ou filles, de leurs mères et de ses favorites. « A cette fête assistaient le sultan, quatre de ses fils, Souleiman, Mohammed, Moustafa et Bayézid, les sept princesses ses filles, Oumm Koulsoum, Kadidjé, Aatiké, Saliha, Aïsché, Rabia et Seïneb ; la sultane, mère des quatre princes, que nous venons de nommer, et les quatre mères de princes morts à un âge peu avancé ; les cinq sultanes, épouses légitimes d'Achmet III (sa première, sa seconde, sa troisième, sa quatrième et sa cinquième femme); huit autres sultanes, seize esclaves confidentes des sultanes, et dix confidents du grand seigneur. Parmi les grands officiers de la cour intérieure, on remarquait le kislaraga, le porte-épée, le premier valet de chambre, celui qui tient l'étrier, le chef de la première chambre des pages, le kiaya des baltadjis, le gardien de la nappe, le secrétaire du kislaraga, le chef des cafetiers, l'aide des écuries impériales ; en tout soixante personnes, non compris le sultan. Tous reçurent du grand vizir des présents en pierres fines et en châles, en riches étoffes et en or. »

Grâce à ces fêtes si souvent réitérées, la passion des fleurs devint le goût dominant du peuple, à tel point qu'elle surpassa bientôt celle qu'un grand nombre d'individus avaient à cette époque, en France et dans les Pays-Bas, pour la culture des tulipes. On vit alors paraître, en Europe, des traités volumineux sur la culture de cette fleur. A Constantinople, on créa un nouvel emploi, celui de *maître des fleurs* (schoukoufedjibaschi), dont le diplôme, orné de roses dorées et de fleurs de différentes couleurs, se terminait par ces mots, qui peuvent nous donner une idée du style fleuri des Orientaux : « Nous ordonnons que tous les horticulteurs recon-
« naissent pour leur chef le porteur du présent
« diplôme; qu'ils soient en sa présence tout œil
« comme le narcisse, tout oreille comme la rose ;
« qu'ils n'aient pas dix langues comme le lis; qu'ils
« ne transforment pas la lance pointue de la langue
« en une épine de grenadier, en la trempant dans
« le sang des paroles inconvenantes ; qu'ils soient
« modestes et qu'ils aient, comme le bouton de
« rose, la bouche fermée, et ne parlent pas avant
« le temps comme la hyacinthe bleue, qui répand
« ses parfums avant qu'on les souhaite ; enfin, qu'ils

« s'inclinent modestement comme la violette, et
« qu'ils ne se montrent pas récalcitrans. »

Le grand vizir, entraîné par son goût pour les fêtes, avait aussi renouvelé la mode des festins et des cavalcades, que jadis le grand vizir Kiuperli le vertueux avait mis en vogue, mais qui depuis était tombée en désuétude. Le dernier grand vizir avait, il est vrai, songé à la faire revivre, mais la crainte des dépenses énormes qu'elle occasionnerait lui en avait fait abandonner le projet. Le troisième jour de la fête du grand beïram, l'aga des janissaires donna, dans son palais, un festin somptueux au grand vizir; en sortant de table, Damad Ibrahim retourna à la Porte, escorté par une cavalcade brillante et nombreuse qui, par ses ordres, s'était assemblée au palais de l'aga.

Mais ce furent surtout les fêtes célébrées à l'occasion de la première leçon donnée aux princes Mohammed, Moustafa et Bayézid, qui se firent remarquer par leur magnificence. Elles eurent lieu dans le kiosk, dit *des Perles*, situé à l'extrémité du sérail, du côté de la mer (8 octobre 1721). On avait dressé des tentes pour le grand vizir, le capitan-pacha, le muphti, le juge d'armée de Roumélie, le defterdar, et le reïs-effendi. Le premier et le second iman du sérail, Feizoullah et Abdoullah, furent nommés précepteurs des princes. Damad-Ibrahim se rendit au sérail suivi de tout son cortége ; il y entra par la porte du jardin contiguë à l'hôpital, qui ouvre sur la première cour du palais impérial. Le defterdar, le reïs-effendi, le maître des cérémonies et Raschid, historiographe de l'empire, à la tête des officiers de la cour, se tenaient debout, chacun devant la tente dressée pour lui. Le grand vizir salua les officiers de la chambre intérieure, placés devant le kiosk *des Perles*. Son salut lui fut rendu par le maître du salut, qui, dans toute occasion, le rend au nom de celui qui l'a reçu ; car, dans l'idée des orientaux, le droit de salut appartient aux supérieurs et non aux inférieurs ; aussi une assemblée manquerait-elle aux premières règles de l'étiquette, si elle voulait elle-même rendre le salut du sultan ou du grand vizir. La politique minutieuse du despotisme s'égare à tel point, qu'en fait même de salut, elle veut encore dominer, qu'elle s'irrite de l'initiative prise par le peuple dans son accueil au souverain, et établit un mandataire pour rendre à ce dernier son salut, suivant le mode et à l'instant qu'il a fixés. Mais combien de fois la voix du peuple, longtemps étouffée, n'a-t-elle pas surmonté les entraves que lui imposait l'étiquette des cours, et combien de fois les cris d'allégresse et ceux de : *vive le padischah!* proférés par les tschaouschs de l'État, n'ont-ils pas été couverts par cette clameur séditieuse : *Nous ne voulons plus de toi.*

Au moment où le sultan arrivait au kiosk *des Perles*, le kislaraga Beschir et Damad-Ibrahim-Pacha s'avancèrent pour l'aider à descendre de cheval, et le conduisirent, en le tenant sous les bras, à la tente dressée pour le recevoir. Immédiatement après, Ibrahim, ainsi que le muphti et le capitan-pacha, rentrèrent chez eux pour prendre leur repas, dont les restes servirent à traiter leur suite. Après qu'ils se furent levés de table, le cortége passa par la porte du jardin, dans la seconde cour du sérail, et se rendit à la salle d'audience, où les vizirs et les oulémas se tenaient assis sur le banc de marbre placé à l'extérieur de la grande porte. Un quart d'heure s'était à peine écoulé, lorsqu'on vit paraître, sous la porte *de la Félicité*, conduisant à la salle d'audience, l'aîné des fils du sultan, Mohammed. Le jeune prince, revêtu d'une kapanidja et portant sur son turban un panache de plumes de héron orné de diamants, était soutenu sous les bras par le khazinedar et le kislaraga ; il donna successivement sa main à baiser aux vizirs, aux oulémas et aux ministres.

Lorsque les autres princes parurent, les tschaouchs

les accueillirent par de longs vivats : puis ils les escortèrent jusqu'au kiosk *des Perles*, où entrèrent avec eux le grand muphti, le capitan-pacha, le chef des émirs, les deux juges de l'armée, le silihdar, le defterdar, le reïs-effendi, le tschaouschbaschi, le grand-chambellan, l'historiographe de l'empire, le maître des cérémonies, les deux maîtres des requêtes, le scheïk d'Aya Sofia et le maître du salut. Le sultan prit place sur le trône; à sa droite et à sa gauche s'assirent, sur de magnifiques tapis, les princes, le grand vizir, le muphti, le capitan-pacha, le chef des émirs, les deux juges d'armée et le scheïk d'Aya Sofia; tous les autres assistants se tinrent debout. Lorsque, sur un signe de Damad-Ibrahim, le scheïk eut adressé, en langue arabe, une courte prière à Dieu, le grand vizir prit dans ses bras l'aîné des princes et le déposa sur le tapis tendu en face du muphti; puis le silihdar plaça au milieu d'eux un pupitre recouvert de drap écarlate, et le muphti commença à lui montrer les cinq premières lettres de l'alphabet. Le prince les ayant nommées après lui, Achmet III lui fit signe de baiser la main du muphti; mais celui-ci l'en empêcha et lui donna un baiser sur l'épaule. La même cérémonie eut lieu pour les deux autres princes. Après qu'ils se furent retirés, les grands dignitaires, qui avaient reçu la permission de s'asseoir, furent revêtus de pelisses d'honneur, et les ministres et officiers de la cour, que l'infériorité de leur rang obligeait à se tenir debout, reçurent des caftans.

Cette cérémonie terminée, les deux princes puînés obtinrent de la munificence du sultan un cheval richement harnaché, et un Coran enfermé dans un sac d'étoffe précieuse. L'historiographe de l'empire, dans la description détaillée qu'il fait de cette cérémonie, dit que le sultan, voyant les efforts des pages, placés derrière les ministres et autres officiers de la cour, pour apercevoir ce qui se passait, invita ces derniers, par un signe, à faire place à ces jeunes gens. Ce fait caractérise Achmet III, et rappelle cette circonstance où le grand vizir, pendant la fête de la nativité du prophète, se leva pour faire place aux oulémas pressés par la foule, et porta, avec le juge d'armée, le tapis du muphti devant le candélabre, après avoir invité également les mouderris à s'avancer. Ibrahim donna ainsi un témoignage public de la haute estime qu'il professait pour le corps savant des oulémas. Le désir qu'il avait de leur être agréable se révéla ultérieurement dans plusieurs circonstances; lorsque, par exemple, il se rendait trois fois par semaine à l'école fondée par lui, pour assister à la lecture et à l'interprétation du Coran;

lorsqu'il assigna aux juges de Médine et de Damas un rang supérieur à celui dont ils avaient joui précédemment; lorsqu'il plaça le juge de la Mecque au-dessus des juges des trois résidences, Constantinople, Andrinople et Broussa, et ces derniers au-dessus du juge de Damas; enfin, il leur donna une nouvelle preuve de sa haute estime en élevant à la dignité de juge d'Alep, Raschid, l'historiographe de l'empire, qui nous a servi de guide dans cette histoire pour un espace de soixante ans, et en confiant l'emploi de ce dernier au savant légiste, Ismaïl Aazim, surnommé Koutschouk Tchelebizadé.

Plus heureux que ses prédécesseurs, dont les fils, à l'exception d'un seul destiné à occuper un jour le trône, périssaient, suivant une ancienne loi barbare, sous la main du bourreau, Achmet III, depuis les dix années de son règne, s'était vu père de vingt-quatre fils et filles, et la moitié de cette nombreuse progéniture vivait encore. Trois ans s'étaient écoulés depuis le jour où il avait célébré les noces de trois de ses filles et la circoncision de quatre de ses fils. A l'époque où nous sommes arrivés, il fiança trois autres de ses filles, Aatiké, Kadidjé et Oumm Koulsoum, la première avec Mohammedbeg, la seconde avec Alibeg, et la troisième avec Ahmedbeg, fils de Tscherkes Othman-

Pacha. Mais chacune d'elles, au lieu de recevoir, comme leurs sœurs aînées, une dot de vingt mille ducats, ne reçut que la moitié de cette somme.

Nous avons eu trop souvent occasion de décrire les fêtes usitées lors du mariage des princes et des princesses du sang d'Othman, pour rappeler les solennités auxquelles donna lieu celui des trois princesses; toutefois le *livre des noces*, plus volumineux de moitié que celui de Wehabi, fait mention d'une circonstance qu'il est d'autant plus nécessaire de rapporter ici qu'elle détruit une des fables, longtemps accréditées en Europe, sur les usages du harem impérial. On croyait et l'on croit encore que le sultan, chaque fois qu'il daigne accorder ses faveurs à l'une des esclaves de son harem, lui jette un mouchoir. Ce qui a donné naissance à cette supposition, c'est l'usage où est la fiancée, en recevant des mains de son paranymphe la corbeille ou présent de noces du fiancé (présent qu'on nomme le signe honorifique ou *nischan* des fiançailles), d'envoyer à son époux futur un mouchoir appelé *le mouchoir du nischan*, pour lui marquer qu'elle a reçu son présent de noces.

Lorsqu'Achmet III n'était distrait ni par ces fêtes nuptiales, ni par des fêtes de tulipes, ni par les pompeuses solennités religieuses, telles que la nativité du Prophète, la visite du manteau de Mahomet ou les processions des deux fêtes du Beïram, il employait le reste de son temps, soit à faire des visites au grand vizir dont l'activité lui épargnait tout souci gouvernemental, soit à inspecter le trésor et l'arsenal. Pendant les soirées fréquentes que le sultan passait chez lui, le grand vizir avait coutume de lui offrir des sucreries exquises; ces soirées s'appelaient *halwa*, qu'il faut distinguer des fêtes du *khalwet*, ou promenade des femmes du harem. Lorsque ces promenades avaient lieu, il était d'usage de proclamer le *khalwet*, c'est-à-dire la solitude du harem. On obligeait les hommes à se retirer des rues par lesquelles devaient passer les femmes et les esclaves du sultan, sous peine de recevoir des eunuques, sinon toujours la mort, du moins des coups de bâton et des coups de sabre.

XIV

Achmet III n'omit jamais de se rendre à l'arsenal lorsqu'on devait y lancer un bâtiment nouvellement construit; aussi la mise à flot du premier vaisseau à trois ponts qui, à cette époque, sortit des chantiers de Constantinople, occupa-t-elle vivement son attention. Quant à ses visites au trésor, elles n'avaient d'autre but que celui de repaître ses yeux de l'aspect des monceaux d'or et d'argent accumulés par la sage économie de Damad-Ibrahim-Pacha.

La paix remplissait les coffres de l'Etat et vivifiait l'industrie et le commerce. Elle était la pensée fondamentale du règne, et justifiait assez par ses bienfaits la mémoire de Baltadji des accusations des Polonais et des Suédois contre sa prétendue corruption par l'or du czar. Le grand vizir Ibrahim n'était que le continuateur de cette pensée d'Achmet, dont l'empire recueillait les fruits.

Heureux l'empire, si les avantages trop goûtés de cette paix avec la Russie n'avaient pas induit le grand vizir Ibrahim et le sultan Achmet à une alliance aussi immorale et aussi antimusulmane avec le czar que celle qui, par des mains chrétiennes, partagea bientôt après la Pologne! Nous voulons parler de la coalition de la Porte et du czar contre la Perse. Reportons d'abord un moment nos regards sur ce royaume de Perse, qui semblait prédestiné, en Asie comme la Pologne en Europe, à une intermittence perpétuelle de gloire militaire et d'anarchie civile.

XV

Le démembrement de la Perse, au profit de la Russie et de la Porte, avait été précédé du démembrement spontané de ce royaume par les Afghans, peuplade belliqueuse et féroce, dont les chefs avaient amoindri le trône de Perse. Mahmoud, fils du premier usurpateur Afghan, assassin de son oncle Abdallah, s'était emparé d'Ispahan, capitale arrachée par ses armes au schah légitime de Perse, Tahmasp. Pour anéantir d'un seul coup ses compétiteurs au trône, Mahmoud avait immolé en une nuit tous les partisans nobles et trois mille gardes-du-corps du roi fugitif. Ivre de sang et bourrelé de remords, Mahmoud, par une de ces alternatives extrêmes des caractères violents, s'était tout à coup condamné lui-même à une prison et à une obscurité perpétuelle, dans une caverne des montagnes, pour y pleurer ses victimes et pour y implorer dans le jeûne le pardon de ses forfaits. Cette pénitence, cherchée dans les entrailles de la terre, semblable à celle de Nabuchodonosor, d'Élie, de Chosroès, était antique et fréquente aux Indes, en Perse et en Judée. Mais ces anachorètes couronnés, après avoir brouté, comme des animaux, l'herbe des champs pour toute nourriture, sortaient souvent de leurs retraites avec des passions ou des démences altérées de nouveaux crimes.

Tel fut Mahmoud en quittant sa caverne; il tua de sa propre main trois oncles, onze frères et plus de cent fils du malheureux Schah Hussein, son captif, condamné par le tyran à assister à ce déluge de son propre sang. Une démence physique le saisit enfin après cette démence d'ambition; il arrachait avec ses dents, pendant ses accès, des lambeaux de chair de ses propres membres pour les dévorer. Son cousin Aschraf, brigand de la même race, le fit enfin garrotter et étrangler dans le palais d'Ispahan. Tahmasp, petit-fils d'Hussein, s'avança avec une armée de ses partisans contre Aschraf. Cet usurpateur, alarmé de l'approche de Tahmasp, envoya un ambassadeur de Constantinople pour y protester contre les empiétements des Russes et des Turcs sur les territoires de la Perse, et pour y solliciter l'alliance d'Achmet III.

La dissension religieuse entre les Turcs et les Persans servit de prétexte à la Porte pour congédier l'ambassadeur et pour déclarer la guerre à la Perse. Un petit-fils des Kiuperli, Abdourrahman-Pacha, à la tête de vingt mille hommes, défit les Persans dans les steppes de Moghan, voisines d'Ardebil.

Pendant ces revers d'Aschraf, le Schah légitime Tahmasp proposait de son côté son alliance aux Turcs, et offrait de la payer par la concession d'une partie des provinces septentrionales de la monarchie. Ces propositions furent favorablement accueillies par le divan, et soixante mille hommes, commandés par le sérasker Ahmed-Pacha, atteignirent dans la plaine d'Hamadan l'armée persane d'Aschraf. Achmet, vaincu, se replia avec ses débris sur Bagdad. Une paix conclue entre Aschraf et les Turcs à Bagdad dépouilla la Perse de Kermanschah, d'Hamadan, d'Ardelan, de Tebriz, de Tiflis, d'Erivan, de Sultanieh et d'une partie de la monarchie. C'est à ce prix qu'Aschraf, quoique vainqueur d'Achmet, achetait la reconnaissance de son titre usurpé par le divan.

Le czar, pendant ce démembrement de la Perse, au midi et au nord, avait envahi de son côté les provinces persanes voisines de la mer Caspienne et du Caucase. Il fallait maintenant, entre la Russie et la Porte, une délimitation fiscale des territoires immenses si imprudemment et si odieusement conquis sur la Perse. Le général russe Alexandre Romanzoff, négociateur habile du traité de partage à Constantinople, partit de cette ville avec un plénipotentiaire ottoman, Mohammed Dervisch-Aga, pour tracer ces limites. La France, par une immixtion impolitique dans ce partage, fut appelée à envoyer un commissaire français comme arbitre de cette délimitation. Elle fut tracée et signée, pour la honte des musulmans et pour leur malheur, le 23 décembre 1727. M. de Maurepas, ministre sans prévoyance de Louis XV, dirigeait alors les affaires étrangères, et ne pressentait pas le piége où ce partage de la Perse entre la Russie et les Turcs, et leur rapprochement géographique, jetterait tôt ou tard l'Orient et l'Occident.

XVI

La réception au divan de l'ambassadeur d'Aschraf, qui venait ratifier le traité de Bagdad, fournit au grand vizir l'occasion de déployer la pompe dont il aimait à éblouir l'Europe et l'Asie.

Le jour de l'entrée de l'ambassadeur persan Mohammed Khan de Schiraz, les femmes reçurent la défense de se montrer dans les rues de Constantinople. Toutes les maisons de celles par lesquelles le cortége devait passer furent réparées et blanchies à neuf; les dorures de la salle du divan impérial, qui surmonte la coupole où siégent les vizirs, furent entièrement renouvelées; les balustrades qui joignent la porte centrale du sérail à celle de *la Félicité*, c'est-à-dire à celle du harem, furent tendues de drap écarlate. Ces divers embellissements firent donner à l'ambassadeur persan, par le peuple de la capitale, le surnom de *khan récrépisseur* Deux fonctionnaires très-versés dans la langue persane, dont l'un était attaché comme aide à la chancellerie d'État, et l'autre secrétaire du divan, furent nommés, le premier mihmandar, et le second, interprète de l'ambassadeur.

Pendant sa traversée de Scutari à Constantinople, Mohammed Khan put apercevoir six grands vaisseaux de ligne rangés entre Beschiktasch et Topkhané, neuf galères peintes à neuf entre la porte de Karakœi et l'entrepôt aux huiles de Galata ; sept autres vaisseaux de ligne étaient mouillés dans l'intérieur du port, entre l'arsenal et Constantinople. Pendant la traversée de Scutari à la douane principale, les canons de ces navires et ceux de tous les autres bâtiments à l'ancre dans le port tirèrent plus de neuf cents coups (3 août 1728). En arrivant à la douane, l'ambassadeur fut reçu par le maréchal de l'empire, qui lui offrit, de la part du grand vizir, un cheval magnifiquement harnaché. Le cortége fut ouvert par le capitaine du guet et par le lieutenant de police ; vinrent ensuite les trois classes de tschaouschs, ceux du divan, ceux des spahis et des silihdars, et ceux auxquels étaient affectés des fiefs, avec les mouteferrikas, les secrétaires et les procureurs des spahis et les silihdars, les généraux des quatre régiments de la garde de l'étendard, les colonels des janissaires commandés pour le cortége, puis l'ambassadeur, sur un cheval harnaché à la mode persane; derrière lui des esclaves conduisaient sept chevaux de main, qui n'étaient ni meilleurs ni plus fringants, dit l'historiographe de l'empire, que les chevaux de bois dont on se sert au jeu d'échecs; quarante ou cinquante Afghans, mal vêtus, armés d'arcs ou de fusils, fermaient le cortége.

Le jour où le grand vizir lui accorda son audience, la salle de réception avait été décorée avec un luxe inouï (9 août 1728). L'antichambre elle-même, que l'on nomme la salle *des Nattes*, à cause des nattes de paille qui la recouvrent, fut tendue de tapis de Perse; ceux qui ornaient la salle d'audience représentaient un parterre de fleurs tout resplendissant de soie, d'or et de perles. Aux pieds du grand vizir, à l'angle du sofa qui est réputé la place d'honneur, était étendue une couverture brodée de perles; à sa droite, on voyait un portefeuille orné de pierres précieuses, et un encrier dont les émeraudes et les rubis projetaient cette vive et pure lumière qui doit jaillir des véritables bons écrits; à sa gauche était placé un pupitre étincelant de pierreries, sur lequel était déposé un Coran, dont la reliure, en velours noir, était parsemée de brillants. Entre les deux fenêtres, on voyait étalés seize autres Corans, dont les reliures étaient brodées d'or et les sacs couverts de perles; aux deux côtés de la cheminée, sur cinq pupitres, artistement ouvrés, étaient disposés des paquets de pelisses retenus par des liens d'étoffe d'or.

Le long du mur qui s'étendait de la cheminée au sofa, étaient placées, sur leurs pieds, huit pendules surmontées de leurs globes de cristal; plus de cinquante livres précieux étaient rangés dans des armoires du plus beau travail; deux grosses montres et trois miroirs ornaient la partie de la muraille comprise entre la cheminée et la porte. Les valets de chambre portaient des ceintures précieuses dans lesquelles étaient fixés des poignards et des couteaux ornés de pierreries. Les ministres d'État, le defterdar, le reïs-effendi, le tschaouschbaschi et les sous-secrétaires d'État, le chancelier, les maîtres des requêtes et le secrétaire du cabinet, rivalisaient de luxe; mais tous étaient obscurcis par l'éclat des diamants qui ornaient les bagues, la ceinture, le poignard et les agrafes destinées à fixer les vêtements du grand vizir. Il était, dit l'historiographe, tout resplendissant et nageait de la tête aux pieds dans une mer de perles et de pierres précieuses, en sorte que son aspect seul réalisait le vœu exprimé par le salut usité chez les Ottomans : « Que l'aide de Dieu soit avec toi. »

Après que les tschaouschs eurent répondu par cette exclamation au salut du grand vizir, que reçut le maître des cérémonies au nom de l'assemblée, les sept vizirs de la coupole, dont cinq étaient gendres du sultan, entre autres le fils et les deux neveux du grand vizir, et les deux autres gendres de ce dernier, baisèrent sa main et s'assirent, le capitan-pacha à sa droite, les six autres à sa gauche ; les ministres d'État et derrière eux les secrétaires d'État se tinrent debout, les mains croisées sur la poitrine ; derrière les secrétaires d'État se placèrent les officiers de la maison du grand vizir, tout prêts à s'acquitter de leurs diverses fonctions. Les sucreries et le café furent servis dans des vases d'or, ornés de pierres précieuses. Cette collation d'usage terminée, les vizirs se levèrent et allèrent se placer en face du sofa ; l'ambassadeur alla s'asseoir auprès du grand vizir, sa suite se retira, et il eut alors avec ce dernier un entretien d'une demi-heure, pendant lequel Damad-Ibrahim se plaignit hautement de ce que l'ambassadeur n'avait apporté qu'une lettre du schah pour le sultan, et de ce que le premier ministre de Perse ne lui avait pas écrit.

A la fin de l'audience, le grand vizir fit distribuer des sorbets et des parfums, fit revêtir Mohammed-Khan d'une pelisse de zibeline doublée d'écarlate, et donna à tous les Persans de sa suite de riches caftans et des chevaux couverts de magnifiques housses brodées de perles et de saphirs.

XVII

Cependant les prospérités de ce Salomon du Bosphore étaient perfides. Le czar Pierre le Grand était mort, laissant l'empire à Catherine, la pensée de sa politique à Mentschikoff, son ambition à sa patrie, la Perse à moitié démembrée à ses généraux. Mais un grand homme, aussi féroce et plus guerrier que Pierre le Grand, venait d'apparaître en Perse et de rassembler de nouveau dans une seule main le faisceau disjoint de cette monarchie.

Traçons en quelques traits la figure de ce conquérant, en qui l'âme et le génie de Timour semblaient avoir passé de Samarcande à Ispahan.

XVIII

Sa vie, écrite sur les lieux par Mirza-Médhy son historiographe, et par un Anglais résidant dans les camps, laisse peu d'ombre sur son caractère.

Le père de Nadir, Turc d'origine, appartenait à une de ces tribus turcomanes qui s'étaient jetées en Perse à l'époque de la grande migration. Cette famille était jusque-là obscure, mais noble, car tout ce qui n'était pas esclave en Perse participait à la noblesse collective de la tribu. « Le diamant, « dit à ce sujet Mirza-Médhy, ne tire sa valeur que de son propre éclat et non du bloc de rocher d'où il est sorti ! » C'était un simple tailleur d'habits, gagnant sa vie et celle de sa famille en cousant des manteaux de peaux de mouton. « Dites de moi, » écrivait Nadir à ses ambassadeurs qui demandaient pour lui la main de la princesse Mazer-Allah, fille de l'empereur des Mongols, « dites que je suis fils de Nadir, « fils et petit-fils de mon épée, et ainsi de père en « fils jusqu'à la soixantième génération ! »

Soldat dès son enfance, bientôt chef d'une horde d'aventuriers du Khorasan, qui pillaient et massacraient leurs voisins les Tartares Ouzbeks, il avait commencé sa carrière de crimes par le rapt d'une fille de cette tribu, renommée par sa beauté, et ravie sur le cadavre de son père. Le roi Tahmasp l'enrôla dans l'armée avec laquelle il disputait la Perse à l'usurpateur Aschraf. Ses exploits et le nombre croissant de ses soldats lui valurent le titre de gouverneur du Khorasan, sa patrie. Son indépendance du roi et sa tyrannie le firent révoquer de ce poste. Repoussé par ses compatriotes et désavoué par Tahmasp, il alla demander asile à un de ses oncles paternels, chef lui-même d'une autre bande d'Afghans, et qui gouvernait la forteresse et le pays de Khélat. Son oncle l'accueillit, lui recruta trois mille hommes, le réconcilia avec le roi Tahmasp, et ses exploits contre les Afghans, maîtres d'Ispahan, accrurent la terreur de son nom. Envieux de la forteresse de Khélat, il revint surprendre la place et égorger de sa propre main l'oncle qui l'avait protégé.

XIX

Maître par ce crime d'une capitale, d'un trésor et d'une armée, il reconquit tout le Khorasan à la cause du prince légitime. Tahmasp, justement jaloux d'un général qui se substituait partout à son autorité, le déclara traître et rebelle. Nadir s'arma de cette apparente ingratitude de son souverain pour faire insurger son armée contre Tahmasp ; il marcha contre le schah, le fit prisonnier, mais conservant la marque d'une fidélité à la vieille dynastie qui faisait sa popularité en Perse, il couvrit de respects apparents la captivité réelle du schah dans son camp.

Après une guerre constamment heureuse contre les Afghans, expulsés par ses armes de toute sa patrie, Nadir reçut du schah en apanage le Khorasan, le Mazandéran, le Sistan et le Kerman, quatre provinces dont l'étendue égalait la moitié du royaume. Sa feinte modération lui fit refuser seulement le titre de sultan ; il aspirait plus haut. La coalition des Russes et des Turcs allait lui fournir bientôt l'occasion de grandir encore. Reconquérir sa patrie sur les Afghans, expulser leur dynastie étrangère, rétablir la vieille dynastie des sophis dans la personne du faible Tahmasp, combattre enfin, vaincre et expulser du nord de la Perse les Russes, du midi les Ottomans, et se couronner enfin lui-même de tant de victoires sur les trois races ennemies de sa patrie, telle était la destinée de Nadir, sujet encore, mais bientôt roi !

Suspendons ici la marche ascendante de sa fortune, pour revenir assister à Constantinople à la chute d'un règne renversé par le seul bruit de son nom.

XX

Les événements de Perse retentissaient douloureusement à Constantinople dans le cœur des bons musulmans. La ligue contre nature des Turcs avec les Russes infidèles (giaours), pour démembrer un empire hérétique mais musulman, révoltait en secret l'instinct probe et religieux des Ottomans. Il y a des temps où les peuples, éclairés par les seules lumières de leur conscience, sont plus profondément politiques que leurs gouvernements. On ne sait quel pressentiment prophétique protestait dans l'âme des Turcs contre une alliance qui rapprochait et grandissait l'empire de Russie. La pitié et l'indignation fomentèrent coup sur coup cette réprobation de l'opinion publique contre un souverain et contre un vizir qui assistaient impassibles aux tragédies de la dynastie persane.

L'usurpateur Aschraf, dont les ambassadeurs, accueillis par Achmet III, résidaient encore à Constantinople, venait d'être trois fois vaincu par Nadir. Dans sa déroute, Aschraf, poursuivi par Nadir, avait lâchement égorgé le vieux roi Hussein, son prisonnier, père de Tahmasp. Le sang de ce vieillard, assassiné par son geôlier, criait vengeance contre Aschraf si prématurément reconnu par Achmet. Ce lâche usurpateur s'enfuyait avec une poignée d'Afghans vers l'Afghanistan, quand les tribus du Beloutchistan, informées de ses revers et avides de ses dépouilles, l'enveloppèrent dans leur désert et lui tranchèrent la tête, qu'ils envoyèrent en témoignage de fidélité à Tahmasp.

Ce jeune prince, replacé sur le trône par Nadir, venait de rentrer roi à Ispahan au milieu des acclamations de son peuple. Le jour de son entrée dans le palais d'Ispahan, une femme couverte de haillons sortit des cuisines du harem d'Aschraf, et se dévoilant devant le roi, lui fit reconnaître en elle sa propre mère. C'était la sultane favorite d'Hussein, mère de Tahmasp, qui, pour échapper au massacre de la famille des rois sophis, s'était cachée en effet sous ce costume d'esclave, et dévouée aux plus vils services dans le harem de l'usurpateur. Le récit de cette reconnaissance inespérée de la mère et de son fils arrachait des larmes à tout l'Orient.

XXI

A peine Tahmasp avait-il recouvré le royaume,

que son ambassadeur arriva à Constantinople pour redemander, au nom de la légitimité et de l'armée ameutée, la restitution des provinces de la Perse, enlevées à l'usurpateur par les Turcs et par les Russes. Le grand vizir ne répondit à cette juste revendication de Tahmasp que par une déclaration de guerre à la Perse, et par l'emprisonnement de l'ambassadeur envoyé à Lemnos.

Il se préparait à marcher lui-même au secours de Tauriz, menacé, disait-il, par Nadir, et, en effet, il fit déployer, le 24 février 1730, l'étendard sacré à Scutari. L'armée s'y rassembla, selon l'usage, autour des queues de cheval plantées sur cette première halte de la rive d'Asie en face du sérail. Le sultan Achmet III devait s'y transporter lui-même avec toute sa cour militaire, six jours après, le 3 août. L'armée devait se mettre en mouvement le 18 septembre, par la route d'Alep, avec le grand vizir. Le sultan devait rester pendant la campagne à Scutari, pour assister au départ successif de tous les contingents de troupes appelés d'Europe et d'Asie pour cette expédition. Rien n'indiquait la moindre opposition au plan et au succès de cette campagne. L'orage couvait, comme il couve dans les États muets, sous une complète sérénité.

XXII

Cependant, de sourds chuchotements parmi les janissaires, les canonniers, les spahis, campés dans les tentes de Scutari, agitaient l'armée à l'insu du grand vizir et des généraux. Les uns disaient que c'était un sacrilége que d'aller détrôner, en Perse, un khalife descendant du Prophète pour partager ses dépouilles avec les barbares *giaours* de la Moscovie; d'autres que c'était une honte que de laisser l'armée se consumer pendant un mois autour de Scutari, pendant qu'un esclave, Afghan-Nadir, *koulikhan* (esclave du khan) expulsait les Ottomans et Kiuperli-Pacha lui-même de Tauriz. Ces souffles opposés de la sédition produisaient, comme de coutume, un mécontentement général. Rien n'est si dangereux à un gouvernement que de rassembler dans l'oisiveté des hommes qui ne tentent rien isolés, mais qui sentent leur puissance d'opinion en sentant leur nombre! Une circonstance tout accidentelle, l'impatience, au soleil, des troupes qui attendaient ce jour-là, sous les armes, le sultan à Scutari, changea tout à coup un vague murmure en explosion.

XXIII

L'habitude des sultans, quand ils quittent le sérail pour passer à Scutari, est de traverser le Bosphore à la première aube du jour. Le soleil était déjà au milieu du ciel, et les barques dorées d'Achmet III ne se détachaient pas de la plage *des canons*, que l'on voit à Scutari. Les soldats se demandaient le motif de ce retard ; déjà les corporations de Constantinople qui le précèdent ou le suivent dans ce trajet, les queues de cheval, les chevaux de main, les imans de la mosquée impériale avaient traversé le canal depuis longtemps et l'attendaient sur la grève d'Asie.

Achmet hésitait encore au fond du sérail. Soit répugnance à s'armer contre un prince légitime qui venait de remonter sur le trône de ses pères, et de donner ainsi lui-même l'exemple de l'encouragement à l'infidélité des peuples à leur dynastie, soit remontrances du muphti et du prédicateur de Sainte-Sophie, Ispérizadé (fils d'Isperi), soit défiance de la politique du grand vizir, accusé par l'opinion d'avoir trempé dans la reddition de Tauriz à Nadir-Koulikhan, soit plutôt déférence pour les conseils de sa sœur Kadidjé, princesse qui possédait tous les secrets d'État, et qui avait l'âme et le génie d'un vizir, Achmet refusait de quitter le palais.

Le grand vizir, inquiet du mécontentement que ces délais inusités pouvaient susciter à Scutari parmi les troupes, envoya au camp Ismaïl-Aga pour lui rapporter ce qui s'y passait. Ismaïl revint dire au grand vizir, en présence d'Achmet, que les janissaires, sous les armes depuis minuit, et trompés d'heure en heure dans leur attente, commençaient à s'indigner du mépris que cette inexactitude semblait leur témoigner.

Achmet III se décida alors à monter dans sa barque. Il fut accueilli par le silence des troupes. La nuit laissa fermenter l'agitation.

XXIV

L'absence de l'armée, du sultan et du vizir, livra la capitale au hasard de l'émotion publique. Le lendemain, 29 septembre, un groupe de dix-sept janissaires, restés dans la ville sous le commandement d'un Albanais, nommé Patrona-Khalil, donnèrent tout à coup le signal de la révolution devant la porte de la mosquée de Bajazet, sur la place nommée le *Marché-aux-Cuillers*. S'élançant de là dans le grand bazar voûté à l'heure où la foule s'y répand pour acheter les provisions du jour, ils le parcoururent en criant de fermer les boutiques, signe de terreur, et en conviant tous les bons musulmans à les suivre.

Grossis dans leur course par des groupes de leurs camarades et par un cortége de populace, ils marchèrent au palais de Hassan, aga des janissaires, et le sommèrent d'ouvrir les prisons aux malfaiteurs emprisonnés par ses ordres. Hassan, intimidé, obéit lâchement à Khalil. Les prisons ouvertes vomirent à l'instant dans les rues un ramas d'hommes aigris par la captivité, ivres de la liberté, altérés de vengeance. Ils pillèrent les marchés des fripiers, des selliers et des armuriers, et répandirent le tumulte et l'effroi dans toute la ville. Pendant ce pillage, Khalil, pénétrant les armes à la main dans la caserne des janissaires, prit la marmite du cinquième régiment, signe de ralliement de ce corps autour de son foyer, et la portant sur sa tête au *Marché-aux-Viandes*, y établit le camp de la sédition.

XXV

Constantinople était à la merci de l'émeute. Elle grossissait et s'organisait à la voix de Khalil. Le capitan-pacha, qui devait surveiller la ville, était parti sans soupçon à l'aube du jour pour aller transplanter des tulipes dans son délicieux parterre de Tschengelkaï, au bord du canal du Bosphore. Le reïs-effendi s'était également oublié depuis la veille dans son kiosk de campagne, à l'ombre des platanes des *Eaux-Douces*.

Ils accoururent tardivement dans leurs barques, descendirent au fond du port, s'informèrent des causes du tumulte, et, traversant le bazar, ordonnèrent aux marchands effrayés de rouvrir leurs boutiques. Ils remontèrent promptement dans leurs caïques, et firent ramer vers Scutari pour se concerter avec le grand vizir et l'aga des janissaires sur la répression du mouvement.

XXVI

Le grand vizir traversait au même moment le canal avec les vizirs de la Coupole, le muphti et les généraux, pour tenir conseil dans le kiosk impérial qui touche au rivage. On décida que le mouvement était assez grave et assez général pour nécessiter le retour du sultan à Constantinople et pour déployer contre les révoltés du *Marché-aux-Viandes* l'étendard vert du Prophète.

Avant de remonter dans sa barque pour se rendre à l'avis du conseil, Achmet III s'entretint secrètement avec sa sœur, la sultane Kadidjé, son conseil intime, qui l'avait suivi à Scutari. Elle avoua depuis qu'elle lui avait conseillé d'emmener avec lui ou de garder sous sa main au sérail tous ses principaux ministres, afin de pouvoir au besoin racheter sa vie en livrant ses serviteurs responsables aux rebelles. Il était nuit sombre quand le sultan quitta sa sœur et débarqua, honteux de céder à la sédition, près de la *porte des Canons*, sur la grève de la mer qui baigne le kiosk du rivage. Il se glissa par les jardins dans le sérail. Un conseil s'y tint, sans désemparer, en sa présence, la nuit et le jour.

XXVII

Les négociations habituelles s'établirent entre le *Marché-aux-Viandes* et le sérail. Elles furent vaines ; le grand vizir ne croyait pas suffisamment au danger ; Patrona-Khalil se sentait soulevé de plus en plus par le peuple.

« Nous n'avons rien à reprocher au sultan, » répondait à tous les messages de la cour l'attroupement, « mais nous ne nous séparerons pas avant
« qu'on nous ait accordé les quatre têtes qui per-
« dent la foi et la politique de l'empire, celles du

« grand vizir, du kiaya, du muphti et du capitan-
« pacha. »

Achmet, à ces exigences, tenta vainement d'opposer l'appel suprême aux fidèles musulmans, le déploiement du drapeau vert, oriflamme du sérail, promené dans les rues de Constantinople, voisines du palais. Nul ne s'y rallia; il parut au peuple porté dans des mains sacriléges; une tentative nouvelle fut faite auprès des séditieux. Achmet III livra aux Bostandjis, qui paraissaient neutres entre le sérail et le camp, le capitan-pacha et le kiaya, et fit dire à Khalil qu'il consentait à la destitution du grand vizir et du muphti.

« L'exil du muphti nous suffit, » répondirent les rebelles, « mais nous voulons la vie d'Ibra-
« him. »

La nuit du 29 au 30 septembre enveloppa de son silence et de ses ombres la révolution suspendue sur un trône et la mort sur tant de têtes. Rien ne s'était prononcé pendant les ténèbres. Les meneurs secrets ou ceux qui prétendent toujours avoir inspiré les révolutions, afin d'en partager les dépouilles, commencèrent à lever le masque et à se détacher du sultan, sous prétexte d'aller s'interposer entre lui et le peuple. De ce nombre était le muphti, vieillard qui inspirait aux révoltés plus de pitié que de haine, l'Albanais Soulali-Effendi, soupçonné de connivence avec Khalil, et le prédicateur de Sainte-Sophie, Ispérizadé, chef des imans de la capitale. Ces trois médiateurs parurent au milieu des oulémas rassemblés dès l'aurore dans la mosquée de Sainte-Sophie pour délibérer sur le péril public.

« Est-il donc vrai, » s'écria le muphti, « que la « colère du peuple s'acharne sur un misérable « vieillard tel que moi, et qu'on veuille ensan-« glanter ma barbe blanche ? »

Les oulémas lui protestèrent que nul, ni parmi eux, ni parmi le peuple, ne songeait à se souiller d'un tel crime.

« Eh bien ! » reprit-il, « puisqu'il n'y a pas « d'autre voie de salut pour l'empire que la dépo-« sition du sultan, il faut délibérer sur cette ter-« rible nécessité des circonstances. »

Ils se recueillirent, firent la prière en commun, et se rendirent processionnellement au sérail dans le kiosk d'Érivan, où le grand vizir lui-même les attendait pour conférer en secret avec eux.

« Je sais, » leur dit-il avec l'accent de la fidélité qui se dévoue, « que je suis un homme déjà « mort, mais notre devoir à tous est de chercher à « sauver du moins les jours sacrés du sultan ! » — Puis se tournant vers le muphti : « Le padischah, »

lui dit-il, « t'a révoqué et banni, ainsi que le capi-
« tan-pacha et le kiaya ! »

Les bostandjis, à ces mots, s'emparèrent du vieillard et le conduisirent dans leur chambrée pour le garder avec le kiaya et le capitan-pacha en otages du sultan et des rebelles. Moustafa-Effendi, juge de Médine, fut investi du titre et du costume de muphti. Les oulémas se retirèrent alors avec le nouveau muphti du kiosk d'Érivan, et rentrés à Sainte-Sophie, nommèrent des délégués choisis parmi les plus vénérables membres du clergé pour s'entendre avec les rebelles et pour leur proposer de désigner eux-mêmes les candidats populaires aux grandes charges.

XXVIII

En arrivant sur le *Marché-aux-Viandes*, ils trouvèrent les choix déjà faits. Les janissaires, dont les officiers se refusaient à partager l'indiscipline, avaient nommé malgré eux pour ministre des affaires étrangères le vieux maître d'armes Souleiman; pour aga des janissaires le maître sellier de ce corps, pour grand-juge de Constantinople un bouffon, nommé Ibrahim, et pour grand-juge d'Asie, l'Albanais Soulali-Effendi, leur secret instigateur.

Souleïman-Aga et Soulali-Effendi se rendirent, au nom de l'armée, au sérail, porteurs de l'ultimatum du camp. Cet ultimatum exigeait les quatre têtes des ministres, la confirmation des dignités décernées par l'émeute, et un acte d'impunité authentique signé par le sultan et par les oulémas.

Achmet III, entouré désormais de ses ennemis, céda en gémissant la tête de son serviteur et de son ami pour sauver la sienne. Le grand vizir fut conduit dans l'appartement du bourreau, situé sous la porte centrale de la seconde cour du sérail, où le muphti, le capitan-pacha et le kiaya attendaient depuis la veille l'heure de l'exécution. Le nouveau divan, rassemblé pendant cette seconde nuit autour du sultan, consentit pour toute grâce à ne livrer aux rebelles que les cadavres de leurs victimes, au lieu de les jeter vivantes aux tortures de la multitude. Les bourreaux cachèrent par pitié à Achmet l'heure de cette lugubre exécution.

Le sultan se flattait encore d'un retour de pitié dans l'âme des rebelles, quand sur le faux bruit d'une prétendue colonne de soldats venant assiéger le sérail, on pressa le supplice et on jeta les trois corps sans vie sur un chariot traîné par deux bœufs pour conduire ces restes au *Marché-aux-Viandes*. Ils n'arrivèrent pas jusque-là ; la multitude féroce les enleva du chariot, et les sema sur la route comme pour réjouir la ville d'une dépouille sanglante de son triomphe.

Le cadavre d'Ibrahim fut jeté sous les roues, à côté de la belle fontaine qu'il avait construite sur la grande place du sérail; celui du capitan-pacha auprès de la fontaine Khorkhor, celui du Kiaya sur le Marché-aux-Viandes.

Cette sinistre satisfaction, au lieu d'apaiser la multitude, lui montra ce qu'elle pouvait oser. On s'indigna de ce que le sultan livrait à la justice populaire des cadavres au lieu des victimes vivantes. Sur la foi des profanateurs des cadavres qui avaient dépouillé de ses vêtements le corps du grand vizir, le bruit se répandit dans la foule et dans l'armée que le prince avait trompé, pour sauver son ami, la vengeance du peuple; que le corps du prétendu Ibrahim était celui d'un rameur arménien du Bosphore, nommé Manoli, qui ressemblait de visage à Ibrahim.

Cette rumeur s'accrédita par l'étonnement des spectateurs, en constatant que le cadavre était celui d'un incirconcis. L'ambassadeur de France, en rendant compte de cette circonstance à sa cour, confirme ce bruit : « Le grand vizir, » écrit-il, « était d'origine un chrétien arménien, qui avait négligé de se faire circoncire en venant en Turquie, et qui s'était contenté de faire à l'extérieur profession de mahométisme; il n'était au fond d'aucune religion. »

XXIX

Furieux de cette prétendue substitution d'une victime à une autre, les rebelles demandent pour la première fois, à grands cris, la déposition d'Achmet III. Ispérizadé ose lui déclarer en face que l'armée ne veut plus de lui pour padischah. Achmet ne négocie plus pour le trône, mais pour sa vie et pour celle de ses enfants. Ispérizadé et Soulali, ses maîtres plus que ses ministres, vont marchander, au camp du *Marché-aux-Viandes*, les conditions de sa déchéance. Ils reviennent trois heures après rapporter à Achmet sa grâce et celle de sa famille, jurée sur le Coran par les rebelles, à condition qu'il résignera le trône à son neveu Mahmoud, fils de Mustapha II. Ce prince, tiré de sa prison, paraît devant son oncle, qui le baise d'abord au front comme sultan, puis à la main comme sujet.

XXX

Ainsi finit, après vingt-sept ans de règne, la vie politique du sultan Achmet III, qui avait été le génie de la paix pour un peuple épuisé de guerre. Nul prince n'avait mieux compris son peuple, nul peuple ne comprit moins son prince. Le ressentiment de la paix dans ses sujets, à la fois impatients et incapables de guerre, fut la véritable cause de sa perte. Il descendit du trône pour sa vertu. Son ministre Ibrahim expia, pour une cause plus juste, le seul crime politique que l'histoire puisse lui reprocher, le partage inique de la Perse avec la Russie, prélude et modèle du partage de la Pologne.

XXXI

Mais Mahmoud Ier n'était pas souverain tant que Patrona-Khalil, le chef et l'âme de la révolte, campait sur la place du Marché-aux-Viandes, entouré des janissaires et du peuple. La dissimulation, vice des esclaves, était la nécessité des sultans esclaves de la sédition. Mahmoud y avait été exercé dès l'enfance. Il feignit de se jeter avec abandon dans les mains du plus populaire des séditieux.

Khalil, appelé au sérail, parut devant son nouveau maître. L'audace et l'intelligence éclataient dans ses traits. Jeune, leste, martial d'attitude, beau de visage, les lèvres ombragées d'une moustache noire, les jambes nerveuses et nues, vêtu du simple caftan de drap grossier des janissaires, éloquent de langage, impérieux de regard, on ne reconnaissait déjà plus dans cet Albanais le marchand de vieux habits qui vendait, quelques jours avant, ses loques dans les rues de Constantinople. Il avait pris l'esprit de son rôle de vengeur du peuple avec la même facilité que le sabre du révolté. Nul homme n'était plus fait pour personnifier une sédition militaire.

« Que désires-tu de moi pour prix du trône où
« tu m'as fait monter ? » lui demanda avec une apparente déférence Mahmoud.

« — Sublime empereur, » répondit ce chef des rebelles, « mes vœux sont remplis, les ennemis de
« l'empire sont punis, et ta Hautesse est assise sur
« le trône de ses ancêtres. Je n'ai pas formé le noble
« dessein de t'y placer, sans savoir que *ceux qui*
« *font les sultans ne meurent jamais dans leurs lits.*

« — Rassure-toi, » reprit le prince, « je te jure,
« par les âmes de mes pères, que loin de vouloir
« attenter à ta vie, mon dessein est de te récom-
« penser.

« — Si telle est l'intention de ta Hautesse, » dit Patrona, « donnes-en la preuve éclatante : abolis à « l'instant le *malikiané* (baux à vie), qui a causé « la mort du vizir Ibrahim et la déposition de ton « frère Achmet.

« — Tu seras content, » lui dit Mahmoud ; et à l'instant il donna l'ordre de supprimer l'impôt impopulaire.

Ce désintéressement apparent du chef des rebelles confirma pour quelques jours son ascendant sur les troupes. Il l'entretint aux dépens du trésor, en assouvissant les révoltés de grades et de gratifications. Le kiaya des janissaires ayant risqué de lui faire une observation sur le prompt épuisement du trésor, s'il n'arrêtait pas le cours des exigences et des prodigalités, Khalil, absolu comme un rebelle et cruel comme un parvenu à la tyrannie, lui trancha la tête pour toute réponse. De ce jour il régna sous le nom de Mahmoud Ier et de ses ministres. Il conduisit, à cheval, le sultan à la mosquée d'Aïoub, pour y ceindre le sabre d'Othman, seul armé au milieu des soldats désarmés, et jetant à pleines mains les sequins d'or à la multitude.

Rencontrant dans la foule un ancien boucher grec, nommé Jannachi, qui lui avait autrefois vendu sa viande à crédit : « Jannachi, » lui dit-il en riant,

« es-tu décidé à ne pas vivre plus longtemps que
« moi ? » Le Grec lui ayant répondu par des protestations de dévouement : « Eh bien ! » lui dit Patrona,
« que puis-je faire pour toi ? Tu n'as qu'à parler. »
Le boucher Jannachi lui demanda aussitôt d'être fait
prince de Moldavie. Grégoire Ghika, alors hospodar et frère du drogman de la Porte, était bien
vu de la cour ottomane. Le grand vizir refusa une
première fois Jannachi venant demander un trône
sur la recommandation de Patrona.

« On n'avait pas de reproches à faire à l'hospo-
« dar, » disait-il, « et son nom illustre contrastait
« trop avec la vile profession du protégé qui se pré-
« sentait pour le déposséder. » — « Que m'importe, »
dit Patrona impudemment, « Grégoire Ghika n'est-il
« pas giaour ? Jannachi l'est aussi ; c'est mon ami,
« je veux qu'il soit préféré. » Il chargea Mousli
d'accompagner son Grec à l'audience du vizir,
et le boucher Jannachi en sortit hospodar de Moldavie.

Tout ce qu'osaient impunément les trois chefs
est au-dessus de toute croyance. Patrona, Mousli
et Ali, toujours armés, ainsi que leurs complices,
au mépris des défenses du sultan et du grand vizir,
entraient au divan, portant de larges sabres, et sous
les yeux de ce premier ministre muet devant eux,

ce triumvirat de taverne distribuait les emplois et jugeait les causes.

XXXII

De tels excès, agréables un moment à la multitude comme des preuves de sa toute-puissance, lui deviennent bien vite odieux comme des scandales qui déshonorent dans ses favoris sa propre image. Les soldats, rentrés à la voix de leurs officiers dans leurs casernes, ne laissaient plus à Khalil qu'une bande indisciplinée de quelques milliers de rebelles, rebut de l'armée et de la ville. Un de ces suppôts de Khalil ayant tué dans une rixe un janissaire, les casernes s'émurent et se convoquèrent sur l'Atmeïdan pour venger leur camarade. Khalil osa paraître dans cette assemblée et y défier les janissaires au nom de douze mille Albanais ses compatriotes, prêts, disait-il, à prendre sa cause.

« Quand tu ferais venir à Constantinople tous « les bandits de l'Albanie, tes pareils, nous les « braverions, » lui répondit le cri général. Il baissa de ton comme tous les tribuns qui ne sont forts que de leur insolence, et qui mendient par la délation les restes de la popularité qui leur échappe.

« Ne te mêle donc plus des affaires d'État, » lui

dirent les anciens camarades de révolte; « que
« Mousli, ton séide, ne parle plus en ministre de
« l'empire; qu'il ne se présente plus tous les jours
« à la porte du divan avec le faste et l'insolence d'un
« kiaya. Crois-tu que le sultan et son grand vizir
« aient besoin de vos lumières pour se conduire?

« — Mais, » dit Patrona avec modération, « si
« je cesse un instant de veiller sur le sultan et sur
« le divan, vous reverrez bientôt en place des minis-
« tres aussi odieux que ceux que nous avons punis;
« je n'ai d'autre but que le bonheur public. »

Mille cris d'indignation se firent entendre aussitôt. « Ce n'est pas d'un homme tel que toi, » lui
disaient les janissaires, « que le salut du peuple
« dépend. Notre sublime empereur se montre assez
« juste et assez éclairé pour que tu lui laisses le
« soin de rendre ses sujets heureux. Nous ne souf-
« frirons pas plus longtemps qu'un homme comme
« toi dicte des lois à Sa Hautesse, et prétende être
« admis au partage de l'autorité souveraine. Nous
« te donnons trois jours pour licencier les bandits
« que tu payes; au delà de ce terme, nous les exter-
« minerons partout où nous les rencontrerons. »

XXXIII

Humilié, mais obstiné dans son orgueil et dans son ambition de chef de parti, Khalil tenta d'arracher par la corruption ce qu'il n'avait pu obtenir de la menace. Il parvint à acheter, à force d'or et de promesses prodigués aux janissaires, la nomination de Mousli, son principal complice, au grade de kiaya ou de premier lieutenant général de cette milice. Il se réservait à lui-même le poste de capitan-pacha. Djanüm-Pacha, intrépide et fidèle marin, auquel ce poste était destiné par le grand vizir, et qui était alors à Chio, fut secrètement mandé à la cour. Il se concerta avec le grand vizir, le khan des Tartares et un petit nombre d'hommes résolus du sérail, pour purger l'empire du triumvirat qui prétendait régner sous le nom des casernes et des cafés de la capitale.

Les triumvirs Khalil, Mousli et Ali se croyaient inviolables sous leur popularité encore armée : des déférences apparentes leur dérobèrent habilement le piége, où la vengeance de Mahmoud les attirait. Appelés inopinément au divan, sous prétexte qu'on avait besoin de leurs lumières, ils se rendirent sans défiance, et laissèrent dans la première cour du sérail l'escorte dont ils marchaient toujours environnés. Le divan, présidé par le grand vizir, en présence du sultan lui-même, était nombreux et imposant. Djanüm-Pacha y assistait en qualité de commandant en second de la flotte; un officier supérieur des janissaires, surnommé Pehliwan ou *le Lutteur*, à cause de la majesté de sa stature et de la vigueur de ses bras, avait été introduit secrètement dans le sérail pour exécuter les triumvirs, et il attendait, caché derrière un rideau, le signal ou le prétexte de son apparition dans la salle pour l'exécution.

Le conseil s'ouvrit par une délibération sur la paix ou sur la guerre. Patrona-Khalil insista pour que le divan déclarât la guerre aux Russes comme alliés des Persans, confondant ainsi, dans son ignorance, les deux nations antipathiques aux musulmans, mais qui étaient alors en guerre l'une contre l'autre. On feignit d'écouter avec respect ses divagations patriotiques et d'y souscrire. L'orateur allait se retirer avec ses deux complices, quand le grand vizir, le vieux Mohammed-Pacha, homme indiqué à Mahmoud comme prêt à lui sacrifier un reste de jours, se leva et annonça au chef des factieux que le padischah, pour le récompenser de ses services, le nommait beglerbeg d'Europe, et ordonna en même temps aux chambellans de service de le revêtir de la pelisse d'honneur, signe de son investiture; il nomma également Mousli et Ali, les deux autres membres du triumvirat, à de hautes dignités de l'empire. Dans les législations ottomanes, ces nominations étaient probablement nécessaires au supplice des coupables pour les soustraire, par le caractère politique dont on les investissait ainsi, aux tribunaux ordinaires, et pour les ranger au nombre des justiciables du seul tribunal de la raison d'État.

« Je ne veux pas d'un poste qui m'exile de la « capitale, » répondit insolemment Patrona-Khalil; « je n'accepterai que le poste de commandant géné- « ral des janissaires, qui m'ont nommé d'eux-mêmes « leur chef pour accomplir la révolution. » Cette insulte au sultan et ce défi à son grand vizir soulevèrent un murmure d'indignation dans le divan.

Le Pehliwan, caché dans le cabinet *des porcelaines,* ne put se contenir plus longtemps, et s'élançant le sabre à la main dans la salle : « Quel est, » dit-il à Khalil, « le misérable assez audacieux pour « vouloir être aga des janissaires? » Puis, provoquant loyalement Khalil à se défendre, afin de le frapper en brave et non en assassin, il croisa le fer avec lui, et, lui plongeant son sabre jusqu'à la poignée dans la poitrine, il l'abattit aux pieds du sultan. « Ainsi périssent, » s'écria-t-il, « tous les « ennemis du sultan et de l'empire ! »

Mousli et Ali, qui s'étaient levés pour défendre leur chef, tombèrent sur son corps, sous le poignard de Djanüm le marin. On remit les trois cadavres aux bostandjis pour les jeter à la mer par les fenêtres du kiosk *des Canons*.

XXXIV

Aucun bruit ne révéla au dehors cette tragédie du divan. On fit courir, au contraire, dans les cours la rumeur des hautes dignités auxquelles Khalil et ses amis venaient d'être promus. On introduisit, un à un, dans le sérail, tous les officiers et tous les soldats de leur escorte, sous prétexte de leur distribuer leur part de récompenses, d'honneurs et de pelisses. Des bourreaux, apostés derrière la porte, les étranglèrent jusqu'au dernier, sans que le soupçon transpirât de tant de cadavres.

Avant que la mort des triumvirs fût ébruitée dans la capitale, tous leurs principaux complices, désignés d'avance aux tschaouschs, étaient égorgés, et leurs corps flottaient sur la mer de Marmara, à l'ombre des sept tours.

Ainsi triompha la révolution et périrent les instruments de la révolution. Ainsi périssent justement tous ceux qui, après avoir été le bras d'une révolution de palais, de caserne ou de parti, veulent perpétuer, dans l'intérêt de leur popularité ou de leur ambition personnelle, un mouvement qui peut être quelquefois la nécessité, mais qui ne peut jamais être l'état permanent des sociétés, monarchies ou républiques. Factieux capable, politique déplorable, Patrona-Khalil, sorte de Mazaniello des Turcs, avait mérité et prévu son sort. S'il s'était fait justice en disparaissant dans la foule, il aurait laissé la mémoire d'un champion désintéressé du peuple ; il laissa celle d'un factieux soldatesque, la pire race des factieux. Il aspira plus haut qu'il ne pouvait atteindre : l'audace suffit à faire un tribun, l'éducation seule fait un homme d'État. Mazaniello et Khalil périrent le jour où ils voulurent gouverner.

XXXV

Le vieux vizir Mohammed, capable du dernier service qu'il venait de rendre, mais incapable de contenir les séditions que leur succès encourageait à renaître, fut éloigné avec honneur et nommé gouverneur d'Alep. Kabakoulak-Pacha ou le pacha *à l'oreille dure*, qui avait combiné et ourdi toute la tragédie du sérail contre les triumvirs, reçut le sceau. C'était un Asiatique de Kara-Hissar, fils d'un paysan, longtemps serviteur domestique de son compatriote le troisième Kiuperli, puis son kiaya, puis pacha de Bosnie, enfin pacha d'Égypte, où il avait vaincu et assoupli les indomptables mamlouks circassiens, janissaires du Nil. Sa brutale sévérité ne sut pas ménager assez la transition graduée, toujours nécessaire entre l'excessive licence et l'excessive autorité.

La destitution et le supplice du boucher Jannachi, protégé de Khalil et devenu prince de Moldavie, souleva contre le grand vizir les janissaires. Ils campèrent de nouveau sur la place du Marché. L'étendard sacré, déployé cette fois à temps par le sultan, groupa les défenseurs du trône autour du grand vizir. Les janissaires, attaqués et vaincus dans leur camp, périrent un à un pendant six mois par ses exécutions nocturnes. Le nombre de cadavres que le Bosphore rejetait tous les matins sur ses grèves finit par émouvoir le peuple. Dans la crainte de convertir la pitié en sédition, Mahmoud Ier sacrifia le vizir, et l'envoya gouverner Négrepont. Un homme qui a laissé un grand nom dans la mémoire de l'Orient et de l'Europe, Topal-Osman ou Othman *le Boiteux*, fut appelé d'Albanie pour gouverner l'empire.

XXXVI

Osman *le Boiteux*, né en Grèce, avait été page dans le sérail; nommé ensuite gardien des noyers des jardins, puis jardinier en chef, il avait préféré la guerre au loisir des kioks et des fontaines. Les deux queues de pacha avaient récompensé ses exploits de la bataille de Péterwardein, où il avait cherché vainement la mort à côté du grand vizir Ali, tué dans la mêlée. Envoyé après la révolution en Albanie et en Bosnie pour y étouffer les dernières étincelles de la sédition militaire, sa modération et sa fermeté l'avaient désigné à Mahmoud; ses vertus privées et surtout la plus douce de ses vertus, la reconnaissance, le signalèrent particulièrement à l'estime des Français.

Fait prisonnier sur mer dans son adolescence par un corsaire espagnol, le capitaine du vaisseau sur lequel il était blessé et enchaîné entra, pour se ravitailler, dans le port de Malte. Un marin marseillais, nommé Arnaud, étant monté à bord du navire espagnol pour y complimenter le commandant, son ami, fut frappé de l'infortune et de la physionomie du jeune musulman; il lui témoigna son intérêt par quelques paroles et par quelques secours. Topal-

Osman, touché de ces marques de générosité, osa supplier le chrétien de l'acheter comme esclave. « Tu ne t'en repentiras pas, » lui dit-il ; « quel que « soit le prix qu'on te demande de moi, je te le ren- « drai avec usure. »

Le Marseillais crut à la physionomie et à l'accent du jeune captif. Il le racheta au prix de six cents sequins, l'emmena à Marseille, le soigna dans sa propre famille, le guérit de ses blessures, et le renvoya sans rançon, sur sa seule parole, en Égypte. Topal-Osman chargea le navire qui l'avait ramené à Damiette d'une riche rançon et d'une plus riche cargaison gratuite, offerte en présent à son libérateur. Chaque année, depuis sa délivrance, il se complaisait à renouveler ces présents au Marseillais et à sa famille. A peine élevé au rang de grand vizir, il se souvint de nouveau de son hôte français, et l'invita, par l'intermédiaire de l'ambassadeur de France, à venir recevoir de lui, à Constantinople, l'hospitalité d'un second fils. « Dis-lui surtout, » ajouta-t-il en recommandant la promptitude à l'ambassadeur, « dis-lui de se hâter, parce qu'un vizir ne vieillit « pas en place. »

Arnaud arriva avec ses fils sur un navire chargé de présents pour Topal-Osman. Ces présents consistaient, disent les annales anecdotiques du temps, en orangers de Provence chargés de fleurs et de feuilles, en serins chanteurs des îles Canaries, et en douze esclaves musulmans que le Marseillais avait achetés en passant à Malte, pour les offrir au vizir. Topal-Osman réunit dans son palais un somptueux cortége de parents et d'amis pour honorer son hôte.

« Vous voyez, leur dit-il, en embrassant le vieillard et en montrant du geste les Turcs délivrés, « vous voyez vos frères qui jouissent de la liberté « après avoir gémi dans l'esclavage ; ce Français « est leur libérateur. J'étais esclave comme eux, « j'étais chargé de chaînes, couvert de blessures : il « m'a racheté, il m'a soigné, il m'a sauvé. Liberté, « vie, fortune, je lui dois tout. Il a payé ma rançon « sans me connaître, il m'a renvoyé sur ma parole, « en me confiant son propre vaisseau : quel mu- « sulman eût été capable d'une plus grande géné- « rosité ! »

La tolérance presque partiale de Topal-Osman pour les chrétiens des différentes communions qui couvraient l'empire ayant scandalisé les ombrageux oulémas, clergé que le fanatisme de sa foi porte dans tous les cultes à l'oppression des fois étrangères, le vertueux vizir fut forcé de céder aux murmures de la multitude et de remettre le gouvernement à Ali-Pacha, et partit pour commander l'armée ottomane, menacée sous Bagdad par Nadir ou Thamas Koulikhan, dictateur de la Perse.

Reprenons le récit des exploits et des crimes de Nadir.

XXXVII

Tahmasp, son roi légitime, réinstallé, comme on l'a vu, par lui à Ispahan, avait d'abord vaincu les Turcs ; bientôt, défait par eux dans une seconde bataille, il leur avait cédé par un traité de paix toutes les provinces de la monarchie au delà de l'Araxe. Nadir, éprouvant ou simulant une généreuse indignation d'une paix achetée par le démembrement de la patrie, crut trouver dans l'humiliation de la Perse un prétexte patriotique à son ambition, jusque-là patiente, du trône.

« Un pareil traité, » écrivit-il dans une proclamation à la Perse, « est un attentat contre la volonté
« du ciel, car les anges qui gardent le tombeau du
« divin Ali, notre prophète, nous appellent haute-
« ment à la délivrance de ses sectateurs captifs des
« hérétiques ottomans. Cette paix avec les Turcs ne
« durera pas. Restez tranquilles jusqu'à ce que je
« vienne vous trouver. Avec la protection du Très-
« Haut, je vais marcher à la tête d'une armée forte

« de ses premiers succès, habituée aux siéges,
« nombreuse comme les fourmis, vaillante comme
« les lions, et réunissant à la vigueur de la jeu-
« nesse la prudence de l'âge mûr. Que l'échanson, »
dit-il en faisant allusion à une chanson populaire,
« avertisse notre ennemi, l'adorateur du feu, de
« couvrir sa tête de poussière ; car l'eau qu'il avait
« détournée est rentrée dans son lit. »

Ces invocations mystiques au patriotisme et à la foi de la vieille Perse émurent le fanatisme et l'orgueil national. L'opinion d'Ispahan vola au-devant de Nadir.

XXXVIII

Il arriva, toujours enveloppé d'ambiguïté, sous les murs de cette capitale, tour à tour serviteur obéissant ou protecteur insolent de Tahmasp. Enfin, après avoir rassuré suffisamment ce prince par des protestations répétées de sa fidélité, il le contraignit, plus qu'il ne l'invita, à venir assister dans son camp, hors des murs, à un festin militaire donné en son honneur. Tahmasp, arrêté perfidement avec toute sa cour, au milieu de la fête, fut jeté sur un cheval et envoyé prisonnier dans le Khorasan avec ses enfants et ses femmes.

Timide encore, même après ce crime, devant le titre sacré de roi, qu'il n'osait ni recevoir ni prendre, il garda auprès de lui, à Ispahan, le plus jeune des enfants de Tahmasp, âgé de huit mois, et nommé Abbas III. Quant à lui, il parut se contenter de régner sous le nom de ce roi au berceau, avec l'autorité absolue de régent ou de dictateur de la Perse. Il marchait sur Bagdad avec une armée nombreuse, fanatique, aguerrie, au moment où Topal-Osman, le grand vizir, devenu généralissime, s'avançait lui-même pour secourir cette capitale des khalifes.

XXXIX

Topal-Osman, dont le génie militaire, inné chez les Albanais, était digne de se mesurer à la vieille renommée de Nadir, remporta sur les Persans, sous les murs de Bagdad, la victoire la plus sanglante qui eût jamais illustré les armes des Turcs en Asie. Son bras n'y participa pas moins que son coup d'œil. Pendant qu'à la tête de son infanterie, il supportait sans fléchir le choc des cent vingt mille cavaliers de Nadir, que trois chevaux tombaient morts sous lui, et que, trois fois relevé de terre, il oubliait ses blessures pour combattre encore, une cavalerie arabe de ses alliés du désert, apostée par le beglerbeg derrière des dunes de sable, fondait comme le simoun sur le flanc gauche de Nadir et dispersait comme une poussière son armée déjà lasse de huit heures de mêlée.

Nadir fugitif ne put rallier sa déroute qu'à cent milles du champ de bataille, mais, aussi digne du commandement dans le revers que dans le succès, il récompensa, comme les Romains, ses soldats au lieu de les punir, et il les ramena à la victoire par la certitude de vaincre avec eux. Une seconde bataille dans les plaines de Bagdad justifia sa confiance. Topal-Osman, dont les blessures saignaient encore, était contraint de se faire porter au combat sur une litière ; sa voix, son geste, son regard manquaient à ses troupes : elles cédèrent à l'impétuosité des Persans, que la honte de leur défaite aiguillonnait à la vengeance. Au moment de la déroute, les serviteurs du beglerbeg le firent monter à cheval pour échapper à Nadir ; mais atteint par les Persans et reconnu à la richesse de ses vêtements, il tomba percé d'un coup de lance par la main d'un soldat qui lui trancha la tête et la porta à Nadir. Le héros persan respecta dans le héros ottoman le courage et le malheur. Il renvoya aux Turcs la tête embaumée de leur général, pour que les honneurs de la sépulture fussent rendus à Topal-Osman par des mains amies.

Abdallah, pacha de Kars, menaçait la Perse, au nord, d'une seconde armée, supérieure à celle que Nadir venait d'anéantir à Bagdad. Nadir marcha à lui sans perdre le temps à l'occupation de la capitale des khalifes ; il jeta un pont sur l'Araxe.

« Les Turcs, » dit-il à son armée, « sont huit
« contre un ; c'est un motif de plus pour faire de
« glorieux efforts. J'ai rêvé la nuit dernière qu'un
« animal furieux s'était précipité dans ma tente, et
« qu'après une longue lutte j'étais parvenu à le
« tuer. Avec un tel présage, » s'écria-t-il, « le suc-
« cès est certain pour ceux qui combattent sous la
« protection de ce bras puissant qui élève les fai-
« bles à la gloire et abaisse les plus fiers oppres-
« seurs. »

Si de telles paroles étaient propres à encourager les troupes, son exemple n'était pas moins efficace. Après avoir tout réglé et fait d'habiles dispositions pour son armée, il se précipita sur l'ennemi à la tête des plus courageux des siens ; et partout où il se porta, les Persans furent invincibles. Dans une de ces charges, Abdallah-Pacha fut tué par un soldat qui apporta sa tête à Nadir. Le combat était dans toute sa fureur ; Nadir fit mettre cette tête sur une pique et ordonna qu'on la plaçât dans le lieu où elle serait le plus en vue de l'ennemi.

Ce qu'il avait prévu arriva : la mort de leur général enleva l'âme aux Ottomans. Ils s'enfuirent en laissant à Nadir tout le territoire conquis sur la Perse. La monarchie entière, démembrée, par la coalition des Russes et des Ottomans, fut recomposée par deux victoires.

XL

Avant de considérer l'effet de ces revers à Constantinople, groupons d'un regard le reste de la destinée de Nadir-Schah. La nation, assemblée à sa voix dans l'immense et fertile plaine d'Ardébil, capable de contenir et de nourrir une multitude aussi nombreuse que les hordes de Timour, fut conviée à se choisir un roi digne de tenir le sceptre et l'épée.

« Tous les chefs de vos grandes tribus sont devant « vous, » dit-il aux représentants de la Perse, » « choisissez librement entre vous le plus digne de « vous régir ; c'est assez pour moi d'avoir délivré « mon pays des Afghans, des Turcs et des Russes.»

Trois fois on lui décerna la couronne, trois fois il feignit, comme César, de la détourner de sa tête. Il l'accepta enfin, mais à la condition que la Perse abjurerait le schisme d'Ali, qui avait, disait-il, porté malheur au pays, et formerait, sous l'iman Djafar al Sadik, une secte nouvelle dans l'islamisme, secte qui se réconcilierait dans une orthodoxie commune avec les musulmans, sectateurs d'Omar, pour l'union et la force de la foi.

Il instruisit, par des proclamations et par des ambassadeurs, la Porte Ottomane et les souverains mahométans de l'Inde de cette révolution religieuse de la Perse, qui lui conciliait d'avance les populations dont il méditait la conquête. Les uns ont attribué cette conversion nationale à la piété de Nadir, les autres à son ambition; ces deux mobiles s'y confondirent. La religion, âme des hommes de l'Orient, est au fond de toute chose, même du crime, dans ces contrées de l'enthousiasme et de l'adoration.

XLI

A peine couronné, il reprit en sens inverse la route autrefois parcourue par Timour, vers les Indes. Il construisit, près de Candahar, la ville de Nadirabad, ville de Nadir, à l'exemple d'Alexandre, qui marquait ses haltes par des capitales. Mohammed-Schah, prince efféminé par le trône, régnait alors à Delhi. Le proverbe indien disait de lui qu'il n'était jamais sans un verre à la main ou une favorite dans ses bras. Vaincu et captif dans sa capitale, Mohammed-Schah reçut du vainqueur le pardon et le sceptre, à condition de céder à Nadir les plus populeuses provinces et les trésors fabuleux de l'empire. Un massacre de cent vingt mille habitants de Delhi, insurgés contre Nadir pendant qu'il occupait la ville, confirma par la terreur l'asservissement de l'Inde.

Son retour en Perse, avec une armée chargée de deux milliards de dépouilles et suivie d'un million d'esclaves, rappelle les triomphes de Sapor, de Timour et d'Akbar. D'innombrables éléphants accompagnaient le conquérant et portaient à Ispahan les merveilles de l'Inde. Le trône d'or des Mongols, appelé le *paon,* parce qu'il représentait la forme de cet oiseau, dont la queue étincelait de pierreries, était étalé par Nadir devant les populations de la Tartarie, qu'il alla éblouir et intimider à son retour.

Il rentra par Khélat en Perse, et se reposa trois mois à Meschcd, dont il avait fait la capitale nouvelle du royaume. En marchant contre les Lesghis, peuplade insoumise d'Afghans, un assassin, caché derrière les arbres d'une forêt, tua son cheval, et le blessa à la main. Son fils Riza-Kouli, qui marchait à côté de lui, lança son cheval, pour punir l'Afghan fugitif, à travers la forêt ; il ne put l'atteindre. L'ombrageux Nadir vit dans cette tentative d'assassinat et dans le zèle affecté de Riza-Kouli l'intention d'un parricide ; la gloire et la popularité de ce jeune héros offusquaient son père. Il lui fit impitoyablement crever les yeux. « Ce ne sont pas mes yeux « que vous avez brûlés, » lui dit le jeune prince, « ce sont ceux de la Perse. »

Le remords le jeta dans une démence qui l'altérait de sang. Chaque halte de son armée laissait une traînée de cadavres suppliciés par ses ordres. Ses propres lieutenants conspirèrent enfin sa mort pour assurer leur vie. Pendant qu'il dormait, quatre de ses officiers, parmi lesquels le capitaine de ses gardes Saleh-beg, entrèrent dans sa tente sous prétexte d'avis pressants à donner au schah. Réveillé au bruit de leur voix, Nadir, qui reposait tout armé, se leva en sursaut, se défendit en lion contre les quatre assassins, en étendit deux à ses pieds, et ne succomba enfin que sous le poignard de Saleh-beg.

XLII

Ses grands projets de conquêtes au nord, de navigation de la mer Caspienne, et de fusion de tous les cultes de l'Inde, de la Perse et de la Turquie en une seule religion générale, épurée et fondée sur la morale universelle, périrent avec lui. Timour avait eu la même pensée, trop haute encore pour son temps. A l'exemple de Timour, Nadir faisait traduire les évangiles comme des codes de vertus, et n'en rejetait que le merveilleux comme des fables. Les chrétiens étaient traités par lui avec autant de bienveillance que les musulmans; sa raison aspirait à fonder une théologie naturelle; mais le sabre qui détruit les temples ne fonde pas les idées.

Avant l'égarement de son esprit, perdu par le remords du supplice de son fils, Nadir ne se donnait ni pour un être surnaturel, ni pour un fondateur d'empire, mais pour un ministre aveugle de la fatalité. Il tomba un jour dans son camp une flèche à laquelle était attaché un écrit portant ces paroles : « Si tu es roi, protége et rends heureux ton peuple; « si tu es prophète, montre-nous le chemin du sa- « lut; si tu es dieu, aie pitié dans ta miséricorde « de ceux que tu as créés. »

Il fit des recherches vaines pour découvrir l'auteur de l'écrit, et fit distribuer dans tout son camp des copies de ce papier, avec la réponse suivante : « Je ne suis ni un roi qui doive protéger ses sujets,

« ni un prophète qui doive montrer le chemin du
« salut, ni un dieu qui doive faire des actions de
« miséricorde ; je suis celui que le Tout-Puissant a
« envoyé dans sa colère pour châtier un monde
« coupable. »

Revenons à Mahmoud Ier, que la paix forcément conclue avec la Perse livrait à l'ambition d'une nouvelle puissance, plus permanente et plus redoutable à l'empire que l'apparition fugitive d'un héros persan. C'était la Russie.

LIVRE TRENTE-DEUXIÈME.

I

Si jamais l'expiation, comme dans le drame antique, a suivi visiblement et de près la faute, c'est dans l'histoire de la race ottomane, à l'époque que nous sommes appelés à retracer. Du jour où les Turcs, sous Achmet III, tramèrent par une ambition immorale et contre nature le partage de la Perse, et se rapprochèrent ainsi, à l'orient de la mer Noire, de la nation qui les faisait complices avant de les faire victimes, ils n'ont plus d'alliés en Asie, et ils n'ont plus, à l'exception de la France, que des ennemis en Europe. La vengeance de leur race livrée aux Russes, et de leur religion trahie pour leur ambition, semble peser sur eux comme un châtiment céleste. Ils arrachent de leurs propres mains, dans la Tartarie, dans la mer Caspienne et dans le Caucase, les bornes providentielles qui les séparaient de la puissance russe, et en rapprochant ainsi les deux empires, ils préparent imprudemment les froissements, les conflits, les chocs qui menacent d'agrandir l'un et de ruiner l'autre.

C'est ainsi qu'en remontant avec la sagacité de la conscience aux premières causes des revers et du démembrement d'un grand peuple, on trouve presque toujours à la source de ces calamités nationales une faute morale devenue une faute politique. On ne saurait trop le redire aux individus comme aux gouvernements, une bonne conscience est la meilleure des politiques, et dans l'ordre privé comme dans l'ordre public, ce sont les hommes qui font leur sort, ce sont les peuples qui font leur destinée.

II

Pierre le Grand n'avait jamais écrit, comme on l'a faussement affirmé dans ces derniers temps, ce testament apocryphe dans lequel on lui fait prophétiser après coup les convoitises et les progrès de son empire encore au berceau vers l'orient. Ce testament est un de ces documents posthumes et rétrospectifs, écrits sous Catherine II ou Alexandre Ier, par un publiciste spéculatif de chancellerie pour flatter la fantaisie d'une czarine ou d'un czar, et pour caresser l'ambition d'une nation qui aime, comme toutes les nations conquérantes, à rattacher par quelque tradition mystérieuse sa grandeur future à ses obscurs commencements. Le testament de Pierre le Grand est le jeu d'esprit d'un diplomate qui anticipe sur les pensées d'homme d'État.

Mais si Pierre le Grand, si rudement repoussé dans le Nord par le *fendeur de bois* et si majestueusement dépassé en Perse par Nadir-Schah, ne pouvait encore léguer sans folie la Turquie et la Perse à ses descendants, son empire, aussitôt après sa mort, venait d'acquérir tout à coup de si gigantesques proportions, que tout ce qu'on rêvait à Moscou pouvait faire trembler Ispahan et Constantinople.

Disons en peu de mots la croissance miraculeuse de cet empire; il semblait se passer du temps.

III

Après la mort de Catherine, veuve de Pierre le

Grand, les princes Dolgorouki, de race souveraine, chefs du vieux parti russe, et, à ce titre, ennemis des étrangers et des favoris dont Pierre Ier et Catherine avaient infesté la cour et l'armée, appelèrent révolutionnairement au trône l'impératrice Anne, nièce de Pierre, reléguée alors dans la petite souveraineté de Courlande. Les Dolgorouki lui imposèrent pour condition l'exil ou le supplice de tous les étrangers dont la fortune humiliait la nation, et la soumirent à une sorte de contrôle aristocratique concentré dans leur famille.

Anne accepta le joug avec la résolution de le briser au premier retour du peuple à elle ; une émeute nationale contre les Dolgorouki, ses geôliers, ne tarda pas à lui restituer l'empire. Neuf membres de cette ambitieuse famille, pères, oncles, fils, neveux, jetés sur le même échafaud, y périrent dans les tortures, en s'encourageant les uns les autres à la mort.

Un jeune Courlandais, nommé Biren, gouverna aussi despotiquement l'empire que le cœur de sa maîtresse. Il méditait de s'élever à la souveraineté indépendante de la Courlande. Pour obtenir de l'électeur de Saxe, Auguste III, l'investiture de la Courlande, Biren appuyait d'une armée russe la candidature de ce prince au trône de Pologne, donnée par Charles XII et par la diète polonaise à Stanislas Leczinski.

L'Autriche, qui possédait la Silésie, et qui convoitait de son côté les démembrements futurs de cette république, s'était associée à la Russie pour peser de deux poids sur les Polonais. Ces deux empires, l'Autriche, en vertu de son titre de roi de Hongrie, la Russie, en vertu de l'intervention de 1717 qui l'avait appelée en Pologne, affectaient, non sans raison, le droit d'intervenir dans l'élection de ces rois précaires, tour à tour protégés de l'une ou de l'autre cour.

La faible armée polonaise, vaincue sur la Vistule par soixante mille Russes, s'était dispersée en nommant dans sa fuite, dans une taverne, au milieu des bois, Stanislas pour roi. La France le soutenait par opposition à l'Autriche. Stanislas abdiqua en échange de la Lorraine, cédée à la France et viagèrement constituée en souveraineté pour ce roi détrôné de Pologne. La Pologne contrainte reçut pour roi Auguste de Saxe, étranger imposé par les étrangers, en votant, selon sa coutume, l'infamie et la mort de tout Polonais qui accepterait à l'avenir un roi étranger : vains serments d'une nation dont chaque parti introduisait sans cesse l'étranger dans ses conspirations contre le parti contraire !

L'alliance précaire des Turcs avec Pierre le Grand pour démembrer la Perse empêcha le divan de s'opposer, comme il le devait par le traité du Pruth, à l'invasion des Russes en Pologne. Mais à peine la Pologne fut-elle asservie à la coalition de l'Autriche et de la Russie, que l'impératrice Anne, liguée cette fois avec le héros de la Perse, Nadir-Schah, lança, par l'inspiration de son favori Biren, soixante mille Russes en Bessarabie pour reculer la frontière ottomane de la Pologne et pour prévenir le contact entre les Polonais asservis et les Turcs protecteurs de leur indépendance.

Un habile et féroce guerrier, le maréchal Munich, fait pour commander à des barbares parce qu'il était plus barbare qu'eux, ensevelit Oczakof et ses vingt mille défenseurs sous les flammes et sous les décombres de cette ville boulevard de l'empire; il pénétra ensuite dans la Crimée en tournant les lignes inexpugnables de Perecop ou d'Orcapi, lignes élevées de quarante pieds par la nature au-dessus de la plaine fortifiée par des épaulements artificiels et qui ferment sur une étroite langue de terre la presqu'île de Crimée aux invasions du continent. Après avoir ravagé et incendié rapidement la Crimée, les Russes, qui ne voulaient encore qu'étonner et épouvanter les Tartares, allèrent assiéger Azof.

Le divan implora tardivement la médiation de la France.

« Vous nous avez pressés, » dit le grand vizir Ismaïl-Pacha au marquis de Villeneuve, ambassadeur de France, « de prendre les armes pour soutenir « les Polonais indépendants, et maintenant vous « nous conseillez une paix humiliante sous l'im- « pression de l'invasion des Moscovites ? »

« Nous vous conseillions la guerre il y a quel- « ques mois, » répondit avec bon sens l'ambassadeur, « pour le salut de votre empire, de la Pologne « et de la France elle-même ; aujourd'hui qu'il « n'est plus temps de secourir la Pologne et d'ap- « puyer la France, nous vous conseillons la paix « pour vous-mêmes. »

IV

L'Autriche, liée comme on l'a vu à la Russie par la conformité de convoitise en Pologne, faisait marcher quatre corps d'armée sur le territoire ottoman pour appuyer l'invasion russe et pour attirer le grand vizir Ismaïl-Pacha, jusque-là immobile avec son armée à Bender. Les musulmans s'indignaient à Constantinople de cette immobilité en présence de la Crimée envahie, des Tartares égorgés, d'Oczakof anéanti, d'Azof assiégé. Mahmoud, pour faire expier à son grand vizir l'impopularité qui montait jusqu'au sérail, envoya son silihdar-aga à Bender avec ordre de lui rapporter la tête du kiaya et de déposer Ismaïl.

Yegen, pacha à trois queues, fut nommé grand vizir. Son nom seul changea la fortune. Yegen, ancien kiaya, lieutenant de Ahmed Kiuperli, avait appris sous lui la guerre, et de son propre instinct la politique. Prompt et aventureux sur le champ de bataille, souple et prudent au sérail, il s'était attaché à la fortune du vieux kislar-aga qui dominait Mahmoud de concert avec la sultane Validé; il savait que le véritable gouvernement était dans le harem et non dans le divan; la vieillesse du kislar-aga lui faisait espérer qu'après avoir grandi par son crédit, il succéderait à son influence après sa mort.

« Homme orgueilleux et féroce, » écrit l'ambassadeur Contarini à sa république en parlant de Yegen, « ennemi acharné des Vénitiens, habitué à céder à ses emportements, mais dominé dans ces emportements même par une justesse de jugement et une sagacité occulte qui fait tourner tout, même la colère à ses desseins. »

Il se retourna, en effet, avec la rapidité de l'éclair contre l'armée autrichienne du maréchal Seckendorf, qui venait de surprendre Nissa et qui assiégeait Widdin, et le silihdar-aga qui lui avait apporté le sceau n'avait pas encore quitté l'armée, qu'il avait défait Seckendorf, repris Nissa, tué six mille Autrichiens sous les murs de la ville, débloqué Widdin, attaqué le prince de Saxe Hildebourg-Hausen dans ses retranchements, et refoulé au delà du Danube les restes de ces trois armées. Son retour à Constantinople, après cette foudroyante campagne contre les Allemands, fut le retour de la victoire et de la confiance dans le sérail.

V

Après quelques semaines de repos, il repartit avec une seconde armée pour le Danube, reconquit Orsova, Semendria, et médita pour la campagne suivante la conquête de Belgrade sur les Autrichiens, qui n'étaient plus défendus désormais que par l'ombre du prince Eugène de Savoie. Son succès était certain, mais l'excès même de ses succès commençait à inspirer à la sultane Validé et à son protecteur, le kislar-aga, des ombrages sur leur propre influence. Un vizir trop popularisé par la victoire et trop nécessaire à l'empire pouvait se substituer à leur ligue.

Au moment où il partait pour Andrinople avec l'armée destinée à recouvrer Belgrade, le chef des capidjis du sérail lui apporta l'ordre de choisir, entre toutes les îles de l'archipel, celle qui lui plairait le plus pour sa prison. Il choisit Rhodes, et s'embarqua en déplorant le sort d'un gouvernement où trop bien servir sa patrie était un crime égal à la trahir. Un soldat formé à son école, mais plus souple au kislar-aga, Elias-Pacha, reçut le gouvernement de l'armée.

VI

Elle ne s'aperçut pas qu'elle avait changé de général. La victoire avait rendu la supériorité morale aux Turcs. Après deux batailles faiblement soutenues par les Impériaux, Elias-Pacha les précipita au delà du Danube et assiégea Belgrade. Cette ville était, comme toujours, le prix de la campagne. Les conférences ouvertes pour la paix ne furent contentieuses que sur la question de savoir si Belgrade serait démolie ou rendue aux Ottomans avec ses fortifications et ses canons.

« Comme il est vrai que je n'adore qu'un Dieu, » dit le grand vizir, « Belgrade sera rendue à mon « sublime empereur fortifiée ; je n'accorderai la « paix qu'à ce prix. »

L'ambassadeur français Villeneuve, présent aux conférences, concilia les deux puissances en faisant stipuler que Belgrade serait restituée dans l'état où était la ville en 1717.

La Servie et la Valachie autrichienne suivirent le sort de Belgrade. A l'exception de Temeswar, tout ce que l'Autriche avait démembré au traité de Passarowitz fut réintégré à la Porte ; les victoires du prince Eugène furent effacées d'un trait de plume. La Russie, par la médiation de l'ambassadeur de France, signa presque en même temps une paix aussi impérieusement dictée à l'impératrice Anne qu'à l'empereur Charles VI. Azof dut être démoli par les Russes ; il leur fut interdit de construire aucun vaisseau de guerre ou navire marchand sur la mer Noire, reconnue mer Ottomane ; les czars n'y conquirent, qu'au prix de cent mille de leurs vétérans morts sans gloire dans la dernière guerre, que la reconnaissance par la Porte de leur titre d'empereur.

Elias-Pacha, conquérant de Belgrade et de cette double paix, ne reçut à son retour, comme Yegen, son prédécesseur, que l'exil pour récompense. Toute gloire offusquait le sérail. Le caïmakam Ahmed remplaça ce glorieux vizir.

VII

La loyauté du caractère ottoman, sous Mahmoud Ier, racheta la déloyauté d'Achmet III dans le partage de la Perse. La mort de l'empereur d'Autriche, Charles VI, dernier héritier mâle de la maison de Hapsbourg, ne laissait que des droits contestés à Marie-Thérèse, sa fille. L'Allemagne refusait de reconnaître ces droits dans une femme et armait pour la détrôner. Le grand Frédéric, ce Machiavel héroïque de la Prusse, s'unissait aux princes allemands de la Saxe et de l'Espagne pour démembrer à son profit l'Empire; la Sardaigne, pour s'emparer de Milan; la France elle-même, pour abaisser jusqu'au néant l'orgueilleuse maison d'Autriche, représentée par une faible femme. Mais cette femme était un héros. Mahmoud, vainement sollicité par la France, par la Russie et par la Perse, de grossir cette ligue et d'en profiter pour écraser l'Autriche, répondit par des paroles dignes d'un philosophe sur le trône des sultans.

« Un pacte tacite, » disait le manifeste de Mahmoud Ier aux puissances, « rapproche tous les
« hommes; cet instinct fraternel est né de la con-
« science d'une origine commune. Les États divers

« ne sont que les membres d'une même famille
« humaine ; et si l'harmonie est la loi conservatrice
« des nations, la paix est leur devoir religieux. La
« guerre est un remède violent auquel il ne faut
« avoir recours qu'à la dernière extrémité, que
« pour rendre la société à son système naturel et
« nécessaire, que pour la rendre à la paix. La paix
« est la source du bonheur public ; la paix est agréa-
« ble à Dieu ; la paix est utile aux hommes, et c'est,
« après la vie éternelle, la seule fin que doivent se
« proposer les princes qui aiment la justice.

« En effet, quelle âme sensible, quel être hu-
« main ne frémit pas de tous les maux qui accom-
« pagnent la guerre ? des ruisseaux de sang abreu-
« vent les campagnes, les vainqueurs ne sont pas
« plus épargnés que les vaincus par l'ange de la
« mort ; les hideuses maladies contagieuses suivent
« les pas des combattants, les attaquent, les abat-
« tent, les dévorent jusque dans les bras de la vic-
« toire, et les jettent enfin dans l'ignoble fosse où
« la mort les confond et les égalise avec les ani-
« maux eux-mêmes, et c'est ainsi qu'elle punit les
« hommes dégradés d'avoir imité la férocité des
« bêtes dans leurs fureurs insensées.

« L'affreux génie du mal, en poussant le cri de
« guerre, tranche de sa flamboyante épée les liens

« des nations : plus de commerce entre les frères ;
« le droit du plus fort redevient le code des enfants
« d'Adam ; le sang ou les larmes des victimes attes-
« tent sur ses tables d'airain que chaque vertu a
« retrouvé son outrage, la faiblesse son bourreau,
« l'innocence son oppresseur, et la pudeur son sacri-
« lége. C'est pour prévenir le retour de tant de cri-
« mes et de tant de malheurs, c'est pour remplir
« les vues de Dieu, que mon sublime empereur,
« qui n'est rien moins que l'ombre de ce Dieu sur
« la terre, invite les princes chrétiens à se réconci-
« lier et leur offre sa puissante médiation. »

VIII

L'homme qui dictait de telles maximes au grand vizir Élias, après cinq victoires, et en présence d'une jeune souveraine dont il pouvait d'un mot renverser le trône, était le kislar-aga, confident et inspirateur du pacifique Mahmoud Ier. Malheureusement pour l'empire, ce sage, âgé de quatre-vingt-dix, ans mourut peu de jours après avoir légué ainsi son âme à l'Europe. Il recommanda en mourant à Mahmoud de s'inspirer après lui des conseils d'un jeune esclave noir de Bornéo, son disciple. Le sultan, par déférence pour le mourant, donna sa place de kislar-aga à cet esclave nommé Békir. Toute la vertu et toute la politique de l'empire semblèrent mourir dans le sérail avec l'eunuque.

Békir-Aga n'avait recueilli de son maître que les maximes. Les vices et les passions de l'esclavage promu à la tyrannie pervertirent sa politique. Ligué avec un Arménien cupide, nommé Yacoub, et avec un jeune esclave noir affranchi, Souleïman-Aga, il vendit à l'enchère toutes les dignités de l'empire, étala un luxe asiatique, et entassa des trésors dont il se flattait d'aller jouir en Éthiopie après la mort de son maître.

Un de ses tschaouschs ayant fouetté, par son ordre, en plein divan, un molla ou juge de Constantinople qui avait osé condamner un de ses favoris, les oulémas indignés en appelèrent au grand vizir. Le grand vizir, également embarrassé de punir un favori absolu de Mahmoud, ou de laisser impunie une telle insulte aux oulémas, cherchait à pallier l'outrage. Mais le molla était à la fois un accusateur et un témoin inévitable. Le favori, pour le faire disparaître, le fit étrangler la nuit dans sa maison avec sa fille et ses esclaves, répandant le bruit qu'un incendie les avait surpris et consumés dans leurs lits. La maison en flammes s'était en effet écroulée sur les victimes du favori, mais les corps du molla et de sa fille attestaient qu'ils avaient été étranglés avant l'incendie.

Un cri d'exécration s'éleva de toute la capitale. Des fusées, lancées par des mains inconnues pendant les nuits tombèrent sur les terrasses du sérail, symbole des accusations en lettres de feu que les peuples esclaves de l'Orient font écrire dans le ciel contre les mauvais princes.

IX

Mahmoud Ier, inquiet de ces symptômes énigmatiques du mécontentement du peuple, supposa qu'on lui demandait ainsi la déposition du grand vizir. Il le sacrifia; les flèches de feu continuèrent de sillonner le lendemain le ciel; le muphti lui révéla enfin la cause de l'irritation publique. Mahmoud, espérant sauver son favori par la constatation de sa disgrâce, sortit le lendemain du sérail comme pour une promenade sur la côte d'Asie. Békir, selon l'usage, accompagnait son maître; mais au moment où le sultan posait le pied sur la grève, et avant que le favori fût descendu à terre derrière lui, les rameurs, repoussant du pied le rivage, ramèrent par l'ordre du silihdar vers la tour de Léandre et y déposèrent l'eunuque prisonnier.

Mahmoud avait donné ordre de lui préparer un navire et de le transporter avec ses trésors personnels en Égypte. Mais la vengeance du peuple réclamait une satisfaction plus sanglante. Le sultan, par un reste de compassion, voulut assister lui-même à son supplice pour interdire les tortures aux bourreaux. Le noir, désespéré et sans respect pour la présence du padischah, se répandit en imprécations contre son maître, et, tirant son poignard de sa ceinture, se précipita sur les bourreaux, remplissant la salle du divan de sang et de carnage avant de tomber lui-même sous les coups de ses meurtriers. Son cadavre, exposé pendant trois heures sur la plate-forme du sérail, sembla avoir purifié l'atmosphère de Constantinople.

X

Mahmoud Ier acheva sa vie en paix, plaint et estimé de ses peuples. Quelques empiétements des Russes au delà du Borysthène, dans les déserts interposés par la politique entre les deux frontières, et la réforme religieuse des Arabes Wahabites au fond du désert, troublèrent seuls ses derniers jours.

Un acte de piété les avança. Ses infirmités précoces l'empêchaient de monter à cheval sans de vives souffrances. Il les surmonta, le vendredi 13 décembre 1754, pour se rendre à la mosquée de Sainte-Sophie; vaincu au retour par l'excès de la douleur, et soutenu sur son cheval par les bras tendus de ses serviteurs, ils ne descendirent de cheval, à la porte du sérail, qu'un cadavre. Sa vie s'était envolée avec ses prières.

L'Europe le regretta comme un prince pacifique, d'autant plus estimable d'avoir aimé la paix qu'il avait toujours été encouragé à la guerre par la victoire. La Turquie le vénéra comme un saint. Il était resté toute sa vie fidèle à ce précepte d'humilité du Coran qui ordonne à tout homme vivant, prince ou sujet, de vivre de son travail. Bijoutier habile et tourneur consommé, il consacrait chaque jour après la prière à ciseler des ornements d'or et d'argent, ou à fabriquer des cure-dents d'ébène et d'ivoire. Le prix de ces ouvrages de ses mains, vendus au bazar, servait à sa nourriture. La nature lui avait refusé un héritier de son sang et de ses vertus.

XI

Son frère Othman III, fils de Mustapha II, prince âgé de cinquante-trois ans, mais que sa longue réclusion au fond du vieux sérail avait laissé vieillir dans une tardive enfance, monta sur le trône sans compétiteur. Le commencement indécis de son règne ne fut que l'éblouissement d'un captif qui voit, après de longues ténèbres, la lumière, et qui chancelle à chaque pas. Sept ou huit vizirs choisis et répudiés au hasard en quelques jours laissèrent enfin le pouvoir à un jeune favori, Ali-Pacha-Oghli, son silihdar-aga, devenu avant l'âge son grand vizir.

On accuse sans preuve Othman III d'avoir immolé ses neveux à la raison d'État. Il n'avait point d'enfants, et cette précaution sinistre était sans objet pour lui dans l'avenir. On attribua au poison la mort vraisemblablement naturelle de trois enfants d'Achmet III, élevés dans le sérail. Mustapha, le quatrième de ces orphelins reçut, dit-on, également des mains du médecin une coupe empoisonnée qu'il refusa de boire et qu'il força le médecin, le poignard sous la gorge, à boire à sa place. Le médecin mourut de langueur quelque temps après, et Mustapha fut sauvé.

Ces chroniques populaires n'ont ni certitude ni vraisemblance. Si Othman avait ordonné la mort de ses neveux, Mustapha n'aurait pas survécu à cet ordre pour régner après son oncle. L'ombre partout fait croire au crime ; mais la justice et la piété d'Othman III protestent contre ces atrocités sacriléges qui auraient anéanti après lui sa race.

XII

Deux héritiers restaient à l'empire, Mustapha et Abdulhamid son plus jeune frère. Le jeune grand vizir Ali-Pacha Oghli fut soupçonné d'entrenir avec ces princes des intelligences secrètes, que les infirmités de corps et d'esprit de leur oncle firent considérer au sultan comme une anticipation sur sa mort prévue. On avait cru voir, disaient les rumeurs du sérail, le grand vizir sortant la nuit des appartements de ces princes. Othman III, averti, appela le muphti pour autoriser sa vengeance par un fetwa. Son ignorance faisait croire à tort à Othman qu'un semblable fetwa était nécessaire à sa conscience; scrupule sans fondement, puisque le grand vizir est au nombre des hommes politiques exceptés du droit commun, et qui peuvent être frappés sans autre juge que la conscience du padischah.

A l'apparition de son perfide favori dans la salle du divan, le sultan, ne pouvant contenir sa colère enflammée par l'aspect du coupable : « Sors de ma « présence, » lui dit-il en saisissant une masse d'armes et en la brandissant sur la tête du vizir.

Le muphti détourna le coup en représentant à son maître que le padischah ne devait pas s'avilir au rôle de bourreau.

Le favori, en se retirant, trouva entre les deux portes des muets qui lui tranchèrent la tête et qui l'exposèrent dans un bassin d'argent, à la porte du sérail, avec cet écriteau : « Ainsi périssent les traîtres qui trompent l'amitié du padischah! »

XIII

Méhémet-Raghib-Pacha (ou Méhémet *le studieux*) fut appelé non plus par une vaine faveur, mais par la désignation de l'opinion publique, au poste de grand vizir. Page du sérail à l'âge de dix ans, attentif aux leçons de maîtres habiles, parlant toutes les langues de l'Europe et de l'Asie, poëte et écrivain consommé pour son temps, surnommé par ses rivaux *le studieux* par excellence, secrétaire de plusieurs congrès, rompu aux affaires, brave aux combats, élevé de grade en grade jusqu'au gouvernement orageux du Caire, où sa politique et sa vigueur avaient tour à tour assoupli ou abattu les mamlouks circassiens, fléau du Nil, religieux et fidèle comme la conscience à ses devoirs envers le sultan, Raghib-Pacha semblait un présent de la Providence à un règne qui ne trouvait qu'un vieil enfant dans le padischah.

Un présage, que la superstition pouvait interpréter comme sinistre, attrista cependant les premiers jours de son ministère. Un de ces incendies qui effacent en quelques heures les villes de bois des Tartares à la surface du sol, éclata au printemps de 1756 à Constantinople.

XIV

« Le feu prit à l'aube du jour, » disent les annalistes de cette année mémorable, « dans la partie basse de la ville qui fait face au faubourg de Péra et de Galata, dans une maison près des murs du sérail et des remises des bateaux du grand seigneur. Le gardien placé sur la tour du palais du janissaire-aga donna le signal de l'accident en frappant sur les gros tambours établis pour avertir le peuple. Les gardiens des quartiers parcoururent les rues aussitôt, en heurtant le pavé avec des bâtons ferrés, et ces tocsins vivants jetèrent le cri d'alarme : *yanguen var* (il y a incendie). Il faut l'avoir éprouvé pour se faire une idée du trouble que porte dans tous les cœurs cet accent sinistre quand il vient interrompre le silence des nuits et le sommeil des hommes. L'incendie fit de rapides progrès, parce qu'une loi de police défend de travailler à éteindre le feu avant l'arrivée des janissaires, des bostandjis et de leurs officiers ; prévoyance commandée par la perversité humaine qui invite partout le brigandage à se mêler au désordre dans les désastres publics. Mais c'est un remède qui ne prévient un mal que pour en causer un plus grand.

« En effet, l'incendie naissant n'étant pas arrêté dans son principe, devint un vaste embrasement. Un vent du nord poussa le feu le long des murs du sérail ; il atteignit le palais du grand vizir ; tous les grands officiers de la Porte se trouvaient par devoir au milieu des travailleurs. Le sultan s'y rendit en personne ; et c'est une obligation dont il ne se dispense que lorsque, dans des temps de trouble, il craint pour sa propre sûreté. Mais ni sa présence, ni sa voix, ni ses promesses ne purent limiter le malheur. L'énorme masse de Sainte-Sophie semblait devoir présenter une digue au torrent de feu. Le plomb qui couvre la coupole de cette montagne de pierres se fondit sous une atmosphère embrasée ; le plomb liquéfié ruissela sur la foule des gardes et des travailleurs, et la terreur abandonna cet édifice à lui-même.

« Tous les efforts se bornèrent donc à circonscrire l'embrasement dans une enceinte de ruines abattues sous la hache. Le désastre allait du moins avoir des bornes connues; mais tout à coup le vent sauta du nord à l'est, et prit en travers la ligne de feu sur un front de plus de douze cents toises. Treize fleuves de laves se formèrent, se réunirent, inondèrent le centre même de la ville, et Constantinople n'offrit plus qu'un océan de feu. Chaque effort devint un malheur de plus. Qu'on se représente un corps entier de janissaires, victimes de leur dévouement, enveloppés par deux courants de flammes pendant qu'ils abattaient des maisons situées à la tête d'une des branches de l'incendie, les cris de ces malheureux tombant dans les bouches de ces volcans; ces cris recouverts eux-mêmes par les cris plus perçants encore du désespoir et de l'effroi que poussaient les femmes, les enfants, les pères de famille ruinés en un moment dans ce désastre affreux; qu'on se représente le fracas des édifices qui s'écroulaient, celui des poutres embrasées disparaissant comme sous des vagues; enfin, pour compléter la magnifique horreur d'un pareil tableau, le jour cuivré de l'incendie, découvrant, sous les dégradations de sa lueur sinistre, ici la terre envahie par des gouffres de feu, et plus loin, pour contraster, la mer tranquille et les vaisseaux à l'ancre.

« Tel fut le terrible incendie qui consuma, en 1756, les deux tiers de l'immense capitale des Ottomans, quatre-vingt mille maisons, et entre autres édifices le magasin entier des tentes de l'armée. »

XV

La mort d'Othman III suivit de près ce désastre de sa capitale. Enfant jusque dans la mort, il se fit porter, déjà expirant, dans son kiosk de la pointe du sérail, baigné par la mer, pour y recevoir de plus près le salut des canons de la flotte qui rentrait de l'Archipel. L'ébranlement des salves de ses vaisseaux, en passant sous les fenêtres du kiosk, achevèrent de rompre les fils de sa vie. Il expira au bruit des détonations et des acclamations qui lui souhaitaient la longue vie de ses pères.

Raghib-Pacha, déjà menacé de déposition par le caprice inconstant de son maître, alla chercher dans la *cage aux oiseaux* le prince Mustapha, suspendu depuis trois ans entre le trône et le sépulcre. Il portait à ce prince la fortune de son règne dans sa personne, un grand et vertueux ministre. Mustapha III, fils aîné d'Achmet III, avait quarante-un ans, une âme énervée par la longue anxiété de sa vie, un esprit incapable d'inspirations propres, mais accessible aux bonnes impressions d'un homme supérieur.

XVI

Le onzième jour après la mort d'Othman, Mustapha III ceignit le sabre d'Othman dans la mosquée d'Aïoub avec un appareil qui rappela les temps héroïques de la monarchie. Le peuple et l'armée, las des règnes précaires qui venaient de s'écouler, espéraient d'autant plus dans le nouveau padischah, que la conservation de ses jours, sous ses deux oncles, ses prédécesseurs, leur paraissait une protection miraculeuse de la Providence.

Le grand vizir et le muphti précédaient à cheval son magnifique cortége. «Derrière eux,» dit le livre du cérémonial, «marchaient trente-deux chevaux de main appartenant au sultan, richement harnachés, et dont douze portaient, appendus à leurs flancs, des boucliers ornés de pierres fines. Le sultan, entouré de ses gardes du corps, les peïks et les solaks, dont les premiers portaient des casques étincelants, les seconds de magnifiques panaches de héron, s'avançait ayant à son étrier gauche le grand écuyer, et à son étrier droit le grand chambellan.

Le second écuyer tenait la rêne gauche de son cheval, et le porteur de l'étendard sacré du Prophète la rêne droite. Autour du cheval du sultan marchaient les neuf autres seigneurs de l'étrier impérial, savoir : les deux chefs de la vénerie, les quatre plus anciens chambellans et le grand échanson.

« Au moment où le sultan descendit de cheval, les onze seigneurs de l'étrier cédèrent la place aux huit seigneurs de l'épaule, dont le privilége consiste à conduire le sultan en le prenant sous le bras. Dans cette occasion, l'aga des janissaires l'aida, conformément au cérémonial, à descendre de cheval, tandis que le grand vizir et le kislar-aga le soutenaient sous les aisselles. Derrière le sultan, deux pages de la chambre intérieure portaient, sur des coussins richement brodés, deux des turbans du souverain, symboles de sa domination sur deux parties du monde et sur deux mers, comme de son droit de protection sur les deux villes saintes, la Mecque et Médine.

« Pour éviter au sultan la peine de saluer le peuple, les porteurs de turbans avaient soin de les incliner constamment à droite et à gauche. Un des pages de la chambre intérieure portait le tabouret qui sert au grand seigneur à monter à cheval ; un autre, l'aiguière pour les ablutions. Sur toute la route que prit le sultan, le khazinedar jeta de l'argent à la foule. Le cortége s'avança ainsi entre deux haies de janissaires, que Mustapha III salua en personne, honneur qui n'était pas accordé au peuple. Les troupes lui rendirent son salut en inclinant la tête sur l'épaule gauche, indiquant par là qu'au premier signe du maître elles étaient prêtes à la poser sur le billot.

« Le grand seigneur, en arrivant devant les vieilles casernes des janissaires, s'arrêta pour recevoir, des mains du colonel du soixantième régiment, une tasse de sorbet qu'il lui rendit ensuite pleine de pièces d'or. En souvenir de ce jour heureux, le colonel offrit trois moutons en holocauste à l'Éternel. Chemin faisant, Mustapha III visita le tombeau du conquérant, près de la mosquée fondée par lui, et fit sa prière au tombeau d'Aïoub, le porte-drapeau du Prophète. » La maigreur de ses joues, la pâleur de son teint, la mélancolie empreinte sur ses traits rappelaient aux musulmans l'ombre livide du sérail où il avait attendu la mort ou l'empire, et intéressaient tous les cœurs à sa destinée.

XVII

Les premières années du règne de ce prince

répondirent à ces espérances. Tous les actes du sultan furent des bienfaits envers ses peuples, des avances de paix aux puissances étrangères. Raghib-Pacha flattait habilement sa prétention de gouverner par lui-même en s'effaçant avec scrupule et en montrant toujours le sultan devant lui. Le padischah, tantôt déguisé sous d'humbles costumes, tantôt à cheval dans tout l'éclat du trône, parcourait jour et nuit les quartiers de la capitale pour surveiller l'exécution des mesures d'ordre et de religion et de police émanées de son divan.

XVIII

Le sultan, voulant distinguer son ministre entre tous, donna pour épouse au grand vizir Raghib une de ses sœurs, la sultane Saliha.

Le récit de ces noces retrace trop vivement les mœurs ottomanes pour être étranger à l'histoire. Le livre des noces, ouvert au savant orientaliste Hammer, décrit en ces termes celles de Raghib :

« Les fiançailles eurent lieu devant le muphti, dans le palais de la sultane, situé près du faubourg d'Aïoub. La sultane y fut représentée par le kislar-aga du sérail, et Raghib par le ministre de l'intérieur. Le lendemain, le grand vizir envoya à la fiancée le kapidjilerbouloukbaschi, ou chef des gardiens de la porte du sérail, pour demander des nouvelles de sa santé, et lui remettre, de sa part, six plats d'argent avec leurs couvercles, une table du même métal, une tasse remplie de sucreries, trente autres remplies de lait et cinquante de fruits. Quinze jours après, la sultane se rendit en voiture, sans pompe ni musique (car elle était veuve), au palais du grand -vizir, accompagnée de ses eunuques coiffés de leurs turbans ordinaires. Arrivée sous le portail du harem, Raghib-Pacha complimenta son auguste fiancée, et retourna immédiatement dans la salle d'audience.

« Après le coucher du soleil, le kislar-aga vint, conformément à un ancien usage, pour conduire la sultane dans les bras de son époux. L'étiquette de la cour veut que la princesse reçoive son fiancé avec une fierté et un dédain simulés, et refuse même de le regarder. Lorsque cette scène muette a duré quelque temps, elle se lève tout à coup en feignant un grand mécontentement, et se retire au fond de ses appartements. Les eunuques saisissent cette occasion pour ôter au fiancé ses pantoufles, qu'ils laissent sur le seuil de la porte.

« Cette cérémonie est considérée comme de la plus haute importance, parce qu'elle indique que le fiancé a pris possession du harem que l'époux seul a le droit de visiter. Les eunuques se retirent aussitôt, tandis que le fiancé se rend seul dans l'appartement où la princesse, assise sur le sofa, occupe la place d'honneur. Il se jette à ses pieds, et reste agenouillé devant elle, les mains croisées sur la poitrine, en attendant dans le plus grand silence qu'un mot de la farouche beauté vienne le tirer de cette position. Enfin elle lui dit : Apporte-moi de l'eau! Il lui présente alors l'aiguière à genoux, en lui demandant en grâce de vouloir bien lever son voile; ce voile est brodé de fleurs et étincelant de pierreries. Les cheveux de la fiancée, qui forment sept tresses, sont enlacés d'or et de perles. A peine la sultane a-t-elle goûté à l'eau, que les esclaves apportent deux plats, dont l'un contient deux pigeons rôtis, l'autre du sucre candi, et les déposent sur des tables peu élevées, dressées au milieu de l'appartement. Le fiancé supplie sa fiancée, dans les termes les plus tendres, de daigner y goûter; mais celle-ci répond avec une hauteur et une fierté pudiques : « Je ne le veux pas. »

« Le nouveau marié, réduit au désespoir, a donc recours à d'autres moyens pour fléchir l'implacable beauté. Il appelle les eunuques, qui déposent à ses pieds de riches présents. Adoucie par la vue de ces magnificences, l'auguste fiancée permet à son époux de la prendre sous le bras, et de la conduire à table, d'après l'étiquette de cour. Le fiancé lui présente un morceau de pigeon rôti, tandis que sa fiancée lui met dans la bouche un morceau de sucre candi. Immédiatement après, on enlève la table ; la sultane reprend son siège sur le sofa ; les eunuques se retirent, et les fiancés restent seuls pendant une heure, durant laquelle l'étiquette ne leur permet que l'entretien le plus cérémonieux. A ce moment, le sultan sort du harem et se rend à la salle d'audience, où il reçoit les félicitations des vizirs et des autres grands dignitaires de la cour et de l'État ; de retour dans le harem, il est aussi félicité par les sultanes. Pendant toute la nuit, la musique, la danse et une exhibition d'ombres chinoises alternent pour égayer les hôtes. »

XIX

Raghib, exclusivement attentif à l'administration de toutes les parties de l'empire qui prospérait sous ses lois, présentait sur chaque affaire au sultan une exposition ou une proposition écrite avec la précision de l'homme d'État. Dans les occasions solennelles, le grand vizir, se souvenant de son talent de poëte et d'écrivain, adressait à son maître, en style fleuri, des congratulations ou des vœux dont les archives ottomanes conservent les monuments. Le commencement de chaque saison de l'année, le changement de résidence d'un palais à l'autre, l'inauguration d'un aqueduc ou d'une fontaine, la construction d'un vaisseau de guerre étaient les textes habituels de ces écrits, plus littéraires que politiques. Voici celui que Raghib adressa à son maître le premier jour du printemps de 1757 :

« Que le Dieu Tout-Puissant, celui que nulle
« pensée ne peut se représenter, par la volonté du-
« quel le printemps commence, et qui couvre d'une
« nouvelle verdure les jardins et les arbres délivrés
« des glaces de l'hiver, élève au plus haut point de
« splendeur le front resplendissant et orné du dia-
« dème de Sa Majesté Impériale, qui perce les ténè-
« bres comme la flamme, et qui, semblable au so-
« leil, pénètre l'empire de sa lumière bienfaisante,
« maintient dans sa route le monde sur lequel elle
« exerce sa domination! que ce Dieu assiste Sa Ma-
« jesté dans toute l'éternité, et l'entoure des rayons
« de sa grandeur! qu'il maintienne les jours de Sa
« Majesté dans un solstice d'été continuel, pour
« qu'elle puisse veiller aux affaires de ses sujets, et
« diriger les forces de son peuple vers le but le plus
« élevé! qu'il conserve votre auguste personne, qui

« est son ombre sur la terre! qu'il alimente par la
« continuation du khalifat de Votre Majesté la mois-
« son des espérances du monde! qu'il donne un
« nouveau lustre et une nouvelle vie aux fleurs de la
« gloire et du bonheur, afin que votre auguste règne
« soit bienfaisant comme les jours du printemps, et
« surpasse la fête du solstice d'été en splendeur et
« en bienfaisance! Amen, au nom du Prophète. »

Ces vœux de Raghib furent exaucés par la prospérité croissante et inaltérable de tout l'empire pendant les heureuses années de ce règne, partagé entre Mustapha III et lui, par la naissance d'une seconde fille de Mustapha schah-sultane et du premier de ses fils, le prince Sélim. Des illuminations, qui rendirent Constantinople et ses collines semblables à une terre de feu, célébrèrent ces naissances. Mustapha et son ministre les consacrèrent par des monuments de joie plus durables, la délivrance sans rançon de milliers de captifs chrétiens.

La fatalité abrégea cette félicité de l'empire par la mort du plus vertueux et du plus éclairé des hommes d'État qui eussent depuis longtemps présidé au sort des Ottomans. Raghib mourut âgé de soixante-cinq ans et dans toute la vigueur de son génie, pleuré de son maître et béni de l'empire. On l'ensevelit dans ses œuvres, c'est-à-dire dans la cour de la bibliothèque publique fondée par ce ministre studieux, qui avait puisé dans l'étude les connaissances et la sagesse dont il voulait rouvrir ainsi les sources aux Ottomans. Il avait fait don de ses livres à cette bibliothèque, et il y avait fondé quarante noviciats gratuits pour les jeunes gens qui se consacraient aux lettres. Une belle fontaine verse ses eaux sur les dalles de la cour, afin, dit l'inscription dictée par lui, de *désaltérer la soif des hommes avides de science*.

Des inscriptions pieuses, philosophiques et poétiques font parler les murailles aux yeux des étudiants et des visiteurs. Raghib repose à côté des deux femmes de son harem qui l'avaient précédé au tombeau près de la fontaine dont le murmure semble endormir son fondateur. Des urnes de marbre, dans lesquelles végètent des plantes odorantes, rappellent aux hommes religieux le parfum de ses vertus.

Par un contraste bizarre et qui semble justifier la Providence, si souvent énigmatique dans ses décrets, pendant qu'on ensevelissait ainsi dans ses bienfaits le plus philosophe et le plus religieux des hommes d'État de l'Islamisme, le corps de Nadir-Schah, assassiné par ses généraux et laissé comme le cadavre d'un animal immonde sur la poussière, était enlevé la nuit par un seul esclave, jeté en travers sur un chameau et conduit vers le Kurdistan, sa patrie. Mais la corruption du cadavre trompant la pitié de son dernier ami forçait l'esclave à ensevelir furtivement le corps du roi de Perse dans une dune de sable sur la route, et à niveler le sable sous sa main pour qu'on ne découvrît pas ce dernier asile. Ainsi le sépulcre du tyran de la Perse était recouvert d'obscurité comme son berceau.

XX

L'administration libérale de Raghib avait été profitable aux arts de la paix en Turquie. M. de Hammer, le plus compétent des historiens dans la littérature arabe et turque, énumère les mystiques, les philosophes, les historiens, les légistes, les poëtes qui attestent à cette époque la civilisation intellectuelle de l'empire.

Les plus importants des ouvrages qui ont trait à la vie civile des musulmans sont les collections des fetwas et les formules des pièces judiciaires qui servent de règles aux juges, *les Inschas*, collections de modèles épistolaires qui guident les secrétaires du trésor, de la chancellerie d'État et les gouverneurs des provinces. Il faut mentionner aussi l'ouvrage intitulé *Trésor de l'art épistolaire*.

A côté de ces ouvrages figurent les traductions de plusieurs ouvrages philologiques arabes très-estimés, entre autres les séances de Hariri et de Hamadani, la missive intitulée *la Quiétude de l'homme obéissant*, *les Saillies d'Obeïd Sakani*, *le Jardin du Prédicateur*, *les Prolégomènes philologiques de Schamakhschari;* des collections de facéties, de contes et d'anecdotes; les ouvrages intitulés *Fruit d'entretiens nocturnes pour le conseil des rois*, *Éclairs des hommes éloquents*, *le Titre de noblesse* (supériorité de l'homme sur les animaux); un abrégé du célèbre livre arabe intitulé *Éloge des humanités ou Guide dans l'étude des humanités*, et un autre ouvrage : *Conseils des Rois*. Mais de tous les ouvrages philologiques de cette période, *le Navire des Sciences*, par Raghib-Pacha, est sans contredit un des plus précieux.

Les travaux des grammairiens se bornèrent à cette époque à l'interprétation et l'explication des principaux ouvrages qui traitent de la syntaxe arabe. La rhétorique et la grammaire persanes n'occupèrent que quelques auteurs. Un petit nombre d'ouvrages furent écrits sur l'astronomie, l'arithmétique, la logique et la médecine ; des traductions et des commentaires des poëtes mystiques persans, Saïb, Ourfi et Schewket.

Les livres *de l'Unité, des Chevaux, des Événements, du Rossignol, de l'Échanson, de la Missive,* le *Livre d'Or* et le *Livre heureux* sont des poëmes didactiques, ainsi que l'ouvrage persan intitulé le *Livre du Conseil,* dont à cette période il ne parut pas moins de cinq traductions. Le poëme intitulé *la Rose Centifole* chante les traditions du Prophète, et celui intitulé *le Confident des Amants* est consacré au récit d'aventures amoureuses.

Quelques ouvrages biographiques et topographiques parurent encore vers cette époque: entre autres les biographies des poëtes, des muphtis, des vizirs, des capitans-pachas, des calligraphes et des chanteurs; les relations des voyages de la caravane des pèlerins, les descriptions de la Mecque, de Médine, de Damas, de Jérusalem et de Tébriz ou Tauris.

Les ouvrages de quelques polygraphes furent réunis en un seul corps d'ouvrage sous le titre de *Külliat,* c'est-à-dire œuvres complètes. Nous citerons encore *les Sources des Sciences* et un compendium de l'histoire littéraire, sous ce titre: *Méditations philosophiques sur les diverses classes des peuples,* c'est-à-dire des Arabes, des Persans et des Turcs. Cet ouvrage n'est pas moins précieux pour l'histoire littéraire de ces peuples que l'est pour la bibliographie ottomane *le Nouveau Monument*. Cet ouvrage contient les titres de cinq cents ouvrages dont les auteurs ont écrit dans ce siècle. Ce dernier monument bibliographique de la littérature ottomane fut terminé dans l'année de la mort du célèbre grand vizir Raghib-Pacha. Lui-même mérita le nom, qui lui est resté dans le monde savant de sa patrie, de *Sultan des poëtes;* outre ses ouvrages historiques et diplomatiques, il laissa un *divan* ou collection de *ghazèls,* poésies philosophiques, et une autre collection de poésies rêveuses appelée *le Navire*, par allusion aux richesses de l'âme contenues dans ce recueil. Les Ottomans, dit l'historien turc Wassif, égalent ce grand homme à Kiuperli comme homme d'État, à Ibn Ayas comme historien, à Hafiz comme poëte, à Platon comme philosophe.

Comme homme politique, il avait pressenti le premier, dans la nouvelle monarchie prussienne, que Frédéric II fondait dans le nord de l'Allemagne, un contre-poids contre l'Autriche, vieille et puissante ennemie de l'empire ottoman. Le grand Frédéric, dont il admirait le génie lettré et militaire et dont il recherchait l'alliance, lui semblait devoir être bientôt l'arbitre et le médiateur entre les Russes, les Autrichiens, les Ottomans. Cette pensée juste ne périt pas tout entière avec Raghib. Elle serait devenue le gage de la paix et le salut de l'Empire si Frédéric II, émule de Raghib, comme poëte et comme écrivain, avait été son égal aussi en franchise, en désintéressement et en vertu. Mais le grand homme de la Prusse n'était qu'un politique ; celui de l'empire ottoman était un homme de bien.

Nous verrons bientôt, dans la suite de ce récit, comment la proie de la Pologne à partager détourna Frédéric et son successeur de la politique loyale et salutaire que Raghib assignait à ce souverain dans ses pensées.

XXI

Hamid-Hamza lui succéda dans le gouvernement de l'empire. C'était le fils d'un marchand d'une bourgade d'Asie, nommée Deweli-Hissar. Longtemps secrétaire intime de Raghib, puis ministre des affaires étrangères, et chargé des détails de l'empire pendant la longue maladie de ce grand homme, Hamid-Hamza, désigné au sultan par le mourant, reçut le sceau comme un héritage. Le sultan espérait retrouver le génie de Raghib dans son disciple ; il n'y trouva que ses traditions sans son génie.

« Il fut de ces hommes, » dit Wassif, « qui passent sur la terre sans y laisser ni trace de bien ni trace de mal. » Pendant son court ministère de six mois et pendant le ministère de ses nombreux et précaires successeurs, le divan continua à caresser la Prusse, dont un envoyé permanent obtint enfin de résider à Constantinople. La France, par l'inertie voluptueuse de son roi Louis XV et par ses molles complaisances pour l'Autriche, ne présentait plus à la Turquie le contre-poids et l'appui que l'empire ottoman avait trouvé jusque-là dans cette nation ; l'Autriche devenait plus hautaine, la Pologne plus mobile, la Russie plus menaçante.

La défection de la France à l'alliance intime de la Porte, l'ambition de Frédéric II, la pression de la Russie sur Varsovie, la connivence du cabinet de Vienne dans les projets encore vagues, mais déjà couvés, du démembrement de la Pologne, enfin les intrigues prussiennes en Crimée avec le khan des Tartares, créaient en Occident une confusion d'intérêts, de langages, d'alliances, de dangers dans laquelle la candeur ottomane avait peine à discerner ses amis et ses ennemis. La Russie surtout avait grandi en quarante ans de trois siècles. La disparition de la France, et deux nouvelles grandes puissances, la Prusse et la Russie, surgies tout à coup comme des phénomènes dans le Nord, étaient de nature à désorienter longtemps la diplomatie des Ottomans. Malgré les conseils de deux aventuriers français consultés par le divan, le comte de Bonneval devenu pacha, et le baron de Tott, employé à la fortification des Dardanelles et aux négociations, les Turcs n'avaient plus le génie de Raghib pour les éclairer dans ces ténèbres.

Essayons de les percer d'un regard rapidement jeté sur les cours du Nord, depuis la mort de l'impératrice Anne de Russie, nièce de Pierre le Grand, et depuis l'avénement du grand Frédéric en Prusse. On verra que les mœurs, les révolutions et les crimes dans ces cours du Nord de l'Europe, sous l'apparente civilisation dont elles affectaient le nom, étaient plus barbares que la prétendue barbarie de l'Orient. On croit lire, dans les péripéties du trône de Russie et dans les tragédies de la cour de Berlin, les annales des deux races souveraines de Babylone.

XXII

Anne, parvenue au trône sur les cadavres de tous les étrangers et par la déposition violente des héritiers légitimes, avait légué, avant son dernier soupir, le trône à un enfant de quelques mois, fils de sa nièce, la duchesse de Mecklembourg. Cet enfant, nommé Ivan, reçut sur son berceau le serment de l'empire.

Biren, ce féroce favori de l'impératrice morte, croyait régner encore après elle par la terreur, sous le nom de cet enfant. Le général des troupes revenu de Crimée, l'ambitieux et cruel Munich, ameute ses soldats contre le régent, surprend le palais pendant la nuit, pénètre dans la chambre du régent, l'éveille en sursaut, l'épée sur la gorge, le garrotte nu dans ses couvertures, fait enlever sa femme outragée par ses soldats et les envoie au fond de la Sibérie, cet enfer de glace des criminels d'État, habiter un cachot de bois qu'il dessine lui-même pour torturer lentement son ennemi. La mère d'Ivan, proclamée régente, usurpe le trône sur son fils et règne par Munich quelques jours. Mais quatre conjurations successives avaient appris aux prétendants et aux prétoriens du palais comment on escaladait dans une nuit l'empire sur les cadavres des enfants, des femmes et des favoris.

XXIII

Une seconde fille de Pierre le Grand, Élisabeth,

indignée de voir le trône ravi au sang des Romanof pour devenir l'héritage du sang de la maison de Brunswick, conspire à son tour, rallie à sa cause soixante grenadiers, vétérans intrépides de l'armée de son frère, corrompt ou assoupit d'eau-de-vie les gardes, donne l'assaut au palais, court au berceau d'Ivan, le soulève dans ses bras comme pour le jeter aux baïonnettes nues des soldats qui l'attendent sous les fenêtres, quand la nourrice de l'enfant, se précipitant aux pieds d'Élisabeth, la conjure d'épargner l'innocent et étend un coussin sur le plancher pour amortir sa chute.

Élisabeth, vaincue par les cris de la nourrice et par le sourire de l'enfant, qui tend les bras à ses meurtriers, se repent de son crime avant de l'achever, dépose l'enfant sur le coussin, et permet à la nourrice de l'allaiter. La mère, le père et l'enfant, promenés de prison en prison, tantôt sur les frontières, tantôt dans l'intérieur de la Russie, finissent par être ignorés ou oubliés de l'empire. Les étrangers, sacrifiés une seconde fois au vieux parti soldatesque et national, sont massacrés ou exilés par les grenadiers qui avaient assailli et emporté le trône. Lascy, Lowendahl, Keit, Mansfeld, Golofkine meurent ou s'évadent avec tout ce qui n'est pas du vieux sang russe. Munich, proscripteur et proscrit dans la même année, est envoyé en Sibérie occuper le cachot qu'il a lui-même construit pour Biren. Les deux ennemis, l'un allant et l'autre revenant, se rencontrent sur une route de Sibérie et se mesurent encore de l'œil. Des milliers d'étrangers périssent dans toutes les villes de la Russie, coupables d'être venus apporter la discipline, les lois ou les arts à ce peuple glorieux de son ignorance.

Un Russe, formé à l'école de ces étrangers, Bestuchef, régna sur la politique comme premier ministre ; un autre Russe, le page Schouvalof, régna comme favori sur le cœur de sa souveraine. A la faveur de l'absence du roi de Saxe en Pologne, Auguste III, qui résidait à Dresde, la cour de Russie s'accoutuma, sous Bestuchef, à régner presque despotiquement sur la Pologne à Varsovie. Mille intrigues s'y formaient en silence pour s'élever au trône de cette république à la mort d'Auguste. La plus puissante de ces intrigues était celle des princes Czartoryski, descendants des Jagellons, dignes du trône par leurs souvenirs, plus dignes par le talent, le patriotisme, la richesse de leurs membres. L'Angleterre, la France, la Russie, l'Autriche, la Prusse avaient chacune leurs brigues dans la république.

L'Angleterre proposait à la cour de Russie de solder cent mille Russes pour intervenir à main armée dans la prochaine élection d'un roi de Pologne. Elle préférait la domination moscovite dans Varsovie à la domination autrichienne ou à celle des Prussiens, qui auraient trop fortifié l'Allemagne. La France, sans politique et sans prévoyance à cette époque de sa monarchie, partageait en apparence les pensées de Londres. En secret, elle envoyait à Varsovie le comte de Broglie, négociateur confidentiel de Louis XV, pour susciter des obstacles à la Russie. Un parti patriotique se groupait sous ses auspices, confiant dans le secours de la France et de la Prusse. A l'heure du danger, la France ajourna indéfiniment le secours de ses armes. Les deux factions, celle de la maison de Saxe et celle des Czartoryski, se combattaient dans les confédérations et dans les diètes. Chaque parti était condamné à des intelligences et des protections de l'étranger.

XXIV

Un jeune Polonais, neveu et émissaire des princes Czartoryski, allait, par le conseil de ses oncles, combattre à Pétersbourg la prédilection de l'impératrice Élisabeth pour la cause de la maison de Saxe, et devenait bientôt lui-même la cause involontaire et fatale de l'anéantissement de sa patrie. Cet agent était le comte Stanislas Poniatowski, fils d'une sœur de Czartoryski. On ne sait quelle superstition domestique, fondée sur une prophétie d'un Italien familier de cette maison, promettait un trône à Stanislas Poniatowski. Cette prophétie, comme il arrive souvent dans ces imaginations crédules du nord, avait décidé du sort de ce jeune homme ; il rêvait dès son adolescence la couronne de son pays. La nature l'avait doué d'une figure et d'une séduction propres à réaliser ce rêve, si la couronne des Sarmates devait être décernée par l'amour d'une femme.

Cette femme existait à Pétersbourg : c'était celle qui fut depuis Catherine II, la Sémiramis du Nord. Elle avait épousé, à l'âge de quatorze ans, le grand-duc Pierre de Holstein, qui réunissait en lui le sang de Charles XII et celui de Pierre le Grand, et que l'impératrice Élisabeth avait appelé à Pétersbourg comme l'héritier du trône après elle. Cette princesse était Catherine d'Anhalt, fille d'un petit prince souverain d'Allemagne au service du roi de Prusse. Jamais princesse, disent ceux qui visitèrent à cette époque la cour de Russie, ne porta d'avance sur son front tous les signes de la séduction, de la majesté et du génie. La nature l'avait couronnée avant la fortune. Grande de taille, élégante de port, gracieuse de démarche, portant noblement une tête grecque sur un cou élancé et onduleux comme celui du cygne ou de l'aigle, le front large, les yeux bruns ou bleus selon le reflet de la lumière, le nez aquilin, les lèvres entr'ouvertes, les dents éclatantes, l'ovale du visage un peu allongé, le teint coloré des frissons du nord, le timbre de la voix sonore et argentin, la parole prompte et toujours juste, la passion de plaire surpassant dans sa physionomie l'ambition de commander : tel est le portrait que les écrivains les moins prévenus nous tracent, en 1756, de cette princesse. Ses ennemis ne la représentent pas moins accomplie que ses flatteurs, ou plutôt on ne pouvait la flatter, tant la nature l'avait flattée en la formant.

XXV

Le grand-duc qu'on lui avait donné pour époux était le contraste avec les grâces et les délicatesses d'esprit d'une telle femme. Difforme de traits, bizarre de caractère, froid de cœur, brutal de gestes, maniaque de goûts, puéril d'habitudes, moins militaire que soldatesque de prétentions, il ne rappelait Pierre le Grand, son aïeul, que par la rude écorce du barbare sans la séve de génie qui avait animé la souche de sa race. Il affectait pour le grand Frédéric de Prusse, ce parfait soldat de l'Allemagne moderne, une adoration fanatique, mais inintelligente, qui croyait s'approprier le génie tacticien de ce vétéran des rois en formant à son image une armée d'automates disciplinés. L'uniforme, l'exercice, la manœuvre, les ponctualités serviles de la caserne étaient ses seules occupations. Ces occupations lui faisaient négliger la grande-duchesse, trop supérieure à lui pour ne pas humilier un tel époux. Il lui préférait des attachements vulgaires, qui ressemblaient plus à la licence qu'à l'amour.

Sa favorite affichée était la comtesse Woronzof, femme orgueilleuse, qui se décorait de son déshonneur. Après huit années de mariage, aucun enfant n'avait assuré l'hérédité de la dynastie. L'impératrice régnante, Élisabeth s'alarmait, pour elle-même et pour le trône, de cette stérilité qui pouvait désaffectionner les Russes de leur souverain et motiver quelque nouvelle surprise du trône. On assure qu'un amour clandestin et politique, ordonné plus qu'insinué par le chancelier Bestuchef à Catherine, donna un héritier illégitime à la maison régnante. La jeune princesse, à qui une clause de son contrat de mariage assurait l'empire dans le cas où elle survivrait à son mari sans avoir eu d'enfant, s'affligea plus qu'elle ne se réjouit d'une fécondité qui plaçait un fils entre son ambition et un trône. L'amour ne naquit dans son cœur qu'à l'apparition du beau Poniatowski à la cour de Russie. Les Czartoryski, informés de la passion naissante de Catherine pour leur neveu, et voyant de loin dans cette faveur de la future impératrice de Russie l'augure d'un trône en Pologne pour leur famille, parvinrent à faire nommer Poniatowski ambassadeur de Pologne à Pétersbourg. Ce poste le fixait à la cour d'Élisabeth.

XXVI

Surpris une nuit dans les jardins de la maison de campagne du grand-duc au moment où il attendait l'heure d'une entrevue furtive avec Catherine, Poniatowski, d'abord jeté par le mari outragé dans un cachot, puis relâché sans éclat par le grand-duc, enfin rappelé en Pologne à la requête d'Élisabeth et sévèrement proscrit de la cour de Russie, laissa Catherine, pendant sa longue absence, dans l'isolement et dans les larmes. C'est dans cette disgrâce et dans cette solitude que la grande-duchesse, concentrée dans sa douleur et dans son ambition avec quelques favorites ses confidentes, couva les grandes pensées et les grands crimes qui allaient signaler son caractère au monde.

XXVII

Élisabeth, sur son lit de mort, avait exigé une réconciliation apparente du grand-duc avec sa femme coupable. Mais l'impératrice avait à peine rendu le dernier soupir, que Pierre III, possesseur incontesté du trône, menaça de répudier sa femme et de déclarer l'illégitimité de son fils. Catherine, reléguée dans une maison de campagne voisine de la capitale, attendait, dans les transes de l'incertitude, le sort que le czar, son époux, lui préparait.

Mais déjà en six mois d'un règne de caprice, plus semblable à un accès de démence qu'à un gouvernement, Pierre III avait mécontenté le vieux parti russe par ses imitations prussiennes, aliéné le clergé, scandalisé le peuple, fatigué l'armée, effrayé les grands sur leur existence, transformé Pétersbourg en caserne et le palais en scène d'orgies. Il se préparait à conduire cent mille Russes en Holstein, pour se montrer à sa première patrie dans l'appareil guerrier de maître d'un grand empire, et pour humilier le Danemark, qui avait jusque-là humilié le Holstein. Il avait fait revenir de Pétersbourg le prince Soltikof, désigné par la rumeur publique comme père du fils de Catherine ; il le pressait, dit-on, d'avouer ses relations coupables avec la princesse, il aspirait à faire condamner sa femme pour crime d'adultère, à la répudier et à épouser sa maîtresse.

Catherine n'avait plus de soutien à la cour, mais la pitié et le mécontentement public lui créaient un parti immense dans le peuple et dans le clergé. Un amour caché, qui avait succédé dans son cœur aux larmes versées pour Poniatowski, lui en préparait un plus efficace dans l'armée. L'objet de cet amour était le comte Orlof, le plus beau des six frères d'une famille de pauvres gentilshommes du nord de Russie, où la taille, la force et la grâce dépassaient les proportions ordinaires de la race humaine. Orlof servait, ainsi que ses cinq frères, dans les régiments des gardes. Devenu aide de camp du grand maître de l'artillerie, puis capitaine trésorier de son corps, il avait fasciné les yeux de la grande-duchesse. Par l'intermédiaire d'une de ses confidentes, et dans une maison où nul ne pouvait soupçonner son rang, Catherine, sous un costume vulgaire et sous un nom supposé, avait eu des entretiens avec Orlof et lui avait inspiré la passion dont elle était animée elle-même pour lui.

Rien, pendant le long mystère de ces relations, n'avait révélé à Orlof l'objet anonyme de son amour;

il n'avait jamais vu la princesse, que sa disgrâce éloignait depuis plusieurs années de la cour. Il la reconnut pour la première fois sur le trône, dans les cérémonies qui suivirent la mort d'Élisabeth. Muet d'étonnement et de terreur, son amour s'accrut de son respect; il continua à voir en secret comme impératrice celle qu'il avait adorée comme femme. Les dangers de Catherine, ses propres dangers, s'il était découvert, assuraient sa discrétion. Confident des outrages qui menaçaient l'impératrice, il avait ourdi avec elle la trame audacieuse d'une conjuration qui devait donner le trône ou la mort à Catherine. Le trésor militaire dont il disposait, la connivence de ses cinq frères, tous officiers ou sous-officiers déjà populaires dans les gardes, enfin les démences de l'empereur et le mécontentement des troupes lui achetaient ou lui enrôlaient d'avance des complices. L'audace de Catherine et la séduction de ses larmes devaient achever une révolution commencée par l'amour.

XXVIII

Un simple Cosaque, Rozamouski, devenu sous Élisabeth hetman de sa nation, favori de l'empereur et cher au peuple, fut sondé par Orlof, et promit de trahir, au signal convenu, la confiance que Pierre III plaçait en lui. La jeune princesse Dachkof, femme remuante, qui avait, comme tous les Slaves, le génie des conjurations, se chargea d'entraîner les chefs du clergé et l'archevêque de Novogorod, tout-puissant sur le peuple. Le comte Panin, politique consommé dans l'intrigue, gouverneur du jeune grand-duc et épris de la princesse Dachkof après l'avoir été de sa mère, fut lié à la conspiration par l'amour.

Des rumeurs sinistres, habilement répandues sur de prétendus soulèvements dans les provinces reculées de l'empire, commencèrent à alarmer l'opinion avant de l'agiter. L'inquiétude du peuple est partout le premier auxiliaire des conjurés et le plus sûr prélude des révolutions. Si le meurtre de l'empereur était nécessaire, les meurtriers mêmes étaient prêts; déjà deux officiers aux gardes, Passek et Bachekakof, avaient offert leur poignard à l'impératrice, qui avait refusé un si odieux secours. Ces deux assassins, néanmoins, avaient attendu Pierre III dans une petite île de la Newa, où il venait le soir se promener avec sa favorite. Le comte Panin avait conduit lui-même une troupe de conjurés dans les appartements de l'empereur, pendant son absence, pour leur faire reconnaître les issues, la chambre, le lit où ils devaient chercher leur victime. L'heure pressait, tant de confidents pouvaient ébruiter le coup avant qu'il fût porté. Une indiscrétion de Passek, qui laissa éclater son impatience de haine devant un soldat, instruisit Pierre de la conspiration. Il était alors à douze lieues de Pétersbourg, dans une de ses maisons de plaisance ; l'impératrice, pour mieux déguiser sa complicité, était elle-même à six lieues de la ville, retirée presque seule dans une autre maison impériale.

L'arrestation de Passek, connue à l'instant de la princesse Dachkof, la fait voler à Pétersbourg, déguisée en homme, pour prévenir par une explosion soudaine le retour de l'empereur et le supplice des conjurés. Elle presse Panin, elle harangue dans une chambre de caserne les principaux conjurés, elle fait partir pour la résidence de l'impératrice un frère d'Orlof surnommé le Balafré, avec un billet qui ne contenait que ces mots : « Venez, madame, ou tout est perdu ! »

Orlof le Balafré arrive par les jardins sans être aperçu du pavillon isolé habité par l'impératrice, la réveille, lui dit un seul mot et repart au galop pour la ville. Catherine s'élance dans une voiture de paysan que la princesse Dachkof lui faisait tenir toute attelée depuis quelques jours dans une chaumière voisine du château, soit pour fuir, soit pour régner, selon le sort. Les chevaux emportent l'impératrice, suivie d'une seule femme de service, vers Pétersbourg. Sa voiture traverse au galop la ville avant le réveil des habitants. Elle en descend sur une place d'armes qui règne devant les casernes ; les soldats, étonnés et à peine vêtus, se groupent autour d'elle ; elle se nomme ; ils tombent à ses pieds ; elle les harangue ; ils jurent de mourir pour elle ; elle est rejointe par le perfide hetman Rozamouski, qui entraîne ses Cosaques, par Volkonski, par Schouvalof, par Bruce, par Strogonof, tous initiés au complot et n'ayant plus à espérer de salut que dans son explosion. Ils veulent proclamer Catherine régente :

« Non ! non ! » s'écrie Orlof, dont nul ne soupçonnait encore l'intrigue intime avec sa souveraine ; « gardons-nous de faire les choses à demi et de ris-
« quer le dernier supplice pour avoir à recommencer
« un jour. Je poignarderai de ma main le premier
« qui parlera de régence ! »

Les hourras pour l'impératrice éclatent à ces mots dans les rangs des soldats ; ils prennent les armes, et marchant à sa suite de caserne en caserne, ils entraînent, avant le lever du soleil, toutes les troupes et tout le peuple dans le courant unanime de la révolution. Catherine, escortée de son armée, remonte dans son chariot de campagne, se rend à l'église, où le clergé la sacre, prend possession du palais, présente son fils du haut d'un balcon au peuple, et fait bivouaquer les régiments, avec des canons sur toutes les avenues, pour interdire la capitale à l'empereur. Bientôt, se dépouillant de ses habits de femme, revêtant l'uniforme de ses gardes, elle monte à cheval et marche à la tête de l'armée au-devant du czar.

XXIX

Semblable aux empereurs romains surpris hors de la ville par une révolte du camp et par une déposition prélude de la mort, Pierre III, au château de plaisance d'Oranienbaum, flottait entre ces pensées contraires qui assaillirent Napoléon lui-même à Fontainebleau, et qui, dans le choc des résolutions et des irrésolutions, laissent fuir l'heure, l'empire et souvent la vie. Il arrive toujours un moment où la fortune est plus forte que l'homme.

Pierre III, incrédule d'abord aux bruits d'écroulement qui lui arrivaient de Pétersbourg, avait pris ces rumeurs pour une panique de ses partisans; il était monté en voiture de promenade découverte avec sa maîtresse, les femmes de sa cour licencieuse, quelques familiers et l'ambassadeur de Prusse, pour aller confondre ces vains bruits par sa présence dans la capitale. Abordé en route par un aide de camp de confiance, qui accourait lui annoncer la révolution, il pâlit, descend de voiture avec les femmes, y remonte seul, retourne précipitamment au château, parcourt en insensé les appartements déserts, se répand en imprécations contre l'impératrice, s'accuse à haute voix de ne l'avoir pas prévenue par la captivité ou par la mort, fait appeler à lui les régiments du Holstein, dont les soldats, ses compatriotes, lui semblaient plus incorruptibles que les Russes, dicte des manifestes incohérents à ses secrétaires, les fait copier par sa favorite et ses courtisans, et donne enfin au vieux maréchal Munich, à peine arrivé de Sibérie, le commandement des troupes réunies autour de sa personne.

XXX

Cependant l'armée de l'impératrice s'avançait, grossie sur la route de tout ce qui se détache de la cause des rois qui s'écroulent. Munich conseille à l'empereur de s'embarquer sur deux yaks de plaisir à l'ancre sous les murs des jardins, et de ramer vers Cronstadt, dont les murailles et la garnison encore intactes lui prêteraient vengeance ou refuge. Il suit un instant ce conseil, s'embarque avec sa cour, rame vers Cronstadt, et apprend, avant d'y aborder, que l'impératrice, plus résolue, a embauché la ville et la flotte.

« Il n'y a plus d'empereur, » répondent les marins de Cronstadt à ceux qui leur crient du pont des yaks que l'empereur est à bord; « levez l'ancre, ou « nous allons couler vos barques sous nos boulets ! « Vive l'impératrice Catherine ! »

A ces cris, Pierre pleure comme un enfant, et s'éloigne. « Le complot est général, » dit-il avec abattement, « je l'ai trop prévu dès les premiers « jours de mon règne. »

Résigné avant d'avoir combattu, il espère une réconciliation avec sa femme, se fait descendre de nouveau à Oranienbaum, désarme les remparts, ouvre les portes, et écrit à Catherine pour lui demander, comme dernière grâce, de le laisser retourner seul dans le Holstein avec sa maîtresse la Fraîle Woronzof.

Catherine lui répond en lui imposant, avant tout, une renonciation à l'empire; il l'écrit, et il la signe aussi lâche et aussi humiliée que ses ennemis pouvaient la lui dicter. On désarme ses soldats du Holstein, on le fait monter avec sa maîtresse dans une voiture, et on le conduit captif au château de Péterhof. En descendant sur le perron du château, au milieu de ses gardes de la veille, maintenant ses bourreaux, on le reçoit aux cris insultants de vive Catherine! on le force à se dépouiller lui-même de son uniforme, de ses décorations, de ses armes ; on l'expose en chemise, demi-nu, à la dérision des soldats ; on le sépare de sa favorite Woronzof, dont les vêtements déchirés et les cheveux épars accusent les lâches outrages des troupes à une femme sans défense.

Ainsi fut détrôné le petit-fils de Pierre le Grand, pour une Allemande étrangère à la Russie, qui n'avait pour titre à l'empire que la pitié qu'elle inspirait, l'embauchement des troupes, son audace, son génie et sa beauté. Orlof régnait déjà sous son nom.

XXXI

Mais déjà aussi le remords de l'empire transporté et d'un souverain avili commençait à murmurer dans le cœur des troupes éloignées de la capitale et des marins de la flotte étrangers à la révolution consommée sans eux. Les Orlof tremblèrent qu'un repentir ne défît ce qu'une sédition venait de faire. Leur impunité était dans la mort de l'empereur.

L'un de ces frères, Orlof le Balafré, et un nommé Tieplof, parvenu d'intrigues, brûlant de parvenir plus haut par le crime, se présentent, le sixième jour de la révolution, comme pour consoler le prisonnier et pour dîner amicalement avec lui. On apporte, selon l'usage des Russes, des verres d'eau-de-vie aux convives avant de s'asseoir à table. Le verre offert à l'empereur était empoisonné. Il reconnaît la saveur du poison en vidant le verre, et rejette avec horreur, loin de lui, le second verre que les assassins veulent le contraindre à boire. Dans la lutte, Pierre tombe sous les mains d'Orlof et de Tieplof, qui cherchent à l'étrangler sans laisser sur son corps des marques accusatrices du crime. Impuissants à dompter sa résistance désespérée, ils appellent à eux les gardes complices qui se tenaient derrière la porte de sa prison. Deux jeunes officiers de dix-huit ans, Potemkin et le prince Baratinski, accourent au secours d'Orlof, se précipitent sur l'empereur, l'étouffent du poids de leurs genoux sur sa poitrine, et l'étranglent avec une serviette nouée et serrée autour du cou de leur empereur. Régicide barbare, habituel dans cette cour où les courtisans sont les bourreaux!

XXXII

Quelques heures plus tard, Orlof, couvert de poussière et de sang, les cheveux en désordre, les habits déchirés comme un homme qui vient de lutter, et qui porte les traces de la lutte, entrait d'un pas précipité et convulsif dans le palais de l'impératrice à Pétersbourg. Catherine, en l'apercevant, se levait de table, l'entretenait un moment à l'écart dans son cabinet ; puis, en ressortant avec la physionomie de l'étonnement et du deuil, annonçait que l'empereur venait d'expirer, d'un mal d'entrailles soudain, dans sa prison.

On ignore si elle avait ordonné ou permis le crime, mais elle hérita de la victime un empire, et elle récompensa les meurtriers. Maîtresse de la Russie par un complot, elle la conquit plus légitimement par un génie civilisé qui dépassa dans une femme le génie sauvage de Pierre le Grand. Son règne devait être fatal à la Pologne et aux Ottomans.

XXXIII

Mais dans le même temps où Catherine II conquérait un trône sur son mari par la sédition des troupes et l'assurait par la main de ses favoris, un autre souverain, le grand Frédéric, risquant vingt fois de perdre son royaume pour l'agrandir, vainqueur enfin à force de génie militaire de la coalition de la France, de l'Autriche et de la Russie, surgissait en Prusse pour la perte de la Pologne et pour le salut de l'empire ottoman.

Cet homme, quoique né sur les marches du trône, avait été trempé dès sa jeunesse par la barbare antipathie de son père dans ces disgrâces tragiques et dans ces désespoirs de fortune qui font les héros. Cette lutte avec la destinée avait fortifié son âme. Quoique roi de naissance, il était le parvenu de ses propres exploits. Il était en même temps le génie de la guerre moderne ; il avait discipliné et aguerri tout un peuple en armée. Pour ressembler en tout à Philippe de Macédoine, il ne lui manqua qu'un fils comme Alexandre.

XXXIV

La guerre de sept ans que ce prince soutenait contre toutes les puissances occidentales et contre la Russie elle-même, l'avait empêché jusque-là de porter son ambition d'agrandissement sur la Pologne. Il se félicitait, au contraire, de trouver entre la

Russie et la Prusse ce vaste espace de la Sarmatie, occupé par un peuple peu sûr, mais brave, qui, s'il ne savait pas se gouverner, savait du moins combattre, et dont il n'y avait rien à craindre et beaucoup à espérer pour la Prusse.

Mais à peine Pierre III était-il monté sur le trône, que sa fanatique admiration pour Frédéric lui fit abjurer la guerre qu'Élisabeth continuait contre le héros de l'Allemagne et qu'il signa un traité de paix et d'amnistie avec la Prusse. Ses armées, qui combattaient jusque-là avec celles de l'Autriche désertèrent cette puissance et fortifièrent l'armée de Frédéric.

Ce changement de la politique de Pétersbourg contraignit la France, l'Autriche et l'Angleterre à la paix de 1763, et à la cession de la Silésie au grand Frédéric. C'est pendant le loisir de dix ans qui succéda à cette longue guerre que les cours de Pétersbourg et de Berlin, favorisées par l'ambition du nouvel empereur d'Autriche, Joseph II, conçurent le complot politique du partage de la Pologne.

Aucun scrupule ne pouvait faire hésiter un prince qui ne croyait pas en Dieu, une impératrice de Russie qui était montée au trône sur le cadavre de son mari, un empereur d'Allemagne qui n'enviait à Frédéric que sa gloire et à Catherine que son bonheur. D'ailleurs, il faut le redire en leçon aux peuples incapables de se gouverner, la perpétuelle anarchie tente la conquête, et une nation qui ne sait pas se régir paraît à la fin à ses voisins avoir perdu le droit de vivre.

XXXV

Cette pensée du partage de la Pologne ne s'avoua pas cependant du premier mot. Le traité de paix entre Frédéric et la Russie stipulait seulement relativement à la Pologne qu'on s'entendrait après la mort du roi Auguste de Saxe pour placer un Polonais sur le trône de Varsovie. C'était en ce moment y placer une anarchie plus certaine, car de tous les jougs, celui que les nobles Sarmates supportaient le moins, c'était le joug de leurs compatriotes. Les Polonais, soupçonnant les clauses de ce traité et les projets de coalition de la Russie et de la Prusse contre leur existence, s'agitèrent par le pressentiment de leur perte. Le grand général Branicki et le général Mokranouski cherchèrent leur appui en France.

La marquise de Pompadour, favorite de Louis XV, inspirée par sa vanité, qui la flattait de fonder une politique, comme elle avait fondé une faveur, se laissa incliner à l'alliance autrichienne par le jeune abbé de Bernis, depuis cardinal-ministre, et alors familier d'une maîtresse. Elle abandonna les Polonais à leur sort pour complaire à la Russie, à l'Autriche et à la Prusse. A la place d'une politique à Varsovie, la France n'y conserva qu'une intrigue. La vieillesse du roi de Saxe et de Pologne y multipliait les compétiteurs futurs au trône bientôt vacant.

Pendant que Mokranouski demandait un roi à la France, Poniatowski, le candidat des Czartoryski, exilé, comme on l'a vu, par Élisabeth de Pétersbourg, apprenait la révolution de Péterhof et l'avénement de son amante à l'empire. Il ne doutait pas que Catherine, libre enfin et souveraine, ne le rappelât à Pétersbourg pour le couronner à Varsovie selon ses promesses. Ses oncles, les Czartoryski, plus sages ou plus éclairés que lui sur les nouvelles affections de Catherine, le retinrent avec peine en Pologne. Il y apprit bientôt la faveur d'Orlof. Catherine, à la mort du roi Auguste de Saxe, voulut concilier son amour pour son ancien favori et sa reconnaissance pour Orlof en appuyant de ses armées et de son or l'élection de Poniatowski ; il devint roi de Pologne par la faveur d'une czarine. C'était la Russie couronnée d'avance à Varsovie.

Les agitations et les guerres civiles de son règne, les confédérations des catholiques contre les réformés, des réformés contre les catholiques, les diètes, les complots, les tentatives d'assassinat, devaient lui faire expier cruellement son ambition, et préluder par la main de tous les partis au démembrement de sa patrie.

Nous ne devons raconter de cette lente agonie de la Pologne que ce qui touche plus immédiatement aux Ottomans. Un pressentiment secret semblait les avertir que l'union contre nature de l'Autriche, de la Russie et de la Prusse contre la Pologne, n'était que le prélude d'une coalition aussi ambitieuse, mais aussi impolitique, contre l'empire dont le vide ne serait comblé désormais que par le sang des puissances de l'Europe.

LIVRE TRENTE-TROISIÈME.

I

Avant de reprendre, à quelques années de distance, le règne de Mustapha III, une réflexion nous frappe et ne peut manquer de frapper tous les esprits. C'est que la nature joue aussi un grand rôle dans les choses humaines, et qu'en faisant naître dans telle ou telle contrée du monde un grand génie, un grand caractère, une grande ambition, elle change par ce seul fait l'état de tout un continent et le poids spécifique des nations entre elles. C'est la grandeur individuelle de l'humanité tout entière, qu'un seul homme, apparaissant ou disparaissant dans le drame si compliqué de la politique universelle, élève à l'instant dans une proportion démesurée la partie du globe où il est né, et abaisse dans une proportion inverse la zone de la terre prépondérante jusqu'à son avénement.

Or, la nature, en moins d'un siècle, venait de se montrer plus féconde dans le nord de l'Europe qu'elle ne l'avait été depuis Soliman le Grand en Orient. Quatre grands hommes (car la grandeur n'a pas de sexe), Pierre le Grand en Russie, Catherine II dans le même empire, Marie-Thérèse en Autriche, et enfin Frédéric le Grand en Prusse, étaient nés en Allemagne à des époques très-rapprochées, comme par un dessein concerté de la Providence, pour déchirer ensemble, dans la Pologne et dans l'empire ottoman, une proie commune après s'être déchirés d'abord longtemps entre eux et réconciliés ensuite pour un même crime. Malheur aux nations contre lesquelles la nature se déclare ainsi, en ne leur donnant que des hommes médiocres, et en leur opposant pour adversaires des hommes d'État ou des héros !

Ce fut le malheur de la Turquie depuis le commencement jusqu'à la fin du dix-huitième siècle. Le Nord était jeune, l'Orient semblait épuisé.

II

Catherine II, certaine désormais de la complicité du grand Frédéric et de l'Autriche, dans l'anéantissement convenu à profit commun de la Pologne, était sûre aussi que ces deux puissances fermeraient les yeux sur ses envahissements projetés en Turquie. La permission, stipulée ou tacite, à cette impératrice de démembrer l'empire ottoman partout où son ambition orientale lui offrirait une proie à saisir, était pour la Prusse et l'Autriche la condition de leur part de la Pologne. La France, gouvernée, en sens inverse de son honneur et de sa politique, par les favoris d'une favorite, se contentait d'une paix honteuse après une guerre pleine de revers; elle ne voyait rien, ou plutôt elle feignait de ne rien voir, pour ne pas sortir de la léthargie voluptueuse de son sardanapale chrétien.

Mustapha III, privé des lumières de Raghib, ignorait l'accord secret de Frédéric II et de Catherine. Admirateur passionné de ce roi guerrier dont les revers et les victoires avaient retenti jusqu'en Orient, il se félicitait de voir un héros contre-balancer dans le Nord le poids croissant de la Russie. Il contemplait souvent le portrait de ce grand homme suspendu par ses ordres dans une des salles du sérail. Trop probe pour soupçonner la duplicité sous l'héroïsme, il ne se défiait pas de l'intelligence déjà établie entre ce roi jusque-là ennemi des Russes et de l'impératrice de Russie. Bien qu'il eût eu souvent à se plaindre de la mobilité des Polonais, il croyait de son devoir comme de son honneur de veiller à l'intégrité de cette Pologne dont ses ancêtres avaient été, depuis l'origine de la monarchie, les alliés et les protecteurs.

III

L'élection de Poniatowski, plus proconsul de Catherine que roi d'un peuple libre, l'avait indigné. Par les conseils secrets de la France et même de la Prusse, intéressées à contester l'ascendant exclusif de la czarine à Varsovie, le divan avait protesté contre cet asservissement mal déguisé de la Pologne. Quarante mille Russes, sous les murs de Varsovie, avaient pesé évidemment sur cette élection. Le sultan réclama de Catherine II l'évacuation de la Pologne. La czarine répondit avec l'impudence de la duplicité grecque qu'elle n'avait que six mille Cosaques en Pologne pour y protéger les libertés dont la Russie avait garanti l'exercice aux Polonais par la constitution même de la république. La France, par une diplomatie aussi contradictoire que sa politique, lui déconseilla alors la guerre.

L'insurrection des Wahabites, en Arabie, cette réforme fanatique de l'islamisme, que nous raconterons bientôt à son heure, détourna un moment ses regards de la Pologne. Il destitua même l'intrépide khan des Tartares de Crimée, Krim-Gheraï, qui osait à lui seul s'élancer avec ses Tartares en Pologne pour y secourir les républicains polonais contre les Russes. Krim-Gheraï, en passant à Constantinople pour se rendre à Brousse, lieu de son exil, s'entretint seul à seul avec Mustapha, et tenta de lui inspirer son courage.

« Vous avez raison, » lui répondit le malheureux Mustapha en levant les yeux au ciel ; « mais,
« mon frère, que puis-je faire tout seul ? Ils sont
« tous amollis ou corrompus ; ils ne connaissent, ils
« n'aiment que leurs maisons de plaisance, leurs
« musiciens, leurs harems ; je travaille à rétablir
« l'ordre, à ramener mon peuple à ses antiques
« mœurs ; personne ne veut m'aider. »

IV

La décadence des caractères depuis la mort de

Raghib préludait à la décadence de la politique. Un rejaillissement accidentel de l'anarchie de Pologne décida fatalement la guerre de 1768. Une des armées de ces confédérés polonais, qui combattaient les Russes au nom de leur parti politique, pendant la neutralité forcée et honteuse de leur roi, entra, poursuivie par les Russes, sur le territoire ottoman, sous prétexte d'y demander asile à un territoire neutre. Reçus dans la petite ville de Balta, voisine de la forteresse de Choczim, les Polonais en ressortirent pour attaquer un détachement russe, et pour lui faire violer, en se retirant, le sol ottoman.

Les Russes, en effet, poursuivirent les Polonais au delà de la frontière, et incendièrent dans la poursuite la ville turque de Balta, abandonnée à leur vengeance par les Polonais. Cette fuite simulée des Polonais confédérés et cet incendie sans provocation d'une ville turque, allumèrent la guerre avec l'étincelle qu'ils avaient fait jaillir en pleine paix.

Le divan frémit; le grand vizir Hamza-Pacha, jeune et bouillant caractère, qui venait de succéder à Mouhsinzadé, suspect de partialité pour les Russes, fit appeler devant lui l'envoyé de Catherine, Obreskof. Assis, contre l'usage, sur un divan, et les jambes étendues nonchalamment sur le tapis, Hamza laissa l'ambassadeur debout écouter ses griefs et ses injures.

« Voici, » lui dit-il, en tirant un papier de son sein, « le traité par lequel ta souveraine s'engage à « réduire à six mille hommes le nombre des soldats « qu'elle entretient en Pologne. Combien y en « a-t-il ? »

« — Trente mille, » répondit Obreskof.

« — Traître, » reprit le grand vizir, « parjure, « ne viens-tu pas d'avouer ainsi ta perfidie ? Ne « rougis-tu pas, devant Dieu et devant les hommes, « des atrocités que commettent tes compatriotes « dans un pays libre ? Ne sont-ce pas vos canons « qui viennent de renverser un des palais du khan « des Tartares ? »

Obreskof fut conduit prisonnier au château des Sept-Tours. Le khan disgracié naguère, le belliqueux Krim-Gheraï fut rétabli dans sa dignité. Le sultan le rappela de Brousse, lui fit ceindre de nouveau le sabre, l'arc, le carquois, le décora du panache de héron, et lui donna le cheval de bataille, insignes de sa souveraineté. Quarante têtes coupées des Monténégrins rebelles, envoyées à la Porte, furent étalées en signe de victoire sous les pieds du cheval.

Soit excès, soit défaut d'énergie dans Hamza-Pacha, il fut remplacé par Mohammed-Emin, surnommé le fils du marchand de mouchoirs, devenu gendre du sultan. Le prince de Valachie, Alexandre Ghika, corrompu par la Russie, fut déposé, et Grégoire Ghika, dévoué à la Porte, installé à sa place.

Un mouvement militaire immense et unanime sembla arracher l'empire à sa longue inertie et rappela en peu de jours l'ancien patriotisme. Tout s'ébranla et marcha vers Andrinople, où le sultan devait alors passer l'armée en revue au départ. Les possesseurs de grands et petits fiefs, les *youruks* nomades, les enfants des conquérants, quatorze ortas de janissaires, trente de djébedjis, quatre de canonniers, deux de toparabadjis, des milliers de volontaires semblèrent voler d'eux-mêmes aux frontières de Pologne. Cent cinquante pièces de canons furent embarquées sur la mer Noire, sous les yeux du sultan, quatre mille spahis des provinces d'Asie traversèrent le Bosphore à Scutari, quarante mille hommes se rassemblèrent comme avant-garde en Moldavie, dix mille mulets traversèrent les montagnes, chargés de munitions et de vivres; l'arsenal maritime lança deux vaisseaux de guerre destinés à la mer, nommés *la Victoire* et *la Conquête*, noms fortunés ; le trésor rempli par Raghib fournit et versa des millions de ducats d'or pour les besoins de la campagne ; des lettres furent rédigées aux confédérés Polonais, pour leur annoncer que l'empire se levait à leur appel, des assurances de paix données à toutes les autres puissances.

L'ambassadeur de France, M. de Saint-Priest, envoya le baron de Tott en Crimée, pour diriger, par les mains de cet aventurier qu'on pouvait avouer ou désavouer selon les circonstances, les préparatifs du khan des Tartares Krim-Gheraï. Les offres obliques de médiation de la Prusse et de l'Angleterre furent poliment déclinées par le grand vizir. Enfin, le 27 janvier 1769, les queues de cheval furent arborées au sérail, et l'étendard sacré déployé le 20 mars, pour porter la victoire avec son ombre à l'armée. Le fanatisme de la patrie et de la foi, allumé par l'outrage des Russes à Balta, et par l'agitation sacrée que le grand vizir avait surexcitée dans les musulmans, bouillonna jusqu'à la fureur dans la populace à l'aspect de l'étendard vert du Prophète.

L'ambassadeur d'Autriche (internonce), M. de Brognard, curieux d'assister au cortége du Sangiak-schérif, s'était rendu la veille avec les officiers de son ambassade, sa femme, ses filles et quelques Européennes dans une maison voisine de la *porte des Canons*, par où devait défiler le cortége. L'iman du quartier, informé que des *giaours* infidèles venaient souiller de leurs regards la relique sacrée, voulut expulser de la maison l'ambassadeur et sa suite. La populace, attroupée sur ses pas à la porte, couvrit d'injures et d'outrages la famille de l'envoyé chrétien ; la soldatesque, mêlée à la populace, menaça de ses armes les hommes et les femmes, et les força de se jeter, pour échapper à la mort, dans la demeure d'un Arménien, voisine du cimetière.

L'ambassadeur et sa famille y passèrent la nuit, mais obstinés malgré le danger à contempler cette pompe religieuse et nationale, ils entrèrent avant le jour dans la boutique d'un barbier et se crurent à l'abri des regards du peuple derrière le grillage d'une fenêtre basse. L'ombrageuse populace, ameutée par le clergé, les entrevit et les assaillit de huées et d'imprécations. Un émir fanatique à turban vert, prétendu descendant de Mahomet, ajouta à la fureur de la multitude en s'arrêtant avec des signes d'horreur devant la boutique en s'écriant que des giaours profanaient, par leurs regards, le drapeau du Prophète, et en appelant sur eux la vengeance des bons musulmans.

A ces mots, la foule forçant les portes de la maison comme pour punir un sacrilége, se précipite sur les chrétiens réfugiés dans les plus secrets asiles, les en arrache, déchire leurs vêtements, traîne par les cheveux les filles et la femme enceinte de l'ambassadeur, qui mourut peu de jours après de son saisissement ; les boutiques sont pillées ; plus de cent femmes chrétiennes outragées ou égorgées jonchaient de leurs cadavres les environs de la *Porte des Canons*. Les janissaires arrivent trop tard pour enlever aux fanatiques émirs leurs nombreuses victimes et pour sauver d'un massacre populaire les Grecs consternés. La rage des émirs ivres de superstition fut telle, dit l'annaliste ottoman lui-même, que plusieurs de ces forcenés mordaient avec les dents les barreaux de fer des grillages qui leur disputaient d'autres victimes, tant le fanatisme assoupi est dangereux à surexciter et tant ses explosions sont terribles quand le patriotisme s'y mêle.

L'envoyé autrichien, témoin des efforts du grand vizir et du sultan pour refouler la populace et la soldatesque, n'accusa pas le gouvernement d'un désastre dont le fanatisme seul était coupable, et reporta bientôt après, à Vienne, avec les regrets de Mohammed-Émin, l'assurance d'une paix perpétuelle. Le baron de Thugut, destiné à jouer un rôle si ambigu et quelquefois si double dans les négociations de la cour de Vienne avec la Porte, fut envoyé à Constantinople par le prince de Kaunitz pour y remplacer le ministre outragé.

VI

Pendant ce soulèvement général de la Turquie d'Europe et d'Asie contre les Russes et en faveur des confédérés de Pologne, le khan de Crimée, Krim-Gheraï, partait à Balta avec cent mille Tartares, et, remontant les rives du Dnieper, inondait la nouvelle Servie. Les provinces méridionales de la Russie étaient en feu sur ses pas. Le baron de Tott, militaire éclairé et écrivain pittoresque, retrace dans ses mémoires les mœurs de ces hordes *Balai de Feu*, des descendants de Timour et de Gengis-Khan :

« La nourriture, » dit-il, « se composait de viande mortifiée sous la selle comme celle des Tartares et du khan, d'une boisson fermentée faite de lait de jument, principaux aliments des Tartares, de jambons de cheval fumés, de kaviar, de boutarga, etc. Cependant, en sa qualité d'hôte, Gheraï buvait l'or liquide du Tokay dans des tasses de ce métal précieux. Il avait pour vêtements des fourrures de loup blanc de Laponie, doublées d'écureuil de Sibérie, et logeait sous une tente qu'il nommait plaisamment *une maison tartare*. Celle du prince, doublée d'étoffe cramoisie, pouvait contenir plus de soixante personnes; elle était entourée de douze autres plus petites où logeaient les officiers de sa maison, et ces treize tentes étaient protégées par un mur de cinq pieds de hauteur. Du haut d'une butte en terre, le khan pouvait embrasser d'un coup d'œil l'ensemble de son armée marchant sur vingt colonnes et au centre de laquelle était placée sa tente; quarante escadrons le précédaient composés chacun de quatre cents cavaliers, ayant quatre hommes de profondeur et disposés en deux rangs; à la tête de chacun d'eux, on voyait vingt drapeaux. Le grand drapeau du khan et les deux étendards verts flottaient confondus avec les drapeaux des Cosaques Inad, qui, dès le règne de Pierre le Grand, avaient déserté l'empire russe sous la conduite du cosaque Ignace, et depuis avaient pris le nom d'Ygnad ou Inad, c'est-à-dire les mutins. L'influence de ces derniers détermina alors les Cosaques Zaporogues à secouer le joug du commandant de la forteresse d'Élisabeth.

« Les Tartares déployèrent, dans le cours de cette

expédition, leur talent incroyable pour conserver et surveiller le butin dont ils s'étaient emparés. Une demi-douzaine d'esclaves, deux douzaines de bœufs, cinq ou six douzaines de moutons devenaient souvent la proie d'un seul homme. Des sacs pendus à l'arçon de la selle contenaient des enfants dont on ne voyait que la tête ; une jeune fille était placée devant le cavalier, la mère derrière, le père et le fils sur des chevaux de main, les bœufs et les moutons trottaient devant ; un œil infatigable veillait sur tout ce butin et jamais ne le perdait de vue. Du reste, il régnait dans l'armée une discipline sévère. Des Noghaïs ayant outragé une image de la croix, reçurent cent coups de bâton devant la porte de l'église où avait été commis le méfait ; d'autres, ayant pillé sans permission un village polonais, furent attachés à la queue de leurs chevaux et traînés ainsi jusqu'à ce que mort s'en suivît. »

Un mois après son retour de cette expédition, Krim-Gheraï mourut empoisonné par le médecin grec Siropulo, agent du prince de Valachie. En vain Tott l'avait mis en garde contre l'empoisonneur ; lorsqu'il sentit que la mort était proche, il donna ordre à ses musiciens de jouer, et expira ainsi, bercé par les accents d'une mélodie funèbre. Le grand vizir reçut la nouvelle de sa mort à Selymbrie, deuxième campement de l'armée turque après Constantinople. Son fils, le faible et stupide Dewlet-Gheraï, fut aussitôt proclamé à sa place par le divan, khan de Crimée. Un hiver hyperboréen, semblable à celui qui pétrifia au retour de Moscou l'innombrable armée de Napoléon, interposa ses glaces et ses neiges entre les Russes et les Tartares ; mais les provinces de la nouvelle Servie n'étaient plus qu'un désert sans habitants ; quarante mille femmes en selles, esclaves, suivaient les hordes des Tartares, rentrant lentement dans leurs steppes. Les plus jeunes et les plus belles étaient envoyées en présent aux grands de l'empire, à Constantinople, comme des victimes expiatoires de l'incendie et du pillage de Balta.

Le grand vizir, Mohammed-Emin, qui attendait ces auxiliaires à Bender, leur avait préparé un pont de bateau pour passer le Dniester et opérer leur jonction avec lui. Ils dédaignèrent ce chemin artificiel des peuples amollis de l'occident. « Voilà, » s'écrièrent-ils, « comment les Tartares passent les fleuves, » et, lançant leurs chevaux dans le Dniester, où flottaient encore les glaçons de cet âpre hiver, ils abordèrent à la nage la rive opposée.

VII

L'invasion et la rapidité du fléau avaient surpris Catherine. Moscou découvert tremblait au récit de ces trois cent mille Turcs et Tartares, réunis par la vengeance sur le Dniester et prêts à incendier la Moldavie.

L'armée du prince Galitzin, de vingt-cinq mille hommes seulement, après avoir vainement tenté de s'emparer de Choczim par la corruption du pacha qui commandait cette forteresse, se hâtait de repasser ce fleuve et de s'enfermer dans l'intérieur de la Pologne. Cette fuite des Russes parut au grand vizir une satisfaction suffisante à l'empire; il écoutait déjà les propositions de paix de Catherine, quand le grand seigneur, indigné de ses lenteurs, lui envoya l'ordre d'entrer en Pologne. Cent mille confédérés polonais l'y appelaient à la délivrance de leur infortunée patrie; les trois cent mille Turcs, sans général, sans administration, sans vivres, n'entrèrent en Moldavie que pour la dévorer et pour y périr en grand nombre eux-mêmes de faim et de maladies par l'impéritie du grand vizir.

Pendant qu'il restait de sa personne dans le camp, à Bender, indécis sur la direction qu'il donnerait à ses armées, le comte Potocki, ambassadeur des confédérés polonais, vint implorer l'entrée d'un corps auxiliaire en Pologne. Mohammed-Émin, plus orateur que soldat, répondit en plein divan par une harangue héroïque à la harangue également solennelle de l'orateur polonais.

Après avoir, selon l'historien Wassif, reproché à la Pologne sa mobilité, son asservissement alternatif à ses voisins et sa lenteur à expulser les Russes :

« Quant à moi, » dit-il, « fidèle à ma mission, je
« ne cesserai, ni à présent, ni plus tard, ni été, ni
« hiver, de poursuivre l'ennemi partout où il pourra
« se trouver, et de l'anéantir avec mon sabre victo-
« rieux ; je suis le gendre et le fils de Sa Majesté le
« souverain du monde, dont l'harmonie est main-
« tenue par lui ; je suis son serdar et son autre lui-
« même ; je suis dans mes expéditions un second
« Alexandre, maître de la victoire ; ma marche est
« plus prompte que l'éclair ; si votre amitié est pure
« et exempte de toute incertitude, faites savoir à
« votre république qu'elle range à part, comme des
« élus, tous les Polonais qui ne suivent point l'en-
« nemi. Pour toi, tiens-toi prêt avec les tiens à
« suivre au delà du Dniester Mohammed-Pacha de
« Roumélie, nommé sérasker en Pologne.

« Ne craignez rien, » dit-il ensuite à ses pachas

qui se plaignaient de la disette et des maladies putrides causées par les miasmes du fleuve ; « mon nom « est Émin ! c'est-à-dire le nom de l'ange Gabriel, « le messager des bonnes nouvelles, et l'étoile du « padischah ne pâlira pas sur sa tête. »

Il fit rédiger alors, sous l'inspiration des confédérés polonais appelant le fléau de la guerre dans leur patrie, un manifeste contre la Pologne au roi et à la diète. Il fut convenu que soixante mille Turcs envahiraient la Pologne pour se réunir aux confédérés contre Poniatowski et les Russes.

VIII

Cependant le prince Galitzin, fortifié de trente mille hommes, s'était avancé de nouveau vers Choczim et l'avait débloqué à l'approche d'un détachement de l'armée du grand vizir. Fier de cette retraite des Russes et voulant s'en attribuer l'honneur, le pacha douteux de Choczim, Kahreman-Pacha, osa paraître au camp de Bender pour recevoir les félicitations du serdar.

Au moment où ce traître descendait de cheval devant la tente, il fut entouré, sous les apparences du respect, par les officiers du grand visir, désarmé et garrotté par eux. Son écuyer, voulant défendre son maître, tua d'un coup de pistolet le *gardien de la nappe;* mille coups de poignard percèrent à l'instant le serviteur et le maître, et les trésors du pacha de Choczim furent distribués aux victimes de sa rapacité.

A peine Mohammed-Émin avait-il fait ainsi justice du crime, que le sultan fit en lui justice de l'ineptie. Un cri général de l'armée l'accusait de la stérilité de la campagne, dont un seul homme, Moldovandji-Pacha, avait mérité jusque là tout l'honneur. Mustapha III envoya au camp son second écuyer Feïzibeg, avec ordre de déposer le grand vizir et de l'amener à Andrinople avec le prince de Moldavie, Callimachi, et l'interprète de la Porte, Drako. Ils y furent décapités en arrivant. La tête du grand vizir, envoyée à Constantinople, fut exposée sur un bassin d'argent à la porte du sérail avec un écriteau où la foule lisait avec satisfaction ses prétendus crimes :

« Ceci est la tête de l'ancien grand vizir Moham-
« med-Émin, que son orgueil a empêché d'attaquer
« l'ennemi, qui a perdu son temps en allées et en
« venues, qui a soustrait les vivres de l'armée, a
« refusé au khan des Tartares, devant Choczim, les
« secours dont il avait besoin; qui a accordé trop
« de confiance à l'interprète de la Porte, naguère

« décapité, et a été châtié comme il le méritait. »

A côté de la tête du prince de Moldavie, placée auprès de son cadavre et entre ses deux pieds, on lisait ce qui suit :

« Cette tête est celle du réprouvé Gligori Calli-
« machi, voïévode de Moldavie, qui s'est approprié
« cent bourses destinées à l'achat des vivres, et a
« trahi l'empire. »

Près de la tête de l'interprète de la Porte (placée en arrière de son cadavre), on lisait :

« Ceci est la tête de l'interprète et raya Nicolas
« Drako, qui a été décapité pour trahison et intelli-
« gences secrètes avec le voïévode de Moldavie. »

Le seul crime de l'infortuné Mohammed-Émin était son incapacité à conduire la formidable armée qu'il avait su lever avec une énergie digne de l'ancien patriotisme de sa race. Les crimes de Callimachi et de Drako n'étaient que la confiance du grand vizir en eux.

IX

La voix de l'armée et du peuple nomma Ali Moldovandji, le libérateur de Choczim, à la place du grand vizir décapité. Son origine était obscure, et son premier métier infâme : chef d'une bande de brigands qui ravageait la Moldavie, il revendait au marché des esclaves de Constantinople les filles ravies à leurs familles pour en faire des courtisanes de casernes. Entré dans le corps des bostandjis, et parvenu par son aptitude au grade de bostandji baschi, de gouverneur de Roumélie et de vizir, son instinct militaire, sa sûreté de coup d'œil dans le conseil, sa promptitude dans l'action avaient fait de lui l'idole de l'armée.

A peine investi du commandement suprême, par la mort d'Emin, il entraîna l'armée ottomane et les Tartares au delà du Danube et du Dniester, grossis par les pluies du printemps. Le débordement de ces fleuves le surprit au milieu du passage des troupes. Soixante mille Russes, épiant dans les forêts voisines de Choczim le mouvement trop précipité du nouveau et trop confiant vizir, écrasèrent sous les murs de cette ville la tête de l'armée, pendant que le fleuve engloutissait le centre sous les ponts effondrés, et que l'arrière-garde épouvantée fuyait vers le Danube. Choczim ouvrit ses portes à Galitzin; l'armée ottomane s'évanouit aussi promptement qu'elle avait surgi du sol de l'empire. Les Russes, commandés par Romanzof, habile successeur de l'heureux mais faible Galitzin, couvrirent de leur armée triplée de nombre la Moldavie et la Valachie. Moldovandji, puni pour la faute de son armée et des éléments, fut déposé et relégué dans l'humble poste de commandant du château des Dardanelles. Kalil-Pacha, fils sans mérite d'un ancien vizir, écuyer du sultan, puis gouverneur de Roumélie, fut appelé par la faveur au gouvernement du divan.

Mais pendant qu'il méditait le rassemblement d'une seconde armée, et la vengeance contre les Moldaves et les Valaques, trop empressés à fraterniser de culte avec les Russes de Romanzof, une pensée plus perfide et plus vaste surgissait dans le conseil de Catherine II, et allait transformer en guerre intestine et en commotion profonde de l'empire ottoman, la guerre des frontières que Romanzof continuait pour elle sur le Danube. Nous voulons parler de l'insurrection grecque du Péloponèse, fomentée par l'or et les armes de la Russie prenant pour complices les plus généreux instincts de l'homme asservi, la religion et la liberté, et préparant, dans les montagnes de Sparte et dans les forêts du Pinde, le démembrement des îles et du continent grec, détaché par l'Europe de l'empire ottoman pour les prédestiner à la Russie.

C'est de cette époque, et non du prétendu testament de Pierre le Grand, que date, dans le cabinet de Pétersbourg, le plan de rogner l'empire ottoman par ses deux extrémités, la Grèce et la Crimée, de franchir le Caucase, d'envahir la Perse, d'insurger la Grèce et de cerner Constantinople, comme les Turcs avaient cerné Byzance jusqu'à ce que l'empire, ébranlé sous le trône des Ottomans par des commotions religieuses au centre, livrât enfin aux Moscovites le soleil, les mers, les îles, les plaines et la capitale de l'Orient. La race et la religion n'étaient ici, dans le conseil de Catherine II que les spécieux prétextes de l'ambition et de la gloire ; car, à la même heure où elle affichait la pensée d'émanciper la Grèce chrétienne, elle exécutait sans hyprocrisie et sans remords le premier partage de l'asservissement gradué des Sarmates chrétiens.

Si l'histoire pouvait douter que la pensée de l'anéantissement des Turcs, en Europe et en Asie, fût exclusivement politique, il suffirait de voir où et par qui cette pensée fit explosion dans le monde moderne. Née dans une cour sceptique en Russie, encouragée par un souverain athée en Prusse, caressée par un empereur philosophe, Joseph II, à Vienne, applaudie en France dans les correspondances de Voltaire, de Diderot, de d'Alembert, de tous les écrivains anti-chrétiens du dix-huitième siècle, elle fut chez Catherine une pensée d'avenir pour sa nation et pour sa mémoire ; elle fut pour

Frédéric II une pensée d'extension plus vaste en Pologne; pour Joseph II une pensée d'adulation à l'impératrice de Russie pour élargir sa part d'usurpation dans le partage; enfin, pour Voltaire et pour les philosophes français, elle fut une pensée de civilisation tendant à ruiner par la main de la Sémiramis du Nord les mosquées de Mahomet en Orient, et ruiner par les mêmes mains, en Occident, les autels du Christ.

Tels furent en réalité les véritables motifs de la propagande russe dans le Péloponèse; la philosophie y ralluma de ses propres mains le fanatisme pour y raviver la liberté. Ce n'était plus la religion qui constituait les Turcs en hostilité avec l'esprit européen, c'était la civilisation. Catherine II, en feignant de prendre en main cette cause et d'ouvrir l'Orient au génie de l'Europe, s'assurait la popularité parmi les philosophes ennemis du christianisme, pendant qu'elle briguait la popularité parmi les Grecs superstitieux.

X

L'esprit des Grecs du Péloponèse se prêtait de lui-même à cette déception. La tolérance même des Turcs, qui leur avait laissé, à l'époque de la conquête, leur nom, leur religion, leur patriarche, leurs prêtres, leur pouvoir municipal, leur sol, leurs villes, leurs villages et leur commerce, avait contribué ainsi à leur conserver dans un esprit national ce principe de vie que l'oppression comprime pendant des siècles, mais qu'il ne brise pas tant qu'une race conquise ne se fond pas avec la race conquérante. Un instinct vague, exprimé par une prophétie populaire qui datait de la prise de Constantinople, faisait croire aux Grecs que l'empire ottoman serait détruit par une nation d'hommes aux cheveux blonds, et que ces hommes blonds, venant de la mer Noire, seraient les restaurateurs de la Grèce.

Les Russes sous Élisabeth, pendant la première guerre de Munich en Crimée, commencèrent à entrevoir les auxiliaires secrets que cette communauté de religion et de vagues espérances de liberté pouvaient leur créer dans le cœur même de l'empire ottoman. Élisabeth attira les premières migrations des Grecs en Russie ; ses agents visitèrent, sous prétexte de religion, les monastères grecs du mont Athos, Thébaïde de l'empire ottoman. Là, des monastères bâtis sur des rocs escarpés, dans des gorges inaccessibles et construits comme des forteresses de la conscience d'un peuple, donnent asile, depuis la conquête et sous la protection des sultans, à une population nombreuse de moines où le patriotisme n'est pas moins vivace que la religion. Véritable république alpestre, inviolable par tradition aux troupes ottomanes, centre des lettres grecques, école de théologie, pépinière des évêques et des patriarches, l'esprit du mont Athos se répand rapidement sur la Grèce entière par les prêtres, les pèlerins, les missionnaires, les lettrés, les quêteurs qui descendent périodiquement de la sainte montagne, comme les prophètes antiques, pour aller souffler les doctrines et les opinions sur le continent et sur les îles.

Un prêtre russe, après avoir visité le mont Athos comme agent secret d'Élisabeth, se rendit dans les montagnes de Maïna, groupe de cimes et de vallées que forme le cap avancé du Péloponèse, à l'extrémité de l'Adriatique, sur l'Archipel, et où une population, descendant des Spartiates, rebelle à la servitude, conserve la sauvage énergie de ses ancêtres. Ce prêtre apprit aux pasteurs armés de Maïna qu'un grand peuple, ami de leur race et suscité par la Providence, professait dans les déserts du Nord la même religion qu'eux et aspirait à leur restituer l'antique indépendance. Ces germes du nom et de l'influence russe fructifièrent rapidement dans ces montagnes; la servitude rend crédule, et la communauté de culte dans les races superstitieuses est un traité tacite d'alliance qui n'a pas besoin d'être écrit pour être sacré.

XI

A peine Catherine II fut-elle affermie sur le trône par la main de son favori Orlof, que cette pensée d'insurger les Grecs s'offrit à son esprit avide de grandeur comme éminemment propre à populariser, et pour ainsi dire, à sanctifier son usurpation aux yeux des Russes, en montrant un but religieux à leur ambition, jusque là profane, en Orient. Elle lui fut suggérée par un aventurier grec, devenu officier d'artillerie dans ses troupes, qui vivait dans la familiarité d'Orlof. Ce Grec, né en Thessalie, se nommait Grégoire Papas-Oghli, c'est-à-dire Grégoire, fils de papas ou de prêtre. Orlof l'envoya en Thessalie sonder les dispositions de ses compatriotes ; il lui fournit, sous prétexte de commerce, deux navires chargés des plus riches présents pour les églises du Péloponèse. La mission toute politique de l'émissaire d'Orlof eut le succès qu'on obtient toujours d'un peuple avide et asservi, quand on lui montre l'or et le fer dans une même main pour l'appeler à l'indépendance.

Papas-Oghli revint à Pétersbourg animer Orlof par la perspective d'une prompte et générale insurrection de sa patrie. Mais Orlof, qui avait osé, pendant l'absence de son émissaire, porter son ambition jusqu'au trône et aspirer à la main de sa maîtresse, était retombé par cet excès d'audace au rang des favoris déchus, non du pouvoir, mais du cœur de leur souveraine. Il rêvait un royaume personnel en Orient, en compensation de celui qui lui était refusé au nord. L'impératrice, qui avait déjà fait de son premier amant un roi en Pologne, était flattée de faire de son second favori un roi de la Grèce. Elle l'autorisa, aussitôt après la guerre ouverte sur le Dniester avec les Turcs, de préparer pour l'Adriatique une expédition navale et un débarquement pour tenter l'insurrection de la Morée et pour confondre sa fortune personnelle avec l'indépendance de la nation grecque.

Déjà depuis quelques années un jeune *caloyer* ou moine mystérieux, parcourait les montagnes des Monténégrins, race indomptée de l'Albanie, gouvernée par un évêque. Ce moine inconnu, nommé Stephano, protégé par l'évêque, suivi par une escorte d'hommes armés, se faisait passer pour l'empereur de Russie lui-même, échappé miraculeusement au poignard de ses assassins et réfugié dans ces montagnes. Prodigue de promesses, d'illusions, de présents que lui fournissait la Russie, il prêchait ouvertement l'insurrection contre les Turcs. Descendu des montagnes avec une bande armée dans les environs de Cattaro, sur le territoire vénitien qui confine à l'Albanie turque, il y agita les sujets grecs de la république de Venise et tenta d'allumer la guerre entre les Vénitiens et les Turcs. La république réprima ces tentatives. Stéphano remonta avec ses bandes dans la haute Albanie et noua des intelligences avec la Servie et la Bosnie. Les habitants des montagnes de la Chimère se joignirent à lui. Le pacha de Bosnie ayant tenté de le faire étrangler par un capidji, Stéphano, informé de la mission du capidji, le fit enterrer vivant, se concentra et se fortifia sur les cîmes des monts Acrocérauniens ou monts des Tempêtes, sources de l'Achéron et du Cocyte, et patrie des Mirmidons, ces soldats d'Achille.

Douze mille Albanais, conduits par les pachas de ces contrées, s'élancèrent sur les monts Acrocérauniens pour en escalader les rochers et y étouffer l'insurrection dans son germe. Trois cents têtes d'insurgés furent envoyées à Constantinople. Stéphano, errant de caverne en caverne, échappa aux Turcs et resta caché dans les montagnes de la Chimère pour y attendre les jours promis par Papas-Oghli. Les Grecs de tout le Péloponèse, désarmés et saccagés par les Albanais, se soumirent à l'oppression ou se réfugièrent dans les îles vénitiennes.

XII

Cependant Papas-Oghli, revenu de Pétersbourg en Grèce, après avoir visité les vingt villages de Maïna pour concerter avec les fils belliqueux des Spartiates le soulèvement de leur peuple à l'aspect des voiles russes, réunit à Trieste tous les principaux révolutionnaires de la Morée pour y combiner d'avance le mouvement général de la Grèce. Alexis et Théodore Orlof, deux des frères du favori, arrivèrent à Venise, sous prétexte de visiter l'Italie, à la fin de 1768. Alexis Orlof, l'audace et le crime de la famille, était celui qui avait prêté sa main pour étrangler Pierre III; Théodore, le plus jeune et le plus efféminé des cinq frères, était plus apte à la diplomatie et aux lettres qu'à la guerre. Un jeune noble de l'Ukraine, nommé Tamara, principal ressort de l'agitation russe dans l'Albanie, Papas-Oghli et un grand nombre de jeunes officiers russes, répandus d'avance sur les côtes d'Italie et de Grèce, se rendirent au congrès insurrectionnel des deux Orlof.

Pendant qu'ils nouaient ou renouaient à Venise les fils de leurs intrigues dans le Péloponèse, des vivres, des soldes, des munitions, des armes, des instructions militaires étaient jetés par eux toutes les nuits sur la côte.

XIII

Au même moment, une première escadre, composée de sept vaisseaux de ligne, de quatre frégates et de nombreux navires de transport chargés de quinze cents hommes de débarquement, sortait de Cronstadt, au mois de septembre 1769, pour franchir la Baltique avant l'époque où les glaces bloquaient les rivages de cette mer. Orlof, l'ancien favori, pour tromper les Turcs, fit répandre le bruit que cette escadre avait pour mission de croiser au printemps suivant dans la mer Baltique pour intimider les Suédois. L'amiral Spiritof, vieux marin russe de l'école de Pierre Ier, la commandait. Beaucoup de militaires grecs, recrutés dans les îles de l'Archipel, s'y mêlaient aux matelots russes.

Cette flotte fut promptement suivie d'une seconde expédition navale de dix vaisseaux, frégates ou corvettes, commandés par un Écossais, consommé dans la navigation et dans la guerre, nommé Elphinston. Sa vieille expérience n'avait pu déguiser à l'impératrice Catherine son dédain pour les vaisseaux fragiles et pour les matelots novices qu'on lui confiait.

« Je ne connais que la flotte ottomane qui soit
« aussi mal armée et aussi mal commandée que la
« vôtre, » disait-il à l'impératrice.

« Ne vous en alarmez pas, » lui répondait l'orgueilleuse Catherine. «L'ignorance, chez les Russes,
« est celle de la première jeunesse; l'ignorance
« des Turcs est celle de la vieillesse de leur ma-
« rine. »

Les deux escadres réunies hivernèrent dans les ports anglais de la Manche. L'Angleterre, qui soupçonnait leur but, malgré son intérêt à écarter la Russie de ses mers, se prêta complaisamment à l'expédition des Russes, par opposition à la France, qu'elle savait favorable aux Turcs.

XIV

Alexis Orlof avait achevé d'ourdir toute sa trame d'insurrection en Grèce, lorsque, au commencement de novembre 1769, les escadres russes apparurent sur la côte du Péloponèse. Toute la Méditerranée s'émut à l'aspect du pavillon qui avait contourné l'Europe pour apporter la guerre civile à son ennemi au cœur de ses provinces. On comparait Orlof à Annibal, quand, après avoir franchi la mer d'Afrique pour débarquer en Espagne, il rembarquait son armée en Espagne pour venir affronter les Romains dans les champs de Rome.

Mais déjà la défaite de Mohammed-Émin et de Moldovandji à Bender et à Choczim, l'invasion russe en Crimée, la prise d'Azof, l'occupation de la Moldavie et de la Valachie par Romanzof, désintéressaient, par l'immensité de leurs succès, les Russes de l'expédition maritime des Orlof.

Théodore Orlof, après avoir croisé longtemps dans l'Adriatique pour provoquer, par la vue de ses pavillons, l'explosion tardive du continent grec, jeta l'ancre, en février 1770, dans le golfe de Coron, au pied des montagnes escarpées des anciens Spartiates. Les deux Mauromikali, pères de ces grands chefs de Maniotes que nous avons vu de nos jours soulever leurs villages pour la liberté de leur patrie, descendirent sur la côte pour se concerter avec Théodore Orlof. Ils refusèrent néanmoins de soulever leurs compatriotes avant qu'une ville et un port du rivage emportés par les Russes ne leur offrît un point d'appui solide ou un refuge assuré contre la vengeance des Turcs. Ils lui désignèrent la ville et la citadelle de Coron.

Le petit nombre des Russes qui débarquèrent empêcha Orlof de surprendre et de livrer ce gage aux Maniotes.

XV

Pendant ces conférences à bord de l'escadre entre Théodore Orlof et les Mauromikali, l'évêque de Montenegro, la croix à la main, parcourait les villes de la côte, provoquant le massacre des Turcs et promettant deux sequins par tête des tyrans. Le primat grec, Benaki, affidé des Russes, réunissait à Calamata les conjurés de tous les districts, et lançait, de concert avec les Orlof, trois colonnes insurrectionnelles dans les trois groupes de montagnes du Péloponèse, où les habitants indécis flottaient encore entre la terreur des Turcs et la défiance des Russes. La légion de Sparte, composée d'une poignée de Russes, d'insulaires et de montagnards, descendait dans la vallée de l'Eurotas, surprenait la ville moderne de Misitra, bâtie des débris de Lacédémone, y égorgeait ou y emprisonnait les familles turques.

Théodore Orlof, pendant cette incursion, assiégeait la citadelle de Coron, mollement défendue par une poignée de Turcs. A l'exception des forteresses de la côte, tous les détachements ottomans, dispersés dans le Péloponèse, s'étaient, par l'ordre du pacha, repliés sur la ville centrale de Tripolizza, dont Épaminondas avait voulu faire la capitale de la Grèce. Le pacha, enfermé lui-même au fond du golfe d'Argos, dans la ville inexpugnable de Napoli de Romanie, pressait par ses dépêches l'armement de la flotte ottomane, pour purger l'Archipel et l'Adriatique des escadres russes.

Le Péloponèse tout entier s'ébranlait au cri de liberté, de nationalité, de religion, sous les pas des Russes. Les quatre cent mille Grecs qui habitaient Constantinople déguisaient à peine leur frémissement de joie au bruit de cette puissance hyperboréenne qui semblait descendue du ciel sur les montagnes de leur patrie. Tous ceux qui peuplent, au nombre de douze millions d'hommes, les îles, les côtes de la mer Noire, de la mer de Marmara, de la Méditerranée depuis Azof jusqu'à Trébizonde, depuis Trébizonde jusqu'à Smyrne, depuis Smyrne jusqu'au pied du Liban, tournaient sans cesse leurs regards vers ces mers pour appeler de leurs vœux le seul soulagement des peuples esclaves, le changement de tyrans.

Missolonghi, Corinthe, Athènes s'armaient secrètement à la voix de leur primat, pour accomplir partout, au premier bruit des pas des Russes dans leurs districts, les *Vêpres Siciliennes* de la Grèce. Les montagnards du mont Ida, dans l'île de Crète, descendaient en armes au nombre de dix mille sur la côte pour assiéger leurs geôliers dans leurs villes. Les îles vénitiennes elles-mêmes de l'Adriatique secouaient violemment le joug de la république, et demandaient des canons aux Russes pour foudroyer les Vénitiens enfermés dans leur forteresse.

XVI

Mais déjà la mésintelligence, le reproche et l'aigreur envenimaient dans le Péloponèse la fausse fraternité des Grecs et des Russes. L'insignifiance du nombre des troupes de débarquement, et l'impuissance des Russes devant les faibles murailles de Coron, décourageaient les Maniotes; ils voyaient dans les Russes des provocateurs plutôt que des soutiens d'une insurrection dont l'expiation prochaine pèserait sur les seuls enfants de la Grèce.

« Tu ravages nos terres, tu compromets nos fa-
« milles, » disait Mauromikali à Théodore Orlof,
« et tu ne sais pas même renverser les murs d'une

« forteresse ni tuer nos ennemis! quand tu aurais,
« comme tu le prétends, à tes ordres les innombra-
« bles armées de ta souveraine, tu n'en serais pas
« moins un esclave, et moi chef d'un peuple petit,
« mais indompté et libre. Fussé-je le dernier de ma
« peuplade, ma tête aurait encore plus de prix que
« la tienne. »

Mauromikali, posant à ces mots la main sur ses pistolets, allait faire feu sur Orlof, quand ses lieutenants se jetèrent entre les deux chefs. Alexis Orlof, jaloux d'avoir été devancé par son frère, cingla enfin de la côte d'Italie avec six vaisseaux et quatre frégates, et foudroya au fond du golfe voisin ce port et cette citadelle de Navarin, destinés à devenir bientôt après le tombeau de la marine ottomane, égorgée par l'imprévoyante coalition des puissances qui voudraient la ressusciter aujourd'hui.

La présence d'Alexis rend la confiance aux Grecs : ils menacent Tripolizza, ils assiégent Modon, mêlés aux Russes, ils font retentir le rivage entier de l'Adriatique de leur cri prématuré d'indépendance, quand les Albanais, meute acharnée des Ottomans, fondent du haut de l'Epire sur le Péloponèse, brûlent Missolonghi, dont la population compromise et abandonnée par les Russes se réfugie sur les barques et vogue vers les îles vénitiennes. Tout ce qui n'a pu fuir est massacré par les Albanais; Patras, surpris par eux dans la nuit, pendant la solennité du Vendredi-Saint, est égorgé aux pieds de ses autels.

Les Albanais, traversant alors l'isthme de Corinthe, et reprenant la route de Tripolizza, accourent sous les murs de cette ville au moment où les trois mille Spartiates de Misistra, guidés par les Russes, touchaient à cette capitale. Ils fondent sur la petite armée lacédémonienne de Psara, égorgent trois mille Maniotes, ravitaillent la citadelle de Tripolizza, purgent la ville par les supplices de tous les Grecs suspects d'intelligence avec les Orlof, et campent au nombre de dix mille hommes dans la plaine de Tripolizza, prêts à voler à leur gré de cette position centrale sur Navarin, sur Modon ou sur Misistra. Mohammed-Pacha, l'ancien grand vizir qui les commandait, général aussi patient qu'impétueux, selon l'heure, voulait attendre dans ce bassin fortifié par la nature, le moment où la flotte ottomane sortie des Dardanelles, et contournant le cap Matapan, promontoire du continent grec, à l'embouchure de l'Adriatique, viendrait bloquer les escadres russes dans les golfes de Navarin et de Modon; ses Albanais, fondant au même instant sur les Russes enfermés dans leur propre piége, les foudroieraient à la fois sur la côte et sur les vaisseaux.

XVII

L'escadre russe de l'Écossais Elphinston, arrivant la dernière d'Angleterre, entrait dans le golfe de Misistra au moment où la flotte ottomane, commandée par Hassan-Pacha, apparaissait à l'orient du Péloponèse aux vedettes russes placées en observation sur les montagnes pour les reconnaître. Les Albanais de Tripolizza, informés au même instant par leurs sentinelles du nuage de voiles turques qui couvrait l'Archipel, s'élancent par la gorge de Nizij vers la plaine de Coron.

Mauromikali, soumettant sa colère à son patriotisme, défend avec ses Spartiates le défilé de Nizij contre dix mille Albanais. Forcé enfin dans la dernière maison encore debout de cette bourgade où il combat, lui vingt-deuxième, contre une armée, ses vingt-deux compagnons succombent un à un sous les boulets des Turcs ; il tombe lui-même avec son petit-fils sous les balles, et ne livre le seuil qu'après sa chute. Les Albanais s'étonnent de ne trouver vivant dans cette forteresse qu'un vieillard et un enfant, Mauromikali et son petit-fils, digne héritier du sang des trois cents des Thermopyles.

XVIII

Les Albanais, maîtres enfin de ce défilé, débouchent dans la plaine de Maïna, et s'avancent vers Modon pour débloquer la ville. Les Russes, assaillis dans leurs batteries, se replient en déroute vers Navarin, emportant sur leurs baïonnettes leur commandant blessé. Les Grecs des campagnes voisines, fuyant le fer et la flamme des Albanais, se pressent en foule avec leurs femmes, leurs enfants, leurs troupeaux, sous les murs de Navarin, suppliant les Russes de leur ouvrir les portes pour les sauver du massacre.

« Vous nous avez promis de nous affranchir, » crient-ils du pied des remparts à Alexis Orlof, enfermé dans la ville, « nous ne vous demandons que « de nous abriter contre la mort. »

Alexis reste sourd. Ce peuple sans asile en cherche un sur les flots. Il se jette dans toutes les barques de la côte, et se réfugie sans armes, sans vivres et sans abri, sur l'écueil nu de Sphactérie, séparé de la rade par les vagues. Les cinq mille victimes de l'inhumanité d'Orlof périssent lentement de faim et de froid, entourés, dit le récit grec, des cadavres flottants de leurs femmes et de leurs enfants repoussés par le flot des deux rives.

XIX

Alexis Orlof, sans tenter de défendre Navarin au delà du temps nécessaire au rembarquement des Russes, se réfugie, avec Benaki, Papas-Oghli et quelques primats Grecs, sur ses vaisseaux, fait sauter les fortifications minées de Navarin et cingle vers le cap Matapan pour y rejoindre Elphinston et son frère Théodore Orlof, dont les escadres voguaient à la rencontre de la flotte turque signalée dans l'Archipel. Vingt mille familles grecques de l'intérieur et de la côte vont chercher asile dans les îles vénitiennes. Le pacha, contenant la vengeance des féroces Albanais, affecte d'imputer aux Russes seuls les torts et les malheurs de l'insurrection provoquée par eux. Il publie une amnistie générale, rappelle les familles fugitives dans leurs foyers, leur restitue leurs terres et leurs maisons, et rend la sécurité au Péloponèse.

Telle fut la première et déplorable intervention des Russes dans le sort de la Grèce. Les peuples de cette race héroïque apprirent, par cette leçon terrible, qu'on ne reçoit pas la liberté d'une main étrangère et intéressée, mais qu'on la reprend avec ses propres armes et qu'on la rachète avec son propre sang. Les Polonais l'apprenaient de même et du même peuple : l'indépendance n'est pas un don, c'est une conquête.

La mer allait changer la fortune, jusque-là si rebelle aux Russes.

XX

Le capitan-pacha, inhabile à saisir ce que le hasard lui offrait, en enfermant les Russes dans la rade de Navarin entre ses Albanais et ses canons, avait perdu le temps sur la côte orientale du Péloponèse, en s'enfonçant avec ses vaisseaux dans le long défilé d'eau qui s'insinue comme un fleuve jusqu'au pied de Nauplie, dans le golfe d'Argos. Il avait laissé six vaisseaux, à l'entrée de ce défilé, attendre son retour pour doubler ensemble le cap Matapan. Hassan commandait ce détachement de la flotte ottomane, ainsi exposé en mer à l'attaque des trois escadres russes réunies.

XXI

Hassan-Pacha, Nelson des Ottomans, avait protesté en vain contre cette lenteur dans la marche et contre cette dissémination téméraire de la flotte. Hassan avait le génie de la mer, un autre avait le commandement. Il s'était soumis en gémissant sur l'impéritie ou sur la lâcheté du capitan-pacha. Le courage et la fortune d'Hassan-Pacha, devenu depuis capitan-pacha lui-même, ont retenti si haut et si loin sur trois mers, que l'histoire aime à s'arrêter sur son origine.

C'était un jeune esclave persan enlevé dans son enfance par les Turcs dans la campagne contre Nadir-Schah, et vendu par le janissaire qui l'avait pris à un pêcheur de Rodosto, petit port turc voisin de Constantinople, sur la mer de Marmara. Parvenu à l'adolescence, maltraité par un maître avare, et tenté de la liberté par la mer dont les vagues inspirent l'idée et l'occasion de fuite, il rama une nuit vers l'embouchure des Dardanelles, vogua vers Smyrne, et s'y enrôla dans les troupes recrutées alors pour la régence d'Alger. Admis dans la garde du dey d'Alger, remarqué par sa figure persane éclairée du génie de sa nation, devenu célèbre parmi ses camarades par plusieurs combats contre les lions du désert dont la chasse était sa passion, présenté au dey pour ses exploits, à demi dévoré deux fois par des lionnes auxquelles il avait enlevé leurs lionceaux, son intrépidité lui valut le commandement d'une des provinces. L'inimitié d'un vizir le condamna à mort. Il s'enfuit avec ses femmes, ses esclaves, ses trésors, dans une ville espagnole de la côte d'Afrique.

Accueilli bientôt en Espagne, il traverse ce royaume, réside en France, parcourt l'Italie, se rend à Naples, et s'embarque pour Constantinople. Le dey d'Alger le réclame, le grand vizir le fait jeter, sans attendre son extradition, dans un des cachots du sérail. Le sultan, informé de ses aventures dans le désert et de ses combats contre les lions, le visite sous un déguisement dans sa prison, et lui fait raconter ses chasses. Hassan reconnaît le padischah, tombe à ses pieds, lui demande protection contre ses persécuteurs, l'émeut, le frappe par son langage, en obtient le commandement d'un vaisseau de guerre, recrute son équipage d'hommes aussi aventureux et aussi intrépides que lui, se signale dans trois campagnes, s'élève en peu d'années au rang de troisième amiral de la flotte, et monte en cette qualité le vaisseau du capitan-pacha, comme amiral de pavillon.

Tel était l'homme destiné à voir anéantir sous ses yeux la flotte ottomane, et à la relever par son génie et son héroïsme au niveau des flottes de Barberousse ou de Mezzomorto. La mer est le patrimoine des aventuriers. Sur un élément si hasardeux, on ne triomphe qu'en donnant beaucoup au hasard.

XXII

Hassan avait devant lui dans l'Écossais Elphinston un digne rival en audace. Elphinston, sans mesurer sa faiblesse numérique, en apercevant les six vaisseaux de guerre d'Hassan et sans attendre les deux escadres attardées de Théodore et d'Alexis Orlof, fond sur la flotte d'Hassan. Hassan, abordé corps à corps par le vaisseau d'Elphinston, se voit soudain abandonné par les cinq autres vaisseaux de sa flotte, fuyant le combat sous le canon de Napoli de Malvoisie.

Devenu le seul but de tous les canons d'Elphinston, il y répond par le triple volcan de ses ponts, il repousse le sabre à la main les cinq abordages, couvre de cadavres russes l'espace compris entre les flancs de son vaisseau et ceux des ennemis, les évite, les tourne, les foudroie tour à tour, se dégage et s'abrite, mutilé, mais triomphant, sous le feu d'une batterie avancée de la côte hérissée d'écueils du Péloponèse. Elphinston, en voulant l'y suivre, y brise la quille d'un de ses bâtiments et s'éloigne de peur d'y perdre toute son escadre; il cingle, en réparant ses agrès, vers l'île de Cerigo, avant-garde des îles de l'Archipel, pour y rallier les deux escadres en une seule flotte.

XXIII

Au retour du capitan-pacha du fond du golfe d'Argos, Hassan le conjura de prévenir la jonction des escadres russes en les attaquant séparément dans les eaux de Cerigo et du cap Matapan. Le capitan-pacha sentait qu'il y aurait une inutile témérité à risquer la flotte et le continent grec dans une bataille navale, et qu'il fallait se replier sur Chio, où dix autres bâtiments sortant des Dardanelles feraient face, dans des passages étroits, aux amiraux russes.

Le pacha du Péloponèse, indigné de l'obstination du capitan-pacha à se coller au continent de Nauplie, le menaça de tirer sur ses vaisseaux, s'il ne reprenait pas la mer. Au lieu de voguer vers les escadres russes, le capitan-pacha louvoya entre les îles et le continent de l'Ionie, plus prompt à chercher une rade qu'un combat. Rejoint dans le canal de Chio par dix autres vaisseaux de guerre, qui débouchèrent enfin des Dardanelles, il mouilla sur ces mêmes vagues où la flotte d'Antiochus avait attendu jadis les galères romaines et décidé le sort de l'Asie.

La disposition de la flotte turque, à peu près semblable à celle de la flotte française, à Aboukir, devant les vaisseaux de Nelson, avait la protection de quelques batteries de terre, mais les désavantages de l'immobilité, tactique timide devant un ennemi mobile. Quinze vaisseaux à trois ponts, cinq frégates, sept bâtiments à un pont, quarante galères amarrées sur deux ancres, formaient un croissant concave dont les pointes s'appuyaient sur des bancs de sable infranchissables ou sur des écueils fortifiés. Devant ce croissant de bronze s'étageait l'île verdoyante de Chio, interposée entre le canal et la haute mer comme un long rempart naturel flanqué, au bord de la plage, des tours et des créneaux des forts vénitiens; derrière, la côte aride et dentelée de l'Asie-Mineure s'infléchissait un peu pour former en face de Chio le petit golfe de Tchesmé, au fond duquel blanchissaient sur une plage basse les mosquées et les minarets de la petite ville grecque de ce nom. Un bassin de quatre lieues marines de largeur se ridait d'une brise légère du nord entre la flotte ottomane à l'ancre et le rivage de Chio; la rade de Tchesmé formait comme l'arrière-port de cette mer étroite. On dirait d'un cirque formé par la nature pour un spectacle naval, dont les pentes de Chio et de l'Ionie seraient les gradins.

XXIV

Les trois escadres russes, commandées pour l'action par l'amiral Spiritof, vieux marin sans expérience de la guerre navale, débouchèrent au lever du soleil, le 17 juillet, des défilés formés par les îles Spalmadores, voguant à pleines voiles dans le canal. Elles ne formaient en tout qu'un groupe de neuf vaisseaux et quatre frégates, force inégale aux soixante bâtiments des Turcs.

Alexis Orlof, intimidé à l'aspect de ce rempart flottant qui couvrait de canons la côte d'Asie, laissa son frère Théodore, l'amiral Spiritof, Elphinston et le contre-amiral anglais Greig, conseil de Spiritof, fondre sur les vaisseaux turcs, et se tenant de sa personne sur une frégate hors de portée des boulets, parut se préparer pour la fuite plus que pour la victoire. Les premiers vaisseaux de Spiritof, courant obliquement sous toutes les voiles de la côte, foudroyèrent en passant les premiers vaisseaux turcs qui formaient la pointe du croissant, en virant de bord après leurs bordées, pour éviter le feu du centre et en se repliant sur leur propre escadre pour recharger et pour revenir écorner encore le croissant.

A la première décharge du vaisseau amiral ottoman, qui était le second de la ligne d'embossage, un énorme boulet de marbre des Turcs pulvérisa le gouvernail du vaisseau russe monté par Spiritof, Théodore Orlof et Greig. Ce vaisseau, poussé par son aire sur la ligne turque, allait aborder de tout le poids de son vent le vaisseau du capitan-pacha. Ce timide général, imitant la pusillanimité d'Alexis Orlof, avait quitté son bord au commencement de la bataille, sous prétexte de surveiller de plus haut sur la côte les manœuvres du combat. Les Turcs, témoins de sa lâcheté, avaient pressenti dans cette prudence la conviction d'un désastre. Leurs ancres seules les empêchaient de fuir vers Lemnos. Mais le capitan-pacha avait laissé l'âme de la flotte dans Hassan-Pacha.

Hassan, voyant arriver sur lui le vaisseau désemparé d'Orlof, se toua sur ses câbles pour éviter son choc, puis levant ses ancres et revenant sur les flancs du vaisseau sans gouvernail, jeta ses grappins et ne fit plus qu'un champ de carnage des deux ponts réunis. Son équipage, aussi intrépide corps à corps qu'il était expérimenté dans les manœuvres de mer, couvrit de feu l'équipage russe du haut des vergues et des haubans, et s'élançant de tous les cordages et par tous les sabords sur le pont des Russes, s'y maintint dans une mêlée acharnée avec les ennemis. Sept fois les Russes avançant et reculant comme un mur de feu et sous une pluie de grenades sur leurs propres planches, avaient refoulé Hassan et avaient été refoulés vers leurs dunettes, quand des plongeurs maltais, embarqués par Orlof pour cet usage, plongèrent sous la carène du vaisseau turc et le trépanèrent sous la vague pour le faire sombrer pendant que le feu dévorait ses mâts et ses voiles.

La fumée et la flamme qui enveloppaient les deux vaisseaux, chassaient tour à tour les Russes sur le pont des Turcs, les Turcs sur le pont des Russes; chacune de ces citadelles flottantes, changeait ainsi de combattants et de champ de carnage, sans changer d'acharnement. Les canons, trop rapprochés, se taisaient, et l'étouffement muet de ces deux colosses durait depuis près de deux heures dans une horrible attente, quand l'amiral Elphinston, arrivant tard en ligne avec l'arrière-garde, et voulant au moins sauver le vaisseau amiral russe, lui envoie sur trois chaloupes cinq cents hommes de renfort. Ces cinq cents Russes abordant le vaisseau d'Orlof par son flanc libre, rétablissent le combat, éteignent le feu et précipitent Hassan et ses combattants dans la mer.

Mais Hassan, nageant vers les vaisseaux encore intacts de sa ligne, remplit trois felouques de soldats intrépides, rame vers le vaisseau délivré, dépouille ses habits et son turban mouillés, les jette à la mer, suspend ses deux pistolets par un cordon à son cou, saisit son sabre nu entre ses dents, et s'attachant de ses mains libres aux cordages, escalade une seconde fois avec ses braves les flammes du vaisseau russe, et recommence le combat au pied de ses mâts embrasés.

Greig, Orlof et Spiritof, voyant leur vaisseau incendié par les voiles et dérivant vague à vague vers les écueils où il va s'échouer, se jettent dans les chaloupes, et livrant sa proie à Hassan, voguent vers les vaissseaux d'Elphinston. Hassan, resté seul sur le pont brûlant avec un fidèle Algérien, son ami, et un Espagnol esclave blessé à ses côtés et respirant encore, précipite l'esclave avant lui dans la mer, le soutient en nageant d'une main sur les flots pendant que l'Algérien le soutient de l'autre côté. Ils sauvent ainsi le compagnon de leur gloire.

Poursuivi dans cette situation désespérée par un Grec monté sur un canot russe, qui espère venger sa cause sur le héros des Ottomans, Hassan, atteint par le Grec, le saisit par son sabre, l'entraîne hors de son canot et le poignarde sous la vague. Il aborde enfin sur une grève de la côte d'Asie.

Les deux vaisseaux, qui ne forment plus qu'un seul bûcher, se séparent sous le vent, et leurs mâtures tombent en charbons dans la mer. Le vaisseau russe échoue le premier, et éclate quelques minutes après avec un tonnerre et des débris qui font trembler la terre et bouillonner les vagues. Le vaisseau turc, porté par le courant sur le centre de la flotte embrasée s'avançait comme un immense brasier flottant vers le centre de la ligne turque, poussé par la brise du nord qui portait sur eux sa fumée et bientôt sa flamme. Toute la flotte leva l'ancre pour l'éviter, et longeant la côte d'Ionie sous ses basses voiles, contourna le cap à sa gauche, et s'enfonça comme dans un piége dans le golfe étroit de Tchesmé.

Les Russes, un moment écartés de la côte par la crainte d'être écrasés sous les débris des deux vaisseaux embrasés prêts à sauter, se réjouirent de cette manœuvre trop semblable à une fuite du capitan-pacha, et jetèrent l'ancre à la place des Turcs sur le champ de bataille maintenant désert.

XXV

Orlof et Elphinston, affaiblis eux-mêmes par la perte de leur principal vaisseau, laissèrent au capitan-pacha le temps de s'embosser fortement dans le fond arrondi du golfe, sous le canon du fort de Tchesmé. Aucune situation n'était plus propre à annuler le nombre et à préparer en un seul foyer un incendie naval.

Les soixante bâtiments turcs, entassés dans le creux d'une rade sans défense, avaient à peine l'espace nécessaire pour mouiller sur plusieurs lignes de profondeur. Orlof, tenté par la fortune, fait remplir trois brûlots de poudre et de combustibles, et les masquant par quatre vaisseaux, sous le commandement du contre-amiral Greig, les livre au souffle du vent de mer qui bat le matin la côte d'Ionie. Un des brûlots prit feu avant le temps, et avertit vainement les Turcs du péril; l'autre, monté par des esclaves exercés aux pirateries sur l'Adriatique, alla se cramponner aux flancs du vaisseau ottoman qui formait le centre de la première ligne.

En quelques minutes, la flamme qui le dévorait se propagea sur trois autres vaisseaux contigus, et brûlant jusqu'aux câbles, fit flotter ces quatre bûchers activés par le vent du large sur les restes de la flotte. La rade entière de Tchesmé ne fut en un instant qu'une mer de flammes sur une mer de débris. Au cri de terreur des équipages répétés par les spectateurs du rivage, les matelots et les soldats, se jetant à la nage ou dans les chaloupes, abandonnaient leurs bâtiments et se répandaient éperdus sur les deux plages.

Mais bientôt les canons chargés des batteries, éclatant à mesure que le feu descend sous les ponts, labourent cette foule épouvantée des boulets de leurs propres vaisseaux. La commotion du rivage au bruit de chaque vaisseau qui sautait successivement en l'air faisait écrouler les minarets, les maisons, les mosquées de Tchesmé. Smyrne, à vingt lieues de cette rade, sentit trembler la terre, Athènes en entendit le bruit, l'île de Chio, couverte de sa population, crut voir un volcan s'ouvrir sur la côte d'Ionie et engloutir dans le même cratère les Russes et les Ottomans. Les vaisseaux d'Orlof, quoique embossés sous l'abri d'un cap et par un ciel serein, éprouvaient le tangage d'une violente tempête, l'écume du golfe était noire de fumée et de débris; des cadavres à demi consumés y flottaient attachés aux tronçons des mâts et des vergues. Le soleil de juillet ressemblait à une lune d'hiver perçant à peine de son disque pâle le nuage de fumée que le vent brisait sur les côtes.

Les vainqueurs mêmes ne purent pousser un cri de joie devant leur triomphe. La rage d'un élément avait dépassé celle des hommes. Soixante-deux vaisseaux, frégates, corvettes, galères ou bâtiments légers s'engloutirent en cinq heures dans la rade de Tchesmé. Les Grecs de Chio et des îles crurent voir s'écrouler devant eux l'empire de leurs conquérants et se réjouirent de ces représailles de l'incendie de Byzance.

Ainsi périt la marine ottomane. Mais l'homme qui assistait à sa ruine s'échappait au même instant sur un débris pour la ressusciter.

XXVI

Constantinople, sans autre protection désormais que les châteaux mal armés des Dardanelles, frémit au récit de l'anéantissement de sa flotte. L'amiral Elphinston, qui possédait les deux génies de la guerre navale, l'audace et la promptitude, conjura les deux Orlof de profiter de la terreur des Ottomans pour braver les canons des Dardanelles, comme il avait bravé les batteries flottantes du capitan-pacha. Il leur jurait de franchir ce passage gardé par des chimères, et d'aller mouiller sous les murs du sérail pour dicter les lois de la victoire au sultan.

Le vent du midi, qui avait succédé au vent du nord, semblait changer de souffle au cri de la fortune des Russes et les poussait dans le canal interdit aux vaisseaux par un autre vent. Le cri d'un millier de Grecs punis de leur joie trompeuse à Smyrne, et à Chio, par les marins sauvés de l'incendie de Tchesmé, et massacrés dans des représailles populaires, implorait vengeance des amiraux russes. Les pachas et les begs exposèrent en vain leur vie pour sauver celle des victimes. L'intelligence avérée des Grecs avec les Russes paraissait à la populace turque un crime digne de mort. Les îles et l'Ionie virent se répéter les forfaits du Péloponèse; la présence des Russes provocateurs portait partout malheur à leurs amis.

Les Orlof cependant n'osèrent pas tenter le passage des Dardanelles. Ils se bornèrent à la facile conquête de l'île de Lemnos, qui, semblable à un immense navire à l'ancre devant l'embouchure du canal, paraît bloquer l'entrée et la sortie du détroit.

Mais Élphinston, indépendant des Orlof parce qu'il avait reçu à Pétersbourg son grade et sa mission de Catherine elle-même, résolut de confondre la timidité de ses collègues en montrant au monde, par son exemple, que les Dardanelles n'étaient un obstacle que pour les lâches ou pour les novices. Il avait étudié avec le coup d'œil d'un maître et d'un héros les chances et les difficultés de l'entreprise; il voulut faire un jeu de guerre de ce qui paraissait un suicide aux Orlof.

XXVII

Le canal des Dardanelles, ainsi nommé du nom de Dardanus, le fondateur de Troie ou d'Ilion, est une étroite vallée d'eau calme qui s'ouvre tout à coup au dessous des falaises mollement inclinées du cap Sigée décrit par Homère. Ce fleuve salé, qui coule tantôt de la Propontide (mer de Marmara) dans la Méditerranée, tantôt de la Méditerranée dans la Propontide, selon le courant, sépare, comme le Bosphore, la côte d'Asie de la côte d'Europe. Ses bords, peu exhaussés, s'inclinent en pentes douces sur les deux rives pour porter des villes et des villages qui baignent dans les eaux.

Les maîtres de l'Asie étaient forcés de tenter

le passage de cette frontière liquide des deux continents pour aller ravager la Grèce. La tradition attribue au grand roi de Perse, Xercès, la pensée d'y construire un pont et la démence d'avoir fait fouetter ses flots de verges pour punir les éléments de leur résistance aux rois. Les fables de l'amour l'ont immortalisé dans leurs vers par le souvenir de deux amants, Léandre et Héro, qui bravaient la nuit et les vagues pour se réunir sur ses bords. Un radeau aventuré dans les ténèbres y porta avec Soliman les premiers Turcs en Europe. Il se rétrécit ou s'élargit dans ses sinuosités comme une rivière, selon l'inflexion de ses bords, de sept cents toises à quatre cents. L'invention de l'artillerie, dont les canons portent en se croisant bien au delà du milieu du canal, a permis aux Ottomans de le rendre infranchissable aux vaisseaux ennemis.

Mahomet II construisit les vieux châteaux aussitôt après la prise de Constantinople. Les deux langues de terre de Sestos et d'Abydos portent chacun un autre château dont les batteries plus rapprochées pourraient foudroyer tout ce qui passerait sous leurs canons; mais la négligence des derniers règnes avait rendu ces châteaux et ces batteries de vains simulacres de terreur. Des pièces de canon énormes, étayées sur des murs en ruines pour vomir des boulets de marbre, menaçaient de faire écrouler les châteaux eux-mêmes sous leur détonation. D'autres batteries au niveau de l'eau étaient ensablées par la dune. Les meilleurs canonniers étaient partis pour l'armée de Pologne. L'ancien grand vizir Moldovandji-Pacha, s'endormait dans la confiance de ses vieilles armes.

Elphinston lance sa frégate à travers l'impuissante fumée des châteaux, passe en plein jour sans être atteint, regarde si les Orlof, encouragés par son défi, osent le suivre, jette l'ancre impunément au delà des châteaux, attend vainement les escadres russes, commande à ses tambours et à ses trompettes de célébrer son triomphe, et se faisant servir un festin sur le pont de son vaisseau, brave jusqu'à la nuit la fureur des Turcs rassemblés sur le rivage. Son retour fut aussi impuni que son passage. Le divan, humilié et averti, se hâta d'envoyer le baron de Tott, revenu de sa mission auprès du khan des Tartares, pour armer les Dardanelles d'après les principes de l'artillerie moderne. En quelques semaines de travaux, le canal fut inaccessible aux Russes.

Elphinston, indigné de l'inutile exploit qu'il venait d'accomplir, brisa dans un accès de rage son propre vaisseau sur un écueil du cap Sigée, et abandonnant les Orlof à leur sort, alla les accuser à Pétersbourg. L'impératrice, prévenue contre lui par leur frère, le disgracia et le laissa avec ingratitude finir sa vie dans sa patrie.

XXVIII

Le château de Lemnos, toujours assiégé par les Orlof, allait enfin tomber dans leurs mains comme la clef des Dardanelles, quand le même homme qui avait sauvé l'honneur de la flotte résolut de sauver à lui seul la gloire de l'Archipel ottoman ; cet homme était Hassan.

Échappé à la nage de l'incendie de Tchesmé, nu, couvert de fumée et de blessures, il s'était rendu à Smyrne par terre, pour éviter la vengeance du capitan-pacha Djafar, jaloux de ses exploits, et devenu son accusateur. Hassan, dont l'intrépidité avait popularisé le nom sur la côte, recruta à Smyrne, de sa propre bourse, une poignée d'aventuriers aussi braves que lui, et dévoués à sa fortune ou à la mort.

Arrivé à leur tête dans la plaine de Troie, au pied du cap Sigée, en vue de Lemnos, il les embarque la nuit sur une felouque à l'ancre, à l'ombre du promontoire. L'obscurité dérobe sa voile aux regards des Russes. Un vent du nord le pousse inaperçu en peu de bordées dans une anse de rochers, sur la côte escarpée de Lemnos ; il distribue à ses compagnons des sabres et des pistolets, ses seules armes cachées dans la cale ; il repousse du pied sa barque aux flots, ne voulant plus d'autre asile que la mort.

« Camarades, » dit-il à ses soldats, « plus de « salut pour nous que la victoire ; nous avons faim, « nous trouverons des vivres dans les ports russes ; « marchons ! »

Hassan les conduit aux tranchées, surprend, égorge, précipite dans la mer les quinze cents Russes, délivre le château, purge l'île, et voit les Orlof épouvantés couper leurs câbles pour abandonner l'île et la Méditerranée aux héros de Tchesmé. Après avoir renouvelé la garnison, il vogue vers Constantinople, et confond son accusateur, l'envieux Djafar-Pacha, en remettant au sultan Lemnos reconquis par un seul homme, et la mer libre de ses ennemis.

Mustapha III, qui le chérissait, le nomma au poste auquel la nature l'avait nommé d'avance, celui de capitan-pacha. Il devait monter plus haut encore, avant de tomber dans la chute de son ingrate patrie.

XXIX

Pendant que les escadres russes, épouvantées de l'énergie d'un seul homme plus qu'elles ne l'avaient été de la flotte entière du sultan, allaient hiverner, repoussées de partout, dans la rade de l'île de Paros, Romanzoff, passant le Dniester par l'ordre de Catherine, se trouvait cerné entre cinquante mille Tartares et cent trente mille Ottomans commandés par le grand vizir.

Émule du grand vizir, dont l'exemple était alors la loi de la guerre, Romanzoff, négligeant les Tartares et fondant sur les Ottomans avec des bataillons carrés hérissés de baïonnettes, qui s'ouvraient pour décharger leurs canons et qui se refermaient pour les recharger, remportait la victoire de Cakoul, où cinquante mille Turcs foudroyés jonchèrent le champ de bataille. Les débris de l'armée du grand vizir, qui purent repasser le Danube, refluèrent jusqu'à Constantinople.

Ainsi l'armée et la flotte s'anéantissaient à la fois sur le Danube et dans l'Archipel. Rien n'égalait le désastre, si ce n'est la religieuse impassibilité du sultan. Lui seul ne désespérait pas de l'empire, parce qu'il espérait dans la providence des musulmans. Il convoqua les vizirs, les pachas et les oulémas dans un conseil patriotique, et il ne craignit pas de sonder lui-même devant ses sujets les plaies de la patrie.

« Depuis mon avénement au trône, » leur dit-il, « j'ai gouverné par vos conseils : vous seuls m'avez « empêché d'aller en personne commander mes « armées. Le choix que j'ai fait successivement de « deux grands vizirs incapables n'a pas répondu à « mes espérances ni aux vœux de mes peuples. « Vous aviez désigné vous-mêmes celui qui vient « d'être vaincu. Si la gloire et l'intérêt de mon « empire ordonnent la continuation de la guerre, « je demande de nouveau à mener moi-même mes « troupes aux combats. Les ressources ne man- « quent point encore à nos dangers. La France, « notre alliée de tous les temps, ne se refuse pas « à soutenir mes efforts : déjà l'on traite par mon « ordre avec elle de l'achat d'un grand nombre de « vaisseaux de guerre, et bientôt une flotte nou- « velle aura remplacé celle qui vient d'être détruite « par l'incendie et par la permission de la Provi- « dence. Les puissances chrétiennes donneront à « l'empire du Croissant des marques de bienveil- « lance que le malheur des temps me force à ne « pas dédaigner. Les cours de Vienne et de Berlin

« m'offrent leur médiation : toutes deux proposent
« de négocier la paix sur des bases que ne désa-
« vouent ni la gloire de mon trône impérial, ni la
« dignité du nom ottoman, ni la loi de notre saint
« Prophète. Les deux nations qui se combattent
« rentreraient dans les limites qu'elles reconnais-
« saient avant les hostilités, et les Russes s'enga-
« geraient à sortir de la Pologne. Ainsi le premier,
« le véritable, l'unique objet de la guerre se trou-
« verait rempli, et la justice des nations et des sou-
« verains serait satisfaite. »

XXX

Ces accents, où respirait l'âme d'un grand homme, émurent l'empire sans le transformer. Les Tartares, contre lesquels Romanzoff s'était retourné après la victoire de Cakoul, fuyaient en Bessarabie; le général russe Panin pressait le siége de Bender, défendu avec l'énergie du désert par un corps d'Arabes, commandé par Amin, pacha de Ninive. L'explosion du magasin de poudre ensevelit, pendant un assaut nocturne, vingt mille Russes et sept mille Arabes sous les décombres de la ville. Amin-Pacha ne rendit que des ruines et des cadavres aux Russes. Mais la possession de ce monceau de cendres assurait à Catherine l'entrée permanente de ses troupes en Moldavie.

Un de ses généraux pénétrait au même moment dans les gorges jusque-là inaccessibles du Caucase; un autre corps d'armée occupait Azof; ses amiraux construisaient dans les embouchures du Don une flotte prête à dominer la mer Noire et à porter ses armes dans la Crimée. Le prince Dolgorouki, après avoir séduit les tribus tartares de Budjiack, marchait avec eux sur les lignes de Pérécop ou d'Orcapi, pour pénétrer dans la presqu'île de Tauride; maître de Caffa, il subjuguait en trois semaines la Crimée entière; le khan vaincu et dépossédé s'enfuyait à Constantinople pour y mourir. Les trois cent mille Ottomans rassemblés à Schumla pour observer, du rempart de la Bulgarie, le Danube et la mer Noire, s'insurgeaient, pillaient ses tentes, mouraient de la peste et de l'indiscipline, cette peste des camps. La cour de Vienne commençait à s'alarmer d'un démembrement trop imminent de l'empire, qu'elle voulait bien humilier, mais qu'elle ne voulait pas effacer de l'Europe. Un congrès, provoqué par elle, à Foczani, en Moldavie, sous la médiation du nouveau roi de Prusse, fut stérile par la généreuse obstination de Mustapha III à ne pas sacrifier les Tartares de la Crimée aux Russes, qui, sous le nom d'indépendance, demandaient leur asservissement.

XXXI

Le gendre du sultan, Mouhsinzadé, devenu grand vizir, contint, avec une sage temporisation, les Russes pendant la campagne de 1773. Silistrie, secourue par lui contre cinquante mille Russes de Romanzoff, brisa comme un écueil l'invasion des généraux de Catherine II. Widdin, reconquis par le grand vizir, vit refluer les vainqueurs de Cakoul au delà du Danuble. Varna, vainement attaqué, assigna une borne infranchissable à la conquête des Moscovites. Hassan-Pacha, devenu de capitan-pacha sérasker de l'armée de Varna, guida la cavalerie d'Asie avec la fougue et la dextérité d'un Persan.

La fortune sembla se repentir de ses infidélités à la vieillesse de Mustapha III ; l'empire se redressait partout sous sa constance. Ses derniers regards virent fuir les Russes devant son gendre et devant Hassan. Il mourut en sage qui n'espère ni ne désespère trop des choses humaines. Il appela auprès de son lit de mort son frère Abdul-Hamid, destiné à lui succéder ; il lui recommanda la religion, l'empire et son fils unique Sélim, dernier souci de son cœur sur la terre.

L'empire perdit en lui un de ces princes supérieurs par leurs vertus et par leurs lumières à leur siècle, et qui portent injustement devant l'histoire la faute du temps; mais la postérité n'est faite que pour rectifier ces jugements iniques de l'histoire contemporaine. Elle vengera éternellement Mustapha III des railleries adulatrices de Voltaire à Catherine II, et des calomnies de cette impératrice ambitieuse contre le sultan juste et éclairé, qu'elle voulait dépouiller de ses vertus aux yeux de l'Europe littéraire, afin de le dépouiller plus impunément de son héritage. La plus douce attribution de l'historien est de restituer aux hommes la seule propriété des morts, leur renommée.

FIN DU TOME SEPTIÈME.

Paris. — Typ. Morris et Comp., 64, rue Amelot.

Paris. — Imprimerie Morris et Comp., rue Amelot, 64.